Escritura afropuertorriqueña
y modernidad

Eleuterio Santiago-Díaz

ISBN: 1-930744-30-7
© Serie *Nuevo Siglo*, 2007
INSTITUTO INTERNACIONAL DE LITERATURA IBEROAMERICANA
Universidad de Pittsburgh
1312 Cathedral of Learning
Pittsburgh, PA 15260
(412) 624-5246 • (412) 624-0829 FAX
iilisus@pitt.edu
www.pitt.edu/~hispan/~iili

Colaboraron en la preparación de este libro:

Composición: Erika Braga
Correctores: Alicia Covarrubias y Susana Rosano
Diseño de portada: David Wallace

Printed and bound by CPI Group (UK) Ltd, Croydon, CR0 4YY

Índice

Prólogo 11

Introducción 15
1. Tres novelas, un libro de cuentos y una ceremonia de autolectura: la narrativa de Carmelo Rodríguez Torres en perspectiva 17
2. Hacia una conceptualización de lo afropuertorriqueño 22
3. Definición de propósitos 30
4. Resumen de los capítulos 34

Capítulo I 39
Puerto Rico en el mapa del *black Atlantic* 41
1. Introducción: *The Black Atlantic* y los estudios culturales afropuertorriqueños 41
2. Esquemas relativistas sobre raza en Puerto Rico y sus implicaciones .. 43
3. Lugares comunes en la historia de la diáspora africana: la esclavitud y la institución de la letra 48
4. Proyecciones discursivas de la diáspora africana en Puerto Rico 54
   El concepto duboisiano de *double consciousness* y otras formas de interseccionalidad en la identidad de la diáspora africana 54
   Double consciousness e interseccionalidad en Puerto Rico 58
   Proyecciones panafricanistas en las letras afropuertorriqueñas 70

Capítulo II 77
Espectáculos elípticos de la literatura afropuertorriqueña 79
1. Introducción: la pregunta por la óptica afropuertorriqueña y la interrogación del silencio 79
2. Hacia una teoría crítica de la elipsis como figura táctica de la escritura afropuertorriqueña 81
3. La gramática y la supresión de la diferencia en el modelo hispánico de integración 85
4. La escritura afroboricua y el *performance* existencial 90
5. Teoría y práctica de la significación en el Caribe hispano: los cuentos negros de Lydia Cabrera y Ana Lydia Vega 99

Capítulo III   111
Raza y modernidad en Puerto Rico: las décadas de los treinta y cuarenta **113**

1. Introducción: una postura crítica frente a la modernidad 113
2. Modernización y formación racial en Puerto Rico 116
    La ideología racial de *Insularismo*: "fusión" y "con-fusión" 120
    Tomás Blanco y el prejuicio racial como "inocente juego de niños"   124
    El prejuicio racial, las ciencias sociales y el proyecto populista del PPD 130
    Luis Palés Matos y René Marqués en el panorama de la formación racial 133
3. La ontología de la nación y los negros expulsados de la *polis* 142
    El caso de Martin Robison Delany: un modelo para la interpretación del éxodo y la relocalización 147

Introducción a la Segunda Parte   151
En las antípodas de la modernidad **153**

Capítulo IV   157
Cuando se eclipsa la comunidad tradicional y la luz de la modernidad no alumbra: la crisis de Vieques según Carmelo Rodríguez Torres **159**

1. La llegada de la marina de guerra norteamericana y el apocalipsis de Vieques 159
2. En Vieques ni lo tradicional ni lo moderno: la crisis existencial de un sujeto ausente 165
    El narrador tiene un color y busca un Relato 173
3. Apocalipsis y Jonás en perspectiva: conclusión 176

Capítulo V   183
Del lado de "acá" de la modernización: la experiencia afropuertorriqueña y la deconstrucción del mito de la gran familia **185**

1. Introducción: Carmelo Rodríguez Torres frente a la ficción histórica de la gran familia 185
2. Tras las huellas del abuelo Solimán: hacia una caracterización de la crisis de un sujeto sin Relato en "Paraíso" 187
3. La marca del abuelo Solimán en *La casa y la llama fiera* 196
4. El prejuicio racial en la sociedad civil puertorriqueña: representación artística y bases sociológicas 204
    Topografía del racismo en la sociedad civil en "Paraíso" y *La casa y la llama fiera* 205
    Documentación del prejuicio y la discriminación racial: el informe del Comité de Derechos Civiles y el estudio del Centro de Investigaciones Sociales 212
5. Muertos o retirados los patriarcas criollos: conclusión 216

Capítulo VI   221
En busca de los pasos perdidos: ¿la reconstitución de un sujeto escindido o el "fracaso" de un proyecto escritural afrocéntrico? 223
1. Introducción: una vuelta a la dicotomía campo frente a ciudad 223
2. En pos de una crónica afropuertorriqueña: "Fuencarral" y los otros cuentos negros 225
3. *Este pueblo no es un manto de sonrisas*: un retorno frustrado 232
4. El "fracaso" de un proyecto escritural afrocéntrico: conclusión 240

Conclusión   245
La narrativa de Carmelo Rodríguez Torres en el contexto puertorriqueño y latinoamericano 247

Bibliografía   253

Dedicado a Ilia Rodríguez

Agradecimientos

Este libro es un reconocimiento al empeño que pusieron en mi educación mis padres, Sinencio Santiago y Nectorina Díaz. Es además un testimonio de la labor pedagógica de los buenos maestros que han marcado el ritmo de mi aprendizaje desde los primeros grados. Culminación de esa labor es Stephanie Merrim, a quien debo agradecer una primera lectura del manuscrito así como sus comentarios estimulantes.

Aprovecho este espacio para consignar el respaldo que me brindaron diversas personas desde los inicios del proyecto hasta su publicación. Entre los que leyeron la primera versión del manuscrito, agradezco las palabras alentadoras de Clement White, Idelber Avelar, Ana María Ochoa, Carmelo Rodríguez Torres, Israel Ruiz y John Waldron. En sus comienzos, animaron mi escritura Geoffrey Ribbans, Lucía Tono, Ana Cecilia Rosado y Laura Pirot-Quintero. Entre los que más adelante me inspiraron a continuarla, destaco a mis ex-colegas Maureen Shea, Niyi Afolabi y Felipe Smith; y de los que fueron mis estudiantes, a Elizabeth Bagneris, Elizabeth Hoodless, Anastasia Scott, Linda Ihenetu, Dixon Abreu, Gabriela Alemán, Ana Yolanda Contreras y Camilo Gomides. Otros que con su amistad o solidaridad me motivaron a completar el proyecto fueron José Moreno, Alison Stevens, Elías Ortiz, Ana Margarita Gómez, Julio Ramos, Catherine Travis, Rosi Rivera y María Mercedes Nazario.

Con suma gratitud, hago constar la contribución de otras personas al mejoramiento del manuscrito en su fase final. Estimables por demás han sido la corrección de todo el documento que me ofreciera María Teresa Villarroya Bronchal y las revisiones de algunas secciones llevadas a cabo por mi colega Alejandra Balestra y mis estudiantes Doris Careaga y Linda Soheila Rescic.

Mi mayor deuda es con Ilia Rodríguez y Claude-Rhéal Malary, quienes leyeron cabalmente el trabajo para hacerme observaciones de diversa índole y ayudarme a tomar decisiones de tipo editorial. Para Claude, un sincero agradecimiento por el apoyo incondicional; para Ilia, mi más expresivo reconocimiento por haber debatido conmigo algunos de los temas y por ir a mí siempre.

La escritura de este libro contó con la asistencia de una beca de la Fundación Dorothy Danforth Compton y la generosidad del Dr. Bernard E. Bruce, en vida, Decano Asociado de la Escuela Graduada de Brown University.

Prólogo

Sería imposible rememorar con certeza y justo orden las circunstancias y los móviles que dieron origen y dirección a este libro: mañana los explicaría de una manera distinta a la de hoy. Quiero contar, sin embargo, que hubo un momento de epifanía que marcó significativamente el curso del proyecto. Ocurrió la tarde de un domingo de 1997 durante una conversación telefónica a larga distancia con Nectorina Díaz. Caía el sol otoñal de Providence (Rhode Island), y con él la conversación que habíamos sostenido por una media hora también llegaba a su ocaso. Quizás para extenderla unos minutos más, se le ocurrió a ella preguntarme cuál de los lugares de Estados Unidos donde yo había vivido me gustaba más: ¿San Francisco, Santa Barbara, St. Cloud, Minneapolis o Providence? Con mi habitual actitud crítica hacia las parcelas del Tío Sam, le contesté que ninguno, que yo no me veía viviendo el resto de mi vida en ninguno de esos sitios, a pesar de los atractivos que podía mostrar cada uno de ellos. Entonces me respondió que nosotros éramos iguales, que ella tampoco se había sentido cómoda en ninguno de los lugares donde había vivido. E inmediatamente me confesó que "esa casa" donde ella había levantado su familia nunca la había sentido como suya. Que en "esa casa" por años ella había tenido un sueño recurrente en el que se sentía apresada, yendo de un lado para otro como una leona enjaulada en busca de una salida, hasta que finalmente se tiraba al camino y se iba. La confesión era sorprendente: se refería a la casa donde me había dado a luz y nos había criado a mí y a mis nueve hermanos. Pero, a la vez, tenía sentido. Después de todo, ella no era originaria de nuestra localidad. A la edad de tres años, su padre, Eleuterio Díaz, un médico autodidacta descendiente de afrocubanos que —con grandes poderes mágicos, según decían— ambulaba por la sección sureste de Puerto Rico curando con lo que hoy llaman medicina alternativa, se la había arrancado de los brazos a mi abuela Juana Sánchez y, muy en contra de la voluntad de ambas, la había llevado a vivir a ese lugar del que ahora, a sus ochenta años, mi madre renegaba. Allí fue criada por —y para— una mujer descendiente de indios —de la India— quien en mi genealogía resulta ser tía de mi padre. A menos de un *home run* (de liga de béisbol con bola de media) de distancia de la piedra de entrada de la casa en la que la obligaron a crecer, le tocó años más tarde fundar un hogar junto a mi padre. Mi madre, en efecto, habría de dejar nuestra casa treinta y seis años después, cuando el menor de mis hermanos ingresa en la universidad, para integrarse en una comunidad cristiana carismática, sin prestar atención a las críticas de los miembros de la familia y del barrio. De aquella revelación, que luego me parecería llena de lógica, me surgió una pregunta que en distintos momentos me alentaría a retomar la escritura: ¿Puede alguien que no ha sentido su "propia" casa (o sus casas) como su casa sentir el país como su país? O al menos, ¿puede esa persona figurarse la nación en los mismos términos que aquéllos que tienen una relación menos conflictiva con el espacio de la casa que habitan? No es ésta una pregunta a la que haya tratado de darle solución en ningún momento, ni creo que se desprenda del libro una respuesta para ella. Aun así, insisto en que fue uno de los estímulos del espíritu del proyecto.

A partir de un momento, durante la escritura del segundo capítulo, me di cuenta de que este libro participaba del *performance* que yo mismo postulaba como intrínseco a la escritura afropuertorriqueña y afrohispana. Mejor dicho, me percaté de que había estado montando ese *performance*, al menos, desde el instante en que empecé a ventilar su diseño. Recuerdo una ocasión en la que, después de haber discutido el plan de los capítulos con varios profesores y de haber uno de ellos objetado algunos de sus puntos esenciales, fui a buscar consuelo para mi frustración entre algunos colegas y amigos hispanoamericanos. Peor fue la cura que el mal. Para estos, el espectro racial hispanoamericano era de una fluidez indiscutible; para ellos, si había un problema racial latinoamericano no estaba en su país, sino en el país vecino. Pero de todo lo que tuve que enfrentar aquel día, lo que más me intrigaba era el silencio de una de mis amistades afroboricuas, que escuchaba sin arriesgar una opinión: ni sí ni no a nada de lo que acababa de recapitular de mi conversación con los profesores, ni sí ni no a las críticas de mis otros compañeros, ni sí ni no a los argumentos que yo esgrimía para justificarme. Un silencio absoluto que yo no supe si interpretar como reproche o como qué. Más tarde, ese mismo día, Ilia me hizo ver que para esta persona entrar en la discusión hubiera sido difícil porque hubiera tenido que exponer sabe Dios qué de su experiencia. De ahí en adelante decidí que para realizar el proyecto que quería, y no el de otros, iba a tener que adoptar, en lo posible, la distancia de un autista. La lección de aquel día, de algún modo, se iba a reflejar varios años después en el desarrollo de un tópico importante del primer capítulo.

Mi memoria de Juana Sánchez es breve. Estuvimos juntos cuatro o cinco veces a lo sumo. Cuando la conocí era ya una anciana. No había que escrutarla para ver en ella las huellas del maltrato de una vida injusta. Parecía haber sido una mujer alta, pero su cuerpo estaba permanentemente doblado por alguna antigua e irremediable lesión en su cintura. Daba pena mirarla, y creo que a ella le avergonzaba un tanto que la miráramos en su triste condición. Hablaba poco y cuando lo hacía casi siempre era para referirse a tragedias y crímenes sangrientos de tiempos imprecisos. En cada uno de nuestros apodos recordaba a alguien que había tenido una muerte violenta: "No le digan Yito que los Yitos son malos", le advertía a mi mamá. Y luego añadía, "A un Yito lo picaron en las cañas de la Central y al otro lo mataron de unas puñalás".

En la literatura puertorriqueña, Ma Juana se encuentra olvidada en la obra decimonónica del escritor afropuertorriqueño Eleuterio Derkes: es la abuela negra de la comedia *Tío Fele* a quien confinan al espacio trasero de la cocina para ocultar la ascendencia africana de la familia. En mi genealogía, Mamá Juana es la abuela negra que en esencia se nos niega, o tal vez mejor, la abuela a quien se le negó el derecho a vivir cerca de nosotros. El guardián de la memoria de ese lado de mi familia que conocí menos fue Félix Díaz. Tío Fele, como lo llamábamos, era el segundo de los diez hijos de Mamá Juana. Nunca se casó, vivió con su madre hasta la muerte de ella a principios de los años setenta. Él también feneció hace varios años. El relato fundacional de la familia que Tío Fele nos hacía era muy básico. Según contaba, después de la invasión estadounidense a Puerto Rico (1898), un soldado español que vivía en la zona del faro de Maunabo con alguna tenencia de cañas, decide huir y refugiarse en las montañas. Se lleva consigo a una esclava negra (él sabía que la abolición se había decretado en 1873), a la que luego toma por esposa (no recuerdo si usaba esta palabra, tampoco me queda claro si se casan). De esa unión nacen niñas gemelas, una blanca y otra negra. En ese alumbramiento, a Mamá Juana le tocó la suerte de ser negra.

Por alguna razón paradójica, recordar la historia de Juana Sánchez, en algún momento, me hizo entender que el discurso contestatario de la ideología del blanqueamiento que recurre a la pregunta por la abuela negra – "¿y tu abuela dónde está?" – no supera cabalmente la ideología que aspira a criticar, porque en el diálogo que suscita, todavía la negritud y la africanía se figuran, con cierta comodidad, como recuerdos de un pasado, acaso como una condición que "ya hemos superado", y no como una identidad actual que hay que reconocer sin que haya *necesariamente* que evocar la memoria de nuestros ancestros negros.

Escritura afropuertorriqueña y modernidad se inscribe dentro de la tradición escritural que discute: dramatiza el problema de escribir sin contar con el soporte de una tradición literaria y de pensamiento teórico afropuertorriqueño, al tiempo que trata de contribuir a subsanar esa falla que identifica como marca elíptica de la tradición misma. Los capítulos del libro no se redactaron en orden cronológico. El cuarto, quinto y sexto, que componen la segunda parte, así como la primera sección de la introducción, se armaron, en ese mismo orden, entre 1997 y 1998. Pasaron dos años y medio antes de retornar al proyecto. El segundo capítulo, el único que no estaba en el plan original, fue el primero de la primera parte que escribí. Cronológicamente, le siguieron el número uno y el número tres. Para mediados del 2002 se completa la primera versión del manuscrito. Me inclino a pensar que el retraso de la escritura fue un síntoma de los problemas que el propio libro trata de elucidar.

No obstante lo antes dicho, quiero advertir que el alcance del libro está supeditado a unos objetivos específicos y limitado por el tiempo que tenía para completarlos. Con razón, algunos notarán que su lente no alcanza a enfocar la literatura producida por los afroboricuas de los Estados Unidos. Hacia esa dirección lógica me he ido moviendo con un nuevo proyecto en torno a la literatura caribeña de Estados Unidos, especialmente en un trabajo titulado "Border Writing Against Literary Whiteness: The Afro-Boricua Outcry of Piri Thomas"; en español, "Desde la oscura frontera de dos casas letradas: habla Piri Thomas". En un futuro, también espero poder abordar, con algún detenimiento, los mismos problemas que toco aquí, pero en el panorama literario de otros países de Hispanoamérica.

Introducción

1. Tres novelas, un libro de cuentos y una ceremonia de autolectura: la narrativa de Carmelo Rodríguez Torres en perspectiva

Ya que en su curso este libro ha de desembocar en la reflexión que efectúa Carmelo Rodríguez Torres sobre la posición del sujeto afropuertorriqueño dentro de la cultura modernizadora de su país, comenzaremos por un documento inmediato, por la autoevaluación que el autor realiza al enfrentarse con su trabajo narrativo en un artículo titulado "Tres novelas y un libro de cuentos: una ceremonia de autolectura". El texto en cuestión se publica en 1995 con motivo de la reedición de dos de sus novelas y en él encontramos a Rodríguez Torres asumiendo la lamentable tarea de revelar sus procesos, consciente, quizás, de las desventajas que confrontan sus libros en el mercado y en la institución académica. Lejos de ser una crítica objetiva, la "Autolectura" viene a ser la extensión del drama mayor que atraviesa la totalidad de su obra, el de un artista en busca de una manera adecuada de representar a su comunidad y de figurarse a sí mismo, social y racialmente, en un país y en un contexto cultural donde no existe un modelo de escritura que sirva para conciliar de forma definitiva la complejidad de la experiencia afropuertorriqueña. Se trata, en efecto, de "una ceremonia parecida al strip-tease" (22), pero elevada al cuadrado. Articulado a base de renuncias y afirmaciones, este escrito breve y confesional viene a confirmar la presencia en sus narraciones de contenidos autobiográficos, de temas recurrentes, de tramas que continúan de un libro a otro, de una serie de tensiones internas; en fin: de un cúmulo de problemas que ya se nos hacían evidentes a través de una lectura cuidadosa de la totalidad de su obra.

"Y uno siente el deseo de ponerles la ropa que les quitó en la ceremonia del strip-tease" (22), dirá el autor con rubor al encarar a sus engendros desde una actualidad que no incita aquel entusiasmo experimentador que, en la bonanza revolucionaria de los años setenta, lo llevara a hacerlos públicos. No obstante, sus intenciones lo traicionan porque al intentar cubrirlos lo que hace es poner en mayor evidencia su desnudez. Conviene citar algunos pasajes del artículo para verlo claramente:

> Antes de mis apuntes de relectura y contra crítica deseo expresar que han sido siempre mis deseos que esta novela, *La casa y la llama fiera* no vuelva a editarse, agotada ya hace mucho tiempo la primera edición, mientras

permanezca con vida y así han de respetarlo mis herederos y amigos, permanecerá en el más absoluto silencio. [...] Razones familiares me mueven a expresar ese comentario [....] No fue una novela de entusiasmo para mí, la vi como un padre que tiene catorce hijos y uno de ellos –cualquiera– se le acerca a darle un beso. Además fue un texto que despertó grandes ronchas familiares, disgustos hogareños, lágrimas y amenazas. No sabía que una novela podía tanto. Cuando publiqué *Veinte siglos después del homicidio* me ofrecieron una bofetada tan larga que la sentencia llegó en una carta a España. Con *La casa y la llama fiera* me pusieron las maletas en la puerta. (39)

La casa y la llama fiera (1982) es un texto que sirve de puente a toda la narrativa de Rodríguez Torres. Aparte de que retorna a mucho del material y los escenarios de *Veinte siglos después del homicidio* (1971), añade nuevos capítulos a la situación familiar del cuento "Paraíso" (1976) y proyecta su trama de forma retrospectiva hacia la novela *Este pueblo no es un manto de sonrisas* (1991). Por eso, cuando la cita pone de manifiesto el valor autobiográfico de esta obra, de alguna manera tiende a confirmar lo mismo para otras donde también cabe la misma sospecha. Si el libro resulta problemático es porque compromete la privacidad del hogar de su autor. Lo que tiende a poner dicha intimidad al descubierto son las coincidencias que existen entre algunos de los datos más básicos de la vida del escritor real y la historia de un personaje acosado por sus propias escisiones y por los prejuicios raciales de la comunidad urbana que lo circunda. Al igual que el escritor, el personaje es un hombre negro, oriundo de la municipalidad de Vieques. Aunque pobre por su extracción de clase, en el momento de la acción ocupa una plaza de profesor en una ciudad de Puerto Rico, donde reside con su familia. Es, además, un escritor en pugna con su escritura porque sospecha que la misma traiciona un compromiso elemental con su pueblo, su raza, su clase y, en definitiva, sus orígenes. Como se verá a continuación, también la "Autolectura" asume como presupuesto esencial el mismo compromiso y a partir de él se constituye en un cuerpo de objeciones y validaciones de las formas y los contenidos de los libros que evalúa.

Concretamente, la crítica a *Veinte siglos* se produce como una renuncia a los postulados estéticos que esta misma novela inicia en Puerto Rico para favorecer una literatura que designe directamente con nombres y apellidos:

[...] no la hubiese escrito así [hoy]. Primero, hubiera escrito una novela lineal –independientemente del revuelo técnico que causó en aquellos momentos– porque el propósito, en gran medida era denunciar, hacer quedar mal, causarle hipo nacional a los hombres y a las mujeres que olvidaron que la patria existe, que en realidad no es pura entelequia, que estaba allí y aguardaba por nosotros. [...] Recorrí todo el breve texto narrativo designando al ambiente espacial como "la isla", en esta lectura entiendo que debí escribir la palabra Vieques del tamaño de una página. Realidad tenía que ser una prostituta, Pedro sólo un artesano de la barbería y la Central azucarera no otra cosa que un emporio explotador en manos de uno de los hombres más ricos de Puerto Rico, Don Pepe Benítez. (22)

En el caso de los *Cinco cuentos negros* (1976), sólo el tema del negro y el escenario viequense parecen valer el esfuerzo creativo del volumen; del resto nada se salva:

> 1) Este libro se escribió con una obsesiva visión burguesa, con un ansia deleitante por el strip-tease del "boom" latinoamericano. 2) Para demostrar que podía escribir cuentos y 3) Para no morirme de nostalgia viequense en un lugar que [sic] ni siquiera sabían donde quedaba ese protozoario en el mapa.
> No obstante, cuando lo pongo bajo la mira hay en él algunos elementos que entresaco con cuidado: el personaje de Fuencarral y la mitificación del negro. (22)

Y una vez más, es en el enjuiciamiento de *La casa* donde mejor se expresan las dicotomías que nutren la obra de Rodríguez Torres:

> Un error clave en esta novela y que después de esta relectura no volveré a cometer es que escribí dos novelas en una. Primero, la novela de la urbanización y la burguesía y segundo, la de la pobreza y la isla de Vieques. Ahora entiendo que hubiera sido mejor desarrollar esta última para la que estaba mejor preparado y dejar esas preocupaciones para un momento más oportuno o para nunca. [...] En cambio después de ese strip-tease externo, como diría Mairena, "no está mal". Me refiero a la toma de conciencia de la negritud del protagonista, quien desciende de unos falsos patrones burgueses para convertirse en un adolescente ingenuo y pobre en la última novela: *Este pueblo no es un manto de sonrisas*. (39)

Como en todo acto de constricción, la "Autolectura" se ordena entre un pasado y el presente, mas es claro que estas coordenadas son poco confiables. En el discurso, el *strip-tease* parecería marcar un giro en la conciencia de Rodríguez Torres cuando lo cierto es que todas sus dudas y renuncias ya aparecen codificadas en los libros: se hallan atribuidas al narrador (o narradores) de sus relatos y como tribulaciones del personaje del escritor creado por éste. En ese sentido, la "Autolectura" sólo viene a añadirle un capítulo más a un drama que para el lector de las novelas y los cuentos ya es de sobra conocido. Este nuevo capítulo, acaso el más novelesco de todos, permite, sin embargo, vincular de manera definitiva al autor de la crítica a la cadena de alteregos en la que se ficcionalizaba y diluía su rastro. De ese modo, la "Autolectura" acaba por confirmar que la narrativa de Rodríguez Torres es en gran medida una ficción de su vida y a la vez, e inversamente, un testimonio velado de ésta.

Sumadas a esta dimensión autobiográfica, las escisiones que muestra la obra de Rodríguez Torres resultan intrigantes por demás. Si se caracterizara la condición del enunciador de sus textos habría que decir que se trata de un sujeto dislocado, de una conciencia atrapada en una serie de dicotomías que nos van circunscribiendo la naturaleza fisurada de su identidad. Y claro, dentro de ese complejo existencial, los ejes que mayor relevancia adquieren son los de la raza, la nacionalidad y la escritura. Si como discurso crítico la "Autolectura" no logra distanciarse de las ficciones que aspira a evaluar, es porque la imagen fundamental de éstas es la del escritor dislocado en ejercicio de su propia crítica. Jonás en el vientre de la ballena es el emblema que escoge el autor afroviequense para representarse a sí mismo justamente porque en este profeta menor se compendian los temas del desarraigo, el incumplimiento del deber, la crisis de conciencia y la autocrítica.

Ciertamente, todo el trabajo de Rodríguez Torres es un gran *performance*. Es la dramatización de la crisis de un sujeto y del "fracaso" de un proyecto escritural.[1] Página tras página el imperativo ético-político vanguardista que el autor reclama para su literatura va siendo derrotado por una escritura suscrita a los experimentos del *nouveau roman* y a los postulados posestructuralistas de la segunda mitad del siglo XX. En ningún sitio se ve esto mejor que en *Veinte siglos*, novela a la que le corresponde iniciar las tendencias posmodernas en las letras nacionales. En ésta, la posibilidad de articular un relato que denuncie la subordinación política y el control

---

[1] Se ha escrito la palabra "fracaso" entre comillas para aclarar que su uso en este libro no implica el descrédito de Rodríguez Torres ni de su obra. Más bien el término tiene para nosotros un valor conceptual. El "fracaso" es una instancia de un gesto estético característico de ciertas literaturas –típicas de periodos como los del barroco y el neobarroco– que significan de manera elíptica o alegórica. Así que las comillas indican también que el "fracaso" es relativo. Como se demostrará a lo largo de este libro, los gestos frustrados y las limitaciones que refleja la obra de Rodríguez Torres, y la de otros autores afropuertorriqueños, son más elocuentes y edificantes que el "éxito" de muchos escritores que se aproximan más a la plenitud simbólica. Hecha la aclaración, en lo sucesivo el término se dejará sin las comillas. Sólo en el título y en un subtítulo del Capítulo VI, la única otra parte del libro en el que el concepto se usa reiteradamente, volveremos a encerrarlo entre comillas considerando que el lector puede optar por tratar cada capítulo como una unidad independiente y que en dicho caso no tendría el beneficio de esta nota.

militar de Vieques a partir de categorías objetivas —modernidad y colonialismo, las más relevantes— es constantemente obstruida por la preeminencia del discurso fragmentado y subjetivo que atraviesa la novela. Y así mismo en lo que toca a lo racial: de un libro a otro, la iniciativa restitutiva del yo afropuertorriqueño también va siendo minada por una narrativa esencialista instituida con las teorías del mestizaje latinoamericano y de firme raíz en el decir popular, la cual, al final de la ruta, parece extenuar la viabilidad del proyecto escritural afrocéntrico.

Básicamente, todos los libros de Rodríguez Torres son relatos interiores que revelan el artificio de su factura. Se hacen en flujos de conciencia que a la vez que dramatizan su proceso de creación reflexionan sobre él. Esta reflexión, claro está, siempre tiene un carácter trágico porque se produce como un reconocimiento de la imposibilidad de articular una genealogía que le otorgue unidad y estabilidad al propio sujeto escritural en zozobra. Así se experimenta la frustración de no poder armar una genealogía armonizadora de Vieques, pueblo que no conoce su primera historia escrita hasta 1947 y que se encuentra desmoralizado por la crisis ocasionada por la ocupación de la marina de guerra norteamericana en 1940, y, en igual medida, la de no poder componer un relato favorecedor de la diáspora africana, grupo que hasta la emergencia en las décadas de los setenta y ochenta de una nueva generación de historiadores y escritores nunca fue debidamente valorizado en las versiones oficiales de la historia de Puerto Rico.

Hasta hoy, la producción narrativa de Rodríguez Torres es el testimonio escrito más amplio sobre la condición afropuertorriqueña dentro de la literatura insular, pero como ya advertimos, más que una alegación retórica, es una puesta en escena de dicha condición. A fin de cuentas, en estas narraciones se habla relativamente poco sobre colores de piel y, mucho menos, sobre conflictos raciales. Se mencionan estos temas con cierta dificultad y en situaciones más o menos extremas. No hay que olvidar que lo que se lee en los textos es la represión de un discurso racial en la conciencia de personajes negros y mulatos y, en última instancia, en la del mismo narrador. Pero ¿de qué otra forma se podría testificar esta experiencia en un país donde tradicionalmente se ha evitado ventilar los asuntos raciales o donde, como demuestran Isabelo Zenón Cruz y Ana Lydia Vega, estos se abordan a través del chiste o del eufemismo? El juego de cajas chinas en el que el artista le adjudica su historia racial a un alterego que a su vez se deshace de ella creando otro alterego que la cuente, es ciertamente sintomático de un complejo racial, pero también hace recordar que en Puerto Rico —como en otros países de la zona del Caribe y de América Latina— existe una marcada tendencia a achacarle a otro la prietura, el comentario racista o sobre raza, y el discrimen racial como tal. Aún más importante, hace pensar que para los afropuertorriqueños la discusión de la negritud y el ejercicio de la representación propia siempre han estado más o menos bloqueados por la falta de una tradición escritural y de un pensamiento negro, una dinámica que en buena medida está determinada por las políticas raciales imperantes durante los siglos del dominio español en Hispanoamérica.

2. Hacia una conceptualización de lo afropuertorriqueño

En el ámbito cultural puertorriqueño, el término "afropuertorriqueño", en sus múltiples variantes, ha venido reclamando pertinencia durante las últimas dos décadas a través de diversos textos críticos y artísticos. Así, por ejemplo, Emanuel Dufrasne González lo usa en su artículo "Afrofobia"; Juan A. Giusti Cordero, en "AfroPuerto Rican Cultural Studies: Beyond *cultura negroide* and *antillanismo*"; Winston James, en "Afro-Puerto Rican Radicalism in the United States: Reflections on the Political Trajectories of Arturo Schomburg and Jesús Colón"; William Cepeda y el Grupo Afro Boricua, en su producción estereofónica *Bombazo*; y William Cepeda lo vuelve a utilizar en *AfroRican Jazz: My Roots and Beyond*.

Desde luego, como todo lo tocante a la cuestión racial en Puerto Rico, se trata de marcas mínimas pero de gran significación. En ellas, ciertamente, se advierte la tensión fundamental que en el territorio insular tradicionalmente ha rodeado el uso del prefijo "afro". Como se sabe, este prefijo encuentra una codificación temprana en el vocablo "afronegroide", uno de los adjetivos usados para calificar la poesía de temas negros que en las décadas de los veinte y los treinta del siglo XX comienzan a producir poetas como Luis Palés Matos y Fortunato Vizcarrondo. Se trata de un uso que envuelve cierta negociación. Se apela al vocablo para rotular (el sufijo es taxonómico) algo que se concibe como remanente de una cultura pretérita. Lo modificado por el adjetivo no sólo va envuelto en un aire primitivista (evocando, quizás, el concepto de antropoide), sino que, en el debate de lo propio y lo ajeno, acaba siendo relegado a las márgenes de la vida nacional. Aunque lo "afronegroide" no se recusa del todo, porque en el mejor de los casos queda como depósito de una tradición a la que se acude frente a los embates de una modernización colonialista y la agresión contra lo nacional, por lo general sí queda señalado como un área atrasada y marginal de la cultura. Desde la inscripción de lo afronegroide, se puede decir, entonces, el prefijo "afro" siempre parece tener dificultades para desligarse de las connotaciones negativas que le impone el sufijo "(negr)oide". En ese sentido, si se examinan, por ejemplo, los proyectos musicales de William Cepeda es posible encontrar atisbos de este drama. Mientras en *Bombazo*, de orientación más tradicional y folklórica, el artista, en su empeño por afirmar la africanía en la música, recurre en algún momento a la estética afronegroide (préstese atención a la declamación en

"Majestad Negra"); en *AfroRican Jazz* el trabajo de Cepeda refleja una clara convicción de que la tradición afroboricua que había manejado en el primer disco puede dar lugar a una expresión avanzada del jazz actual.

De modo que, tanto por su uso como por su interpretación, el prefijo "afro" nos sitúa ante uno de los escenarios del drama racial en Puerto Rico. A partir de lo que Giusti Cordero propiamente designa como la primera época de la cultura afropuertorriqueña en la expresión pública ("AfroPuerto Rican" 58), el prefijo parece estar minado por una triple operación reduccionista. En la percepción general, en primer lugar, lo afro frecuentemente se reduce a "recuerdos del pasado" (Fernández, "Recuerdos"); se confina, en segundo lugar, a ciertas áreas geográficas y culturales, siendo Loíza Aldea la más recurrente; y en tercer lugar, se liga casi exclusivamente al ámbito de la cultura, entendida ésta de una manera superficial y sin una dimensión política significativa. De ahí que cada intento de suscripción del término "afropuertorriqueño" encuentre trampas y limitaciones. Es el caso de los trabajos críticos y artísticos previamente mencionados: todos ellos, de una forma u otra, reflejan las dificultades o contradicciones en que uno incurre cuando intenta validar o promover el uso del término. El artículo de James, por ejemplo, donde sí se toma lo político, en su expresión del radicalismo negro, como punto de partida para validar la designación, paradójicamente termina minando la gestión al concluir el investigador que en la historia del país la acción política de los puertorriqueños negros se ha dado casi exclusivamente dentro de una agenda nacionalista y socialista.

Todo reduccionismo es en el fondo una negación o una miopía originada en el afán regulador de la ciencia: en el caso que se discute aquí, la antropología y la historia son dos disciplinas implicadas. En *Escritura afropuertorriqueña y modernidad*, la experiencia afropuertorriqueña (expresión que frecuentemente empleamos) comprende el pasado y la tradición pero también el presente. No podría ser de otro modo porque en el Caribe modernidad y tradición se resisten a la ordenación prescrita por el paradigma de la historia. La modernidad no podría definirse debidamente sin la realización de un recuento primario que tome en cuenta la experiencia del africano y sus descendientes en los territorios americanos durante los períodos esclavista y postesclavista: éste ha sido un punto central en la crítica del proyecto de la Ilustración formulada por la intelectualidad de la diáspora africana desde sus primeras expresiones, como bien lo establece Paul Gilroy (*Black Atlantic* 54-56). Esta misma línea argumentativa ha conducido al historiador Stephan Palmié a un planteamiento fundamental para la revisión del pensamiento sociocultural sobre la población negra del Caribe (46-52). Siguiendo los trabajos de Michel-Rolph Trouillot y Sidney Mintz, entre otros, Palmié arguye que, en contra de las expectativas del discurso de la Historia, en el Caribe –y en el sistema esclavista del Atlántico– la modernidad viene primero y luego se configura la tradición. Es decir que el sujeto caribeño nace dentro de un sistema netamente moderno. Se gesta en un sistema industrial altamente regulado que en ocasiones inaugura formas ordinales y disciplinarias que luego se han de adoptar en las zonas metropolitanas. Por consiguiente, para algunos efectos, el flujo de la modernidad es del Caribe a Europa y no lo contrario. En cambio, la tradición afrocaribeña, nos dice Palmié, no emerge hasta después de la caída de la plantación esclavista. Debido a que la historiografía decimonónica elide la modernidad del esclavo de su registro, al afrocaribeño (y al afroamericano en general) se le concibe como un sujeto sin historia. La historiografía básicamente lo localiza dentro de un periodo "arcaico": en el supuesto "caos" que sigue a la quiebra de la plantación; en la etapa de la reconfiguración de las comunidades afrocaribeñas y su tradición. Sólo así se entendería la relegación de los afrocaribeños y su cultura a un orden primitivo. Pero aquí viene la otra observación fundamental que hace Palmié: para la etnología, rama de la antropología que se ocupa de estudiar las sociedades primitivas, el afrocaribeño tampoco es fácil de encasillar como objeto de estudio justamente porque desde las primeras intervenciones de ésta en el Caribe ese sujeto ya es portador de una experiencia moderna.

Así que tanto la historia como la antropología llevan a cabo su gestión en el Caribe ejerciendo cierta violencia ontológica sobre el elemento afrocaribeño. Ya que la primera se encarga de estudiar la marcha de las sociedades hacia la modernidad, y en vista de que es incapaz de ver la dimensión moderna del esclavo, cede el estudio del afrocaribeño a la segunda, la cual, debido a la misma miopía, lo encajona en una categoría cultural de la que todavía no ha salido del todo.[2]

---

[2] Desde luego, el desarrollo del pensamiento antropológico sobre la negritud atraviesa por distintas etapas en las que la actitud ante el objeto de estudio experimenta cambios. Al comienzo del siglo XX, una de las figuras que mejor codifica la huella de la antropología en la ontología del sujeto afroamericano es Franz Boas. Su caso es digno de mencionar por la influencia que ejerce. Boas, uno de los primeros antropólogos en estudiar el folklore de los negros en los Estados Unidos y quien fuera mentor de figuras como Zora Neale Hurston y W. E. B. Du Bois, entendía que la identidad racial negra había que buscarla en las prácticas culturales autóctonas. De su trabajo se desprende una asociación axiomática de la identidad racial "inalterada" con el negro pobre y sin educación y de la disolución de la identidad con la movilidad social. Boas, incluso, temía que la educación pública sirviera para reforzar la idea de la supremacía blanca. Para él, las prácticas populares encerraban una respuesta a la visión de la herencia africana como motivo de vergüenza. Esta vinculación de la autenticidad con los sectores pobres encuentra arraigo más tarde entre los artistas del Renacimiento de

Consecuentemente, para resolver ese *impasse* ontológico a que obliga la ciencia, se desarrolla –durante el siglo XX– una nomenclatura mediante la cual se negocia a nivel teórico la modernidad de las naciones caribeñas y de su "elemento disonante". Conceptos como "nación", "transculturación", "creolización" y "sincretismo" adquieren validez en la explicación de los procesos sociales contribuyendo, en alguna medida, a la relegación de la africanía a una zona marginal de la vida nacional.[3] En ese sentido, la antropología y la historia, disciplinas que han sido decisivas en los estudios sociales puertorriqueños, son altamente responsables del prejuicio adscrito al prefijo "afro". Y aunque hay que decir que la nueva historiografía y los estudios culturales que se comienzan a producir hacia la séptima década del siglo XX han ido compensando de diferentes maneras los desaciertos de sus disciplinas madres, aún en el análisis culturalista de hoy parece pervivir el supuesto de que el lugar de los estudios afropuertorriqueños es un espacio periférico que ya no sólo se llama Loíza sino también San Antón, el caserío, la esquina o el barrio (en Nueva York o Chicago).

Así pues, en *Escritura afropuertorriqueña y modernidad* la suscripción del término "afropuertorriqueño" va en contra de la óptica heredada de la antropología y la historia del siglo XIX. No obstante, en ninguna medida se intenta con ella negar los procesos de formación nacional, transculturación, creolización y sincretismo. Más bien lo que se sobreentiende es que ninguna de estas dinámicas socioculturales cancela la africanía como eje de identidad de negros y mulatos ni la relega a una función accesoria. En principio, el trabajo de María C. Zielina *La africanía en el cuento cubano y puertorriqueño* ofrece algunos puntos de partida válidos para adelantar esta discusión ya que en él la africanía se sitúa dentro de las dinámicas en cuestión (19-31). Más importante aún, aunque esta estudiosa conceptualiza la representación literaria de la africanía prestando atención a los elementos más evidentes de lo afroboricua, también lo hace considerando como parte de la africanía problemas

---

Harlem. Al igual que Boas, Langston Hughes, proveniente de la clase media negra, va a asociar la pureza racial con la clase trabajadora y la asimilación con el éxito económico (hooks, *Yearning* 135-36; V. Smith 64-65).

[3] Podría argüirse que los conceptos de transculturación, sincretismo y creolización no han hecho sino poner de relieve el valor de lo africano en las síntesis del Caribe, lo cual es cierto. Sin embargo, su énfasis explicativo, sobre todo cuando se trata de registrar "la contribución del africano", tiende a gravitar insistentemente hacia lo cultural cuando no hacia lo cultural marginal. Más importante aun, las teorías a las que le dan forma son en gran medida la base de una concepción del espectro racial latinoamericano como algo fluido (para usar el término de moda) que se diferencia de lo racial en los Estados Unidos y que en el caso de Puerto Rico tiende a recusar el concepto de lo afropuertorriqueño que proponemos en esta introducción.

existenciales que afectan a la vida de personajes negros, mulatos y blancos en el interior de la sociedad moderna racializada (16). A la luz de esta teorización, Zielina discute un cuento como "Paraíso" (131-39), de Carmelo Rodríguez Torres, relato que se desarrolla en una urbanización de clase media y cuyo tema central es la degradación de la negritud y no su vindicación.

En esa misma línea, en *Escritura afropuertorriqueña y modernidad*, a la experiencia afropuertorriqueña la define no sólo la afirmación, sino también la negación; no sólo la presencia, sino también la ausencia; no sólo la efectividad, sino también el fracaso; no sólo la unidad sino también la fragmentación. Se sabe, claro está, que el afrocentrismo es fundamentalmente afirmativo y que promueve la unidad del sujeto. En la expresión de Molefi K. Asante, quizás más que en ninguna otra, el afrocentrismo tiende a eclipsar el trauma generado por la esclavitud (Gilroy, *Black Atlantic* 188-89). Pero el fin correctivo y regenerador de la óptica que él defiende no tendría sentido sin su referente oscuro. Aunque el afrocentrismo sea más visible en aquellos negros cuyo lente es claro y cuya africanía, afirmativa, el proyecto afrocentrista sólo adquiere sentido en virtud del sujeto afroamericano que se fragmenta y zozobra en la sociedad moderna. Obviamente, en Puerto Rico no se trata de un proyecto conceptualizado en los mismos términos ni del mismo alcance sociocultural y político; pero aun así, la misma lógica aplica. Sólo habría que fijarse en lo que ha constituido por décadas el discurso central sobre la música afropuertorriqueña, ese espacio consabido de la africanía del país. Notablemente, la afirmación de la bomba y la plena ha sido reiterativa en la defensa de estos ritmos como valores que no son suficientemente apreciados, a tal punto que la apología ha llegado a erigirse en un metadiscurso casi inherente a la música. Si se acepta como válido, el problema denunciado sería sintomático de lo que le acontece a una nación entera, como sugiere Modesto Cepeda en la plena "Flores a don Rafael" (*Legado*). Pero antes que eso, acusaría los procesos históricos y sociales que han llevado a los puertorriqueños negros y mulatos a negar su raza y su herencia cultural, como bien lo advierte Francisco Arriví cuando concibe su obra teatral *Vejigantes*. En ese sentido, aunque lo afropuertorriqueño remita en algunas de sus manifestaciones a unos vínculos con África que lo legitiman y lo vindican, su definición tiene que ser suficientemente elástica como para admitir procesos, experiencias y sujetos en los que, por el reverso, son identificables los efectos desestabilizadores de la identidad causados por proyectos e ideologías raciales desde la época esclavista hasta el presente.

Si la experiencia afropuertorriqueña –como parte de la afrocaribeña– es primero moderna y luego tradicional, o si modernidad y tradición están inscritas en ella desde el principio, entonces, su discusión no puede seguir líneas fijas ni preestablecidas. En cualquier coordenada espaciotemporal de un contexto particular o general, modernidad y tradición podrían ser hilos de una misma trama. Tal como sucede en el jazz, donde las nociones modernas de libertad, urbanidad y sentido de orden se mezclan con elementos tradicionales para dar lugar a una expresión híbrida afroamericana. En Puerto Rico, este entretejimiento o alternancia caracteriza la experiencia afropuertorriqueña no sólo en residenciales públicos y barrios urbanos, privilegiados por el lente de los críticos culturales, sino en todos los sectores de la sociedad. Reveladora, en ese sentido, es la obra de Carmelo Rodríguez Torres en cuya textura modernidad y tradición –según las entiende el autor– son a la vez referentes que fluctúan en la conciencia enunciadora e hilos que se entrecruzan en el complejo escritural de los libros.

Si existe una experiencia afropuertorriqueña, necesariamente tiene que haber un sujeto que la represente. En lo que podría llamarse la cuarta operación reduccionista que mina lo afropuertorriqueño, la crítica, con cierta comodidad, ha usado el concepto para discutir distintos aspectos de la vida y la cultura de determinados grupos sin querer "afectar" con el mismo al sujeto que la encarna. Esto podría deberse a dos razones. Primero, a que el signo marginal que acarrea el adjetivo *afropuertorriqueño* aplicado a la cultura se torna incómodo en la transferencia a personas específicas, especialmente tratándose de un país en el que comúnmente se asume que la integración y la democracia racial están bien logradas. Y segundo, a que –como se dijo previamente– las teorías explicativas de la conjugación social tienden a hacer menos relevantes las categorías raciales como ejes definitorios de la identidad. Pero ya se ha señalado que el nacionalismo, la transculturación, la creolización y el sincretismo no pueden hacer irrelevante el que se hable de un sujeto afropuertorriqueño. Debido a que la identidad no es algo fijo ni unitario, sobre todo en el contexto que estos conceptos explican, en Puerto Rico la raza suele emerger en determinados momentos –a través de vivencias, reflexiones o acciones– como el factor decisivo de la identidad. Más importante aún, emerge no meramente para significar un acto aislado de afirmación o una denuncia inconsecuente de racismo, sino para codificar, como un rayo, conexiones profundas con los procesos formativos de la experiencia africana y afroamericana durante los primeros siglos de la colonia.

En este punto, quizás sea pertinente dar algunos ejemplos que ilustren lo que se ha venido argumentando. Los casos que se ofrecen a continuación envuelven tres figuras que, desde nuestro punto de vista, son tan afropuertorriqueñas como las familias negras que heroicamente han preservado el tambor africano en la isla. El primero implica una situación de la vida real, por lo que su presentación requerirá de un breve relato.

En la primavera del 2005 tuvimos la oportunidad de volver a Puerto Rico con un grupo de estudiantes y profesores de la Universidad de Nuevo México como parte de un programa de intercambio. Entre las distintas actividades, el itinerario incluyó una visita al campus de la Universidad de Puerto Rico en Mayagüez donde, entre las atenciones que se nos ofrecieron, el profesor José M. Irizarry Rodríguez tuvo a bien organizar un coloquio con una de las clases del Departamento de Inglés que él dirigía. Para estimular la discusión, Irizarry Rodríguez les formuló a sus estudiantes una pregunta en torno al valor de la negritud en la confección de la identidad puertorriqueña. Al principio, todos los estudiantes que se expresaron lo hicieron para negar que la raza tuviera alguna trascendencia en la formación de la identidad y defender la idea de un pueblo unido bajo una cultura nacional. De todas las intervenciones, la más llamativa fue la de una estudiante negra, la única inconfundiblemente negra de la clase, pues fue ella quien con mayor convicción articuló la postura en cuestión yendo un paso más allá para precisar que en esencia el puertorriqueño era un sujeto hispanizado. Para los estudiantes visitantes, el gesto casi pasó desapercibido. Era sorprendente, ya que en nuestro curso de literatura escrita por caribeños en los Estados Unidos hacía poco habíamos discutido la autobiografía de Piri Thomas prestando especial atención al debate sobre raza y nacionalidad que se da en el interior de su familia. Por fin, una estudiante de la UNM planteó la semejanza entre la negación de la negritud que presenciábamos y el problema que representa Thomas en su obra. A ésta siguió una estudiante dominicana de la UPR quien, poniéndose de pie, ilustró con su cuerpo lo que a su modo de entender eran los rasgos fisiológicos heredados de África. Al final, después del intercambio que se generó, dio la impresión de que la estudiante negra al menos había puesto un signo de interrogación a su posición original. Sería difícil decir si para ella el momento descrito representó una epifanía racial o si la posición que al inicio asumió respondía a la presión de suscribir frente a sus compañeros de clase una ontología generalizada en el país. Quizás hayan sido ambas. En todo caso, un observador informado no hubiera dejado de pensar en el vínculo profundo entre lo que acababa de acontecer y la historia de represión de la identidad sufrida por africanos y afroamericanos como consecuencia del proyecto hispánico de blanqueamiento que impuso el imperio español en sus colonias en aras de una unidad. ¿Acaso no era aquello una activación y puesta en escena de los mismos procesos en el mapa social del siglo XXI?

Otros dos casos paradigmáticos de figuras afropuertorriqueñas que no se ven como tal son el del esclavo doméstico y el de Marta, la mulata que promueve el blanqueamiento en *Vejigantes*. Aunque la primera figura sea una categoría histórica y la segunda un personaje literario, ambas sirven para ilustrar cómo, por oposición o contraste, frente a modelos perdurables de la africanía ciertos sujetos palidecen perdiendo legitimidad. La primera la pierde frente al esclavo bozal, custodio de la rebeldía, el tambor y las religiones africanas; la segunda, frente al personaje de Mamá Toña, viva encarnación de la bomba y el vínculo con Loíza. Sin embargo, como en el caso previamente discutido, las fisuras psicológicas de estas dos figuras tienden un puente entre el pasado y el presente. Determinadas sus conductas por requisitos de orden, educación, movilidad y progreso, significativamente, Marta y el esclavo doméstico iluminarían mutuamente sus complejidades haciendo evidente, desde distintas coordenadas históricas, la relevancia de la modernidad en la configuración de la conciencia afropuertorriqueña.

Se ha establecido en este libro que el gesto fundamental de la literatura afropuertorriqueña –y quizás de la afrohispana– es uno elíptico que se origina en la represión. Lo que confirma que la presencia, el reclamo y la afirmación no pueden ser los criterios últimos para delimitar la identidad afropuertorriqueña. Después de todo, en el país, la mayoría de los puertorriqueños negros no dice ser de la raza negra sin que eso quiera decir que deje de serlo. Ahora bien, la identidad afropuertorriqueña tampoco puede entenderse como un vacío absoluto, sino como algo latente que aguarda un estímulo para manifestarse; tal como sucedió en las décadas de los sesenta y setenta del siglo XX cuando el peinado afro irrumpió en la isla y se diseminó por todos sus pueblos. Música, artes plásticas, peinados, modas, ideas, migraciones, contactos: todos estos factores en determinados momentos han sido estímulo para que la identidad afropuertorriqueña aflore en individuos o grupos. No obstante, aunque la afirmación a menudo haya contado con el aliento que produce el contacto con otras comunidades del *black Atlantic*, sus actos nunca se hubieran materializado si la experiencia afropuertorriqueña en primer lugar no hubiera sido factual.

Finalmente, queda la pregunta: ¿hasta quién en el espectro del mulataje del país se extienden los límites de la identidad afropuertorriqueña? En principio, este es un asunto que no aspiramos a resolver. Sin embargo, algunos criterios básicos se podrían establecer. Obviamente, la idea de que en Puerto Rico "el que no tiene dinga tiene mandinga" no puede ser un principio regulador. Aquí ya no se trata de admitir que la africanía en alguna medida toca a todos incluyendo al "blanco": esta sería una premisa que neutralizaría la operatividad del concepto y bloquearía la acción política frente al racismo. De lo que se trata es de atender al color de la piel y a los rasgos fisiológicos heredados del africano como generadores, a través de los siglos, de un simbolismo que ha determinado el curso existencial de negros y mulatos. Esta tarea, sin embargo, no puede estar exenta de una crítica de la raza. La propensión a establecer la primacía del color en términos absolutos debería ser atemperada por la consideración de otras variables. Se podría argüir, por ejemplo, que una persona negra integrada en un espacio de clase media típicamente vedado a los de su raza no necesariamente experimenta menos racismo que aquélla que lo vive en un sector social todavía marginado por motivos raciales. En todo caso, lo experimenta de manera diferente. Es lo que se observa cuando se compara la situación del agonista de la narrativa de Rodríguez Torres en su vida actual de profesor residente en una urbanización de clase media de la ciudad de Mayagüez con su situación en el pasado, cuando vivía en un sector periférico de un barrio de Vieques. No obstante, cuando a lo que se aspira es a erradicar las desventajas económicas sufridas como consecuencia de la discriminación racial y a compensar la privación social concomitante, el factor clase se tiene que mover al centro de la agenda para orientar la acción correctiva. Lo que hace pensar que las variables de clase, género y nacionalidad (en el caso de los descendientes de otros caribeños negros establecidos en Puerto Rico) no tendrían necesariamente que ser decisivas para establecer a quiénes en el espectro de la negritud se puede hacer extensivo el gentilicio "afropuertorriqueño", pero sí para analizar internamente dicho espectro y para determinar el curso de políticas económicas y de otro tipo.

Desde luego, pese a que no creemos que nos corresponda decidir sobre quién recae el signo de lo afropuertorriqueño y sobre quién no, en la selección de los autores discutidos en este proyecto ha sido necesario realizar tal determinación. Y aunque también acabamos de apuntar que el reclamo de la identidad no puede ser el primer criterio para establecer quién es afropuertorriqueño, en los casos escogidos, si alguna duda hemos tenido, la respuesta la hemos encontrado en determinados indicios que la obra de los autores en cuestión ofrece.

Antes de cerrar esta sección, hay que advertir que la crítica esbozada hasta aquí en defensa de un concepto afropuertorriqueño no tiene el propósito de recusar el uso del sustantivo –o el adjetivo– "negro". Por el contrario, en este mismo libro dicha denominación también se emplea con frecuencia. La suscripción del término "afropuertorriqueño" en sus diferentes variantes, ya sea en modalidades de gentilicio o de modificador, es en esencia el reconocimiento de una herencia cultural y del hecho actual de que cotidianamente la existencia de los negros y mulatos puertorriqueños está profundamente vinculada a la experiencia de los africanos y los afroamericanos en la era moderna. Llegados a este punto, claro está, ya no sería cuestión de consenso o preferencia: a fin de cuentas, el curso de la vida y la identidad de los afropuertorriqueños ha sido tanto una imposición como una opción.

3. Definición de propósitos

En el contexto de los debates actuales sobre culturas e identidades en Puerto Rico, el Caribe y América Latina en general, la narrativa de Carmelo Rodríguez Torres cobra una relevancia particular, tanto por el ángulo desde el que se inserta en la literatura contestataria del discurso paternalista que se impuso en las discusiones sobre lo nacional hasta la década de los setenta, como por las preguntas de naturaleza ontológica que insistentemente levanta en torno al sujeto afropuertorriqueño;

preguntas que ya de por sí sitúan a este sujeto en un espacio geográfico y cultural más amplio (el Caribe y el Atlántico), donde la producción artística y las investigaciones que se concentran en el problema son más abundantes que en el caso particular de Puerto Rico.

Carmelo Rodríguez Torres nace en 1941 en el barrio Playa Grande de la isla municipio de Vieques, Puerto Rico. Fue obrero agrícola desde los doce años hasta su ingreso en la Universidad de Puerto Rico (1960). De esta institución recibe su bachillerato (1964) y su maestría (1969); su doctorado lo obtiene de la Universidad Complutense de Madrid (1978). Se desempeñó como catedrático de Literatura en el recinto universitario de Mayagüez de la Universidad de Puerto Rico hasta 1997. La intervención inicial de Rodríguez Torres en el campo literario se efectúa durante los años sesenta desde el género de la poesía. Después de una contribución activa a través de la revista *Mester* y del poemario *Minutero del tiempo* (1965), este autor se convertirá en una de las voces más constantes de la narrativa puertorriqueña. Su obra en prosa incluye *Cinco cuentos negros*[4] y las novelas *Veinte siglos después del homicidio*,[5] *El último manuscrito de la mujer fatal* (inédita), *La casa y la llama fiera*[6] y *Este pueblo no es un manto de sonrisas*.[7] En *Cuentos modernos: antología* (1975) aparecen incluidos sus cuentos "Del lado de allá del '98" y "Regolfo" (67-74). Más recientemente, ha publicado una colección de relatos titulada *Vieques es más dulce que*

---

[4] De este libro han salido varias ediciones después de la original del Instituto de Cultura Puertorriqueña en 1976, entre las que se incluye una en francés de la editorial Editeurs Français Réunis.

[5] Publicado por la Editorial Mester en 1971, *Veinte siglos* ve otras ediciones en 1972, 1973 y 1980, las primeras dos a cargo de Ediciones Puerto y la de 1980 por la Editorial Antillana. Ha sido publicada también en francés por Editeurs Français en 1978, con una introducción de Juan Marey. En 1982, una nota editorial en *La Casa* anunciaba una traducción al inglés a salir en los Estados Unidos, pero en nuestro registro no hemos podido dar con ella. Se le reconoce a *Veinte siglos* el haber iniciado la manifestación plena de las tendencias del boom en Puerto Rico. Ramos Nadal se refiere a la obra de la siguiente forma: "[...] es ciertamente una de las mejores novelas de literatura puertorriqueña moderna. Ha sido llamada 'un único diamante negro' por Juan Marey y, junto con *Los vates*, de Tomás Blanco, y *Paisa*, de José Luis González, calificada como 'una de las máximas expresiones del subgénero de la novela corta de nuestra contemporaneidad'. También se ha dicho que está 'dentro de la mejor tradición de la novela estructuralista de las últimas décadas'" (77).

[6] *La casa* obtiene el primer premio del PEN Club de Puerto Rico y es publicada en 1982 por la Editorial Partenón de Madrid.

[7] Publicada en 1991, en los primeros tres años salen tres ediciones de esta novela por la Editorial Cultural en Río Piedras, PR.

la sangre (2000). Este narrador también ha incidido en la crítica literaria mediante artículos y reseñas impresos en diversos periódicos y revistas de Puerto Rico.

La presente investigación se concibe con dos propósitos principales en mente. En primer lugar, se diseña como un estudio comprensivo de la narrativa de Rodríguez Torres publicada en libros hasta 1991.[8] A pesar de los logros estéticos, la vigencia de los problemas que plantea y los reconocimientos que se le han hecho, ésta es una literatura que todavía está poco estudiada. Se trata de una obra cuyas primeras expresiones inician las tendencias del post-boom en la isla y cuyas formulaciones sobre la problemática racial y la africanía inauguran, en la década de los setenta, una vertiente impugnadora que, de otros modos, han de explorar escritores como Isabelo Zenón Cruz, Rosario Ferré, Edgardo Rodríguez Juliá y Ana Lydia Vega. Desde luego, se trata también de una obra predominantemente experimental y que no se presta a lecturas fáciles, lo cual hasta cierto punto explica que se le haya dejado de lado o que la crítica haya privilegiado sus aspectos menos controversiales. Acaso la situación de Rodríguez Torres ante la crítica sea indicativa de lo que tradicionalmente ha caracterizado las discusiones sobre lo racial en Puerto Rico. Sea así o no, uno de nuestros objetivos es analizar la respuesta que el autor ha articulado frente a las propuestas básicas de la literatura canónica que le antecede en lo referente a raza e identidad nacional. El énfasis del estudio estará puesto en la discusión del drama que suscita la escisión de la conciencia del yo literario en su compleja condición de afropuertorriqueño y afroviequense, una identidad doblemente marginal que inevitablemente lo enfrenta a las versiones oficiales sobre

---

[8] Quedan excluidos de esta investigación: "Del lado de acá del '98" y "Regolfo", dos cuentos que por su estructura tradicional parecen haber sido escritos antes de la etapa de Rodríguez Torres que nos compete. También se ha dejado fuera del estudio *Vieques es más dulce que la sangre*, publicado en el 2000. Aunque esta obra mantiene cierta continuidad temática y estilística con las cuatro seleccionadas, por haber sido escrita durante el auge de la lucha para expulsar a la marina norteamericana de Vieques, la misma parece representar una nueva dirección en la trayectoria literaria del escritor. Consideramos que la variedad de temas en sus relatos y el tono más optimista del libro hubieran forzado matizaciones y digresiones que están fuera del alcance de nuestro proyecto. Asímismo, entendimos que en lo tocante a los tópicos de la raza, la escisión del sujeto y la crisis escritural, esta nueva colección de relatos tampoco añadía sustancialmente a lo ya desarrollado en los libros anteriores. De ahí que no la consideráramos imprescindible para nuestro estudio. En 1995, en una entrevista con Gómez Cuevas, Rodríguez Torres se refería a otra novela en proceso, *Reflexiones matinales del abuelo senil*, la cual, a juzgar por sus comentarios y por un fragmento que se adelantaba, parecía expandir los temas centrales de su narrativa principal. Hasta donde tenemos noticia, ésta no ha visto la luz pública.

raza y nación instituidas por la literatura de la generación del 30 y por una óptica sociológica que se afianza en el país a partir de la década de los cuarenta.

En segundo lugar, *Escritura afropuertorriqueña y modernidad* adelanta una teoría para el análisis de la condición de la diáspora africana en Puerto Rico. En un sentido compensatorio, el estudio busca elucidar la pregunta en torno a la existencia de una perspectiva afropuertorriqueña, discutiendo el problema de la escasez de voces negras y mulatas que testimonien su experiencia marginal y enfocando instancias de la reflexión sobre raza e identidad en varios autores e intelectuales representativos de la escritura bajo escrutinio. Sin desestimar las particularidades de la historia social de Puerto Rico, el primer paso en la formulación del diseño teórico consiste en subrayar la ubicación del país dentro del mapa histórico y sociocultural del *black Atlantic* y situar su problemática racial en el marco crítico de la modernidad. Esto se hace con tres objetivos principales: uno, examinar la condición afropuertorriqueña dentro de estos contextos; dos, buscar puntos de afinidad relevantes con la intelectualidad negra de la zona; y tres, justificar nuestra utilización de conceptos claves en el pensamiento de dicha intelectualidad. Del pensador afroamericano W. E. B. Du Bois, por ejemplo, validamos su teoría del *double consciousness*, soporte singularmente útil para estructurar la revisión de la narrativa de Rodríguez Torres y su organización por capítulos en la segunda parte de este libro. El esquema de Du Bois tiene un valor operacional especial ya que sirve para discutir el *double consciousness* como índice de opresión, para exponer la crítica de artistas e intelectuales negros a las contradicciones y trampas de la modernidad y para explorar las huellas fragmentadas de la afirmación cultural entre los descendientes de la diáspora africana. El segundo paso en la articulación de nuestra teoría consiste en el desarrollo de un modelo para la discusión de la elisión de la voz testimonial afropuertorriqueña en la historia y la literatura nacional. Aquí nos interesa postular la elipsis como figura fundamental de la escritura negra. Si la ausencia de una tradición afrocéntrica viene a ser un serio obstáculo para el desarrollo de una escritura que avance las causas de la comunidad afropuertorriqueña, entonces habría que leer las marcas del silencio, de la dificultad de escribir, y aún del fracaso escritural, como signos elocuentes que remiten a los procesos históricos en los que se normaliza la supresión de esa voz.

Formalmente, el volumen está dividido en dos partes de tres capítulos cada una. La primera organiza teóricamente la lectura de Rodríguez Torres; la segunda la pone en acción. Mientras los primeros tres capítulos articulan un estudio general sobre los discursos de negritud y africanía en Puerto Rico, los últimos tres están dedicados exclusivamente a este autor, cuya obra, inversamente, sirve de comprobación a las tesis elaboradas en la primera parte del libro.

A nivel global, el análisis que ofrecemos de los textos de Rodríguez Torres también supone dos fases de lectura: una que, en líneas generales, está influenciada por el modelo de Michel Foucault; y otra que sigue el paradigma teórico de Michel de Certeau. En la primera, se abordan los discursos hegemónicos sobre raza e identidad como determinantes de la crisis ontológica que representa el escritor afroviequense. Ésta es una lectura interesada primordialmente en decodificar una respuesta de orden estratégico que en términos críticos se organiza desde el primer y tercer capítulo. La segunda lectura, en cambio, se activa con el registro de la dificultad que encuentra el ejercicio del habla y la escritura y la constatación del fracaso parcial del proyecto escritural afrocéntrico. En este caso, un corte transversal devela una contestación táctica, a tono con los supuestos del segundo capítulo, en la que el silencio y el fracaso vienen a ser una demostración de la represión de la voz negra en la historia y en la literatura.

4. Resumen de los capítulos

En el primer capítulo se enmarca el estudio dentro de la crítica de la modernidad formulada por Paul Gilroy en *The Black Atlantic: Modernity and Double Consciousness*. Para insertar la producción de la intelectualidad afropuertorriqueña en el mapa del *black Atlantic*, se insiste en la necesidad de trascender la dicotomía radicalismo negro frente a socialismo que maneja el historiador Winston James al sondear la ideología política del activismo de los negros puertorriqueños. Alternativamente, se introduce el concepto de proyecciones discursivas para tomar en cuenta reflexiones sobre raza y africanía que, aunque no dan lugar a proyectos políticos claramente definidos, sí reflejan cierta necesidad de identificación con los asuntos que atañen a la diáspora africana y a África. Seguidamente, se examinan momentos de la obra de autores afropuertorriqueños donde se registran la estructura del *double consciousness* y otras formas de escisión de la identidad así como cierta voluntad de vincularse a corrientes del pensamiento político del *black Atlantic*. En discrepancia parcial con varios enfoques comparativo-relativistas que minimizan el problema racial de Puerto Rico y que hacen énfasis en su singularidad, el capítulo lleva a cabo además un cotejo de la cronotopía de Gilroy en la historia social de Puerto Rico para buscar puntos de enlace con la experiencia negra transnacional.

El segundo capítulo se acoge a la teoría expuesta por Michel de Certeau en *The Practice of Everyday Life* para atender a una respuesta táctica que burla las trabas impuestas por la gramática española al desarrollo de una perspectiva afropuertorriqueña. Se designa a la elipsis como la vía de mejor acceso a esa respuesta ya que en la definición de esta figura se encuentra representado el drama de lo oficial contra lo clandestino. Si desde Antonio de Nebrija la gramática ha sido a la vez modelo e instrumento para la exclusión de la voz de la diferencia en la fijación de una identidad hispana unitaria y coherente, nuestra conceptualización de la elipsis se inscribe como una deconstrucción de la definición oficial de la figura y de la ley general que supone que lo que se suprime al fijar el significado correcto es pérdida inconsecuente. Este entendimiento de la elipsis como el lugar de un espectáculo fundamental de la escritura afropuertorriqueña da pie, en el resto del capítulo, a una aproximación a esa escritura como *performance*. Desde los trabajos de Severo Sarduy, Henry Louis Gates, Jr. y J. L Austin hasta los cuentos de Lydia Cabrera y Ana Lydia Vega, la teorización de este capítulo se nutre de materiales diversos. A través de un muestreo de autores negros, se establece que, en gran medida, el sentido elíptico y dramático-vital de la literatura afropuertorriqueña se instituye en la relación con los procesos históricos de recepción y crítica. La exposición se hace además en concordancia con Gilroy, quien discute el arte de los esclavos y sus descendientes como un *performance* existencial en el que vida y arte están orgánicamente integrados, una estética que se opone a la lógica ilustrada que supone una separación entre ambas esferas.

El tercer capítulo acentúa la importancia de la modernidad como marco para el estudio de Rodríguez Torres mediante una discusión de instancias del paradigma moderno relevantes para entender la obra del escritor viequense. El capítulo comienza con una síntesis de la crítica de Gilroy al proyecto de la Ilustración y a las vindicaciones que de este proyecto hacen Jurgen Habermas y Marshall Berman quienes, según el crítico, fallan en registrar una historia primaria que dé cuenta de la violencia de la esclavitud y su secuela como dínamos de la modernidad. En la evaluación de Gilroy, cabe señalar, tal recuento primario pondría en entredicho la idea de la historia como progreso. A partir de ahí, el grueso del capítulo está dedicado a reevaluar las tesis dominantes sobre raza e identidad nacional avanzadas en los albores de la modernización de Puerto Rico por intelectuales de la generación del 30, especialmente las de Antonio S. Pedreira y Tomás Blanco, así como las de varios científicos sociales extranjeros. Tomando de Michael Omi y Howard Winant los conceptos de formación racial y proyecto racial, se sitúan dentro de un mismo bloque propuestas que aunque divergentes en distintos grados, contribuyen a darle cohesión a una ideología racial hegemónica durante el periodo que va desde la década de los treinta hasta la década de los setenta. Conduce el análisis de esta literatura la exposición de un supuesto, común entre los autores, de que la ilustración es la evolución de las naciones hacia un estado de madurez social. Es esta noción la que orienta una ontología de la nación puertorriqueña en la que la negritud viene a ser un chivo expiatorio que explica el subdesarrollo de la conciencia del país. En síntesis, el énfasis del tercer capítulo está en identificar los postulados sobre raza de esta literatura como intertextos primordiales de la narrativa de Rodríguez Torres, consignando su importancia en el desarrollo de la política de brazos caídos del gobierno del Partido Popular Democrático frente al discrimen racial durante los años de la modernización.

El cuarto capítulo está dedicado exclusivamente a *Veinte siglos después del homicidio*. Aunque es en esta novela de Rodríguez Torres donde menos aflora lo racial, en ella se delinean las coordenadas discursivas que orientan el resto de su narrativa. La exégesis de la novela se vale de la teoría de la plaga de René Girard para discutir una crisis metaforizada mediante dos emblemas principales: el apocalipsis y Jonás en el vientre de la ballena. Con el análisis del primer emblema se descubre en la representación del trauma causado por la ocupación militar de Vieques una puesta en escena de las contradicciones de la modernidad, toda vez que la ocupación constituye una gestión colonialista hecha supuestamente en defensa de la libertad y la democracia. La elucidación del segundo emblema, en cambio, sirve para establecer las pautas de la lectura de los otros volúmenes, pues a la vez que expone el carácter fundamentalmente interior de las narraciones de Rodríguez Torres, clarifica lo concerniente al locus de su enunciador: éste habla desde su condición de escritor afroviequense desarraigado en un espacio urbano que tipifica la modernización periférica de Puerto Rico.

El quinto capítulo indaga con mayor profundidad en la conflictividad racial y la crisis que experimenta el personaje del escritor afroviequense en la urbanización en que reside mediante un corte transversal en el cuento "Paraíso" y la novela *La casa y la llama fiera*. El ejercicio aspira a decodificar la respuesta de Rodríguez Torres a un imaginario nacional dominante en el que el país aparece ideado como una gran familia armoniosa. Si la ensayística de la generación del 30 legitima este mito para orientar la ideología y las políticas sociales del Partido Popular Democrático durante el periodo de la modernización, tres décadas más tarde Rodríguez Torres lo deconstruye desde el extremo opuesto del proceso histórico. El estudio del capítulo gira mayormente en torno a la tensión racial dentro de la familia y al discrimen en instituciones y espacios de la sociedad civil retratados en las historias. Al final, a modo de cotejo, se citan los resultados de dos investigaciones sociales sobre el racismo en Puerto Rico realizadas en los mismos años en que escribe Rodríguez Torres y que exploran el problema en las mismas instituciones representadas por el narrador viequense.

En el sexto capítulo se devela un gesto de relocalización y reconstitución de la conciencia enunciadora en unos escenarios míticos y pretéritos así como el fracaso parcial de su proyecto escritural afrocéntrico. Los textos que se estudian en él son los cuentos "Fuencarral", "El sapo de oro", "La única cara del espejo", "Mariadna: milagro de la estatuilla profanada" y la novela *Este pueblo no es un manto de sonrisas*. Estos relatos se leen como una continuación de los examinados en el capítulo anterior; y su movimiento fuera de las constricciones de la sociedad moderna, como respuesta a la hostilidad racial y a la crisis de conciencia que afecta al personaje del escritor negro. Dicha lectura revela un retorno figurado a los orígenes a través de una genealogía que vincula la identidad del personaje a otras islas del Caribe y la proyecta hacia África. El análisis de esta trayectoria genealógica plantea una analogía con los movimientos nacionalistas de retorno al continente negro, particularmente con el que ideara Martin Robison Delany (discutido en el tercer capítulo), un pionero del nacionalismo negro y del afrocentrismo en cuyo pensamiento el éxodo y la reconstitución también están figurados ortopédicamente, no en África, sino en algún lugar de Centro y Sudamérica. El capítulo cierra nuestro examen de la narrativa de Rodríguez Torres consignando el fracaso parcial del ejercicio escritural afrocéntrico que se inicia con *Veinte siglos*. Tal consignación se debe principalmente a que la respuesta del autor viequense a las versiones oficiales sobre raza e identidad no se libra de las trampas esencialistas que aquéllas, y sus propios modelos, le tienden. Alternativamente, en la conclusión al capítulo se establece que en Rodríguez Torres la urgencia de hablar y de escribir, la dificultad para hacerlo y el fracaso del proyecto escritural, codifican una respuesta elíptica o de orden táctico que funciona remitiendo a los procesos de supresión de la voz africana y afropuertorriqueña iniciados desde 1492 con la institución de la gramática de Nebrija.

Puerto Rico en el mapa del *black Atlantic*

1. INTRODUCCIÓN:
   THE BLACK ATLANTIC Y LOS ESTUDIOS CULTURALES AFROPUERTORRIQUEÑOS

En 1993, el intelectual afrobritánico Paul Gilroy introduce su teoría del *black Atlantic* para postular un índice significativo de unificación dentro de la experiencia de la diáspora africana en las sociedades occidentales. En efecto, *The Black Atlantic: Modernity and Double Consciousness* subraya la necesidad, en los estudios culturales, de un enfoque explícitamente transnacional y transcultural que permita tratar la zona del Atlántico como una unidad compleja de análisis. Cuidadosamente armada, la perspectiva de Gilroy se distancia tanto de la ontología esencialista prevaleciente en las distintas modalidades del pensamiento nacionalista negro, como de las posturas pluralistas que ven en la negritud un significante abierto (dividido internamente por nación, clase, sexualidad, género, edad, economía, conciencia política, etc.) y que rechazan de plano la idea de que exista unidad dentro de la diáspora africana (31-32). Ubicada en el contexto de un discurso crítico de la modernidad, esta teoría activa la noción duboisiana de *double consciousness* para plantearla como denominador común de la estructura del pensamiento de la intelectualidad negra en occidente. Gilroy, de hecho, parece hacer extensivo el problema del *double consciousness* a todos los integrantes de las comunidades negras del Atlántico cuando señala que, como el angloafricano contemporáneo y el de generaciones anteriores, posiblemente todos los negros de occidente se encuentran situados entre al menos dos formaciones culturales, esforzándose por responder a las exigencias de una tradición de origen europeo y a otra de origen africano (1, 15, 31-33).

La concepción del *black Atlantic* es ingeniosa por demás. Se organiza alrededor de una figura cronotópica que intenta captar el problema de la diáspora en todas sus dimensiones. La imagen de un barco que se mueve a través del espacio que delimitan Europa, el Caribe, Norteamérica y África es el símbolo central de una empresa culturalista que funda la teoría en la historia. Como microsistema cultural y político en movimiento, el barco sirve para recuperar, entre tantas cosas, la cartografía del tráfico de esclavos, las trayectorias transnacionales y transcontinentales de activistas negros que conspiran contra el orden esclavista y contribuyen al desarrollo del pensamiento izquierdista moderno, y las rutas e itinerarios de los protagonistas de los proyectos de retorno a África. Se trata, en fin, de un emblema que da acceso al tránsito de las ideas y del activismo y a la circulación de artefactos políticos y culturales tales como panfletos, libros, discos estereofónicos, coros y otros, dentro de la gran encrucijada que el estudioso denomina el mundo del *black Atlantic* (4).

De cierta manera, la imagen del barco capta también el otro objetivo fundamental de la aventura cognitiva de Gilroy: abrir un foro amplio para exponer las contradicciones del proyecto democrático de la Ilustración frente a la institución de la esclavitud y la desigualdad racial.[1] El barco, uno de los símbolos más constantes en la emblemática del enciclopedismo,[2] al aparecer inscrito en la iconografía de la esclavitud y del humanismo moderno, no sólo remite a las áreas de inconsistencia de la filosofía del período discutidas por Gilroy, sino que además apunta elocuentemente hacia la tesis que formulara el historiador de Trinidad Eric Williams sobre el impacto de la esclavitud en el financiamiento de la Revolución Industrial y en el desarrollo de las naciones democráticas modernas.[3]

Significativamente, el propio Gilroy parece levantar una interrogante en torno al grado de pertinencia de su teoría en el Caribe de habla hispana y otras zonas de

---

[1] Véase *The Black Atlantic* (41-71), principalmente la sección "Slavery and the Enlightenment Project" (46-58).

[2] Aquí ya estamos ampliando la perspectiva de Gilroy con otros materiales como los de Sullivan, quien en "Circumscribing Knowledge" nota que la *Instauratio magna* de Francis Bacon, la enciclopedia más consumada de su tiempo, aparece en 1620, el mismo año en que el Mayflower llega a Thieves Harbor (más tarde Plymouth, Massachusetts). Destaca además que la ilustración de la cubierta de la *Instauratio magna* muestra una nave muy parecida a las de los peregrinos "navegando a través de los pilares de la civilización, más allá de los cuales se extiende un desconocido aunque explorable mar infinito [traducción nuestra]" (317). No hay que mencionar la importancia del trabajo de Bacon en el proyecto de la Ilustración. El propio Diderot se ampara en sus palabras a la hora de tener que justificar su empresa intelectual exactamente al comienzo de su definición de "Enciclopedia" en *La enciclopedia* (70-71).

[3] En *Capitalism and Slavery*, se puede ver particularmente el capítulo tres, titulado "British Commerce and the Triangular Trade", en el cual Williams afirma: "The triangular trade thereby gave a triple stimulus to British industry. The Negroes were purchased with British manufactures; transported to the plantations, they produced sugar, cotton, indigo, molasses and other tropical products, the processing of which created new industries in England; while the maintenance of the Negroes and their owners on the plantations provided another market for British industry, New England agriculture and the Newfoundland fisheries. By 1750 there was hardly a trading or a manufacturing town in England which was not in some way connected with the triangular or direct colonial trade. The profits obtained provided one of the main streams of that accumulation of capital in England which financed the Industrial Revolution" (52).

la América colonizadas por España y Portugal. A pesar de la amplitud de su óptica, el crítico no se arriesga a discutir ningún caso de la Hispanoamérica negra y lo que es más notable aún, repetidamente se olvida de incluir dentro de su mapa del *black Atlantic* a Brasil, el país con la mayor población negra fuera de África. Aunque se podría especular sobre las razones que llevan a Gilroy a tal omisión, lo cierto es que América Latina nunca se ha reducido fácilmente a ningún esquema. Tal vez la discusión del ejemplo de Puerto Rico pueda dar un indicio de las dificultades que le plantearía a alguien como Gilroy la inclusión de América Latina dentro de un modelo primordialmente diseñado con el Atlántico de habla inglesa en mente. Advertimos, sin embargo, que no es nuestro interés negar la relevancia de la teoría del *black Atlantic* en Puerto Rico ni en Latinoamérica, sino todo lo contrario. Al revisar algunos momentos de la experiencia negra en la historia del país y de la reflexión del intelectual afropuertorriqueño en la literatura, nuestro propósito en este capítulo es establecer el valor del trabajo de Gilroy para el desarrollo de una perspectiva cultural que ayude a ampliar el marco de los estudios sobre raza y nación, subrayando la relación histórica de Puerto Rico con el resto del Caribe y del Atlántico, y buscando puntos de enlace con el pensamiento negro de estas zonas. Al suscribir la cronotopía del *black Atlantic*, nos interesa explorar esa relación mediante una revisión de procesos históricos que definen los vínculos con la experiencia de la diáspora africana y el registro de ciertas manifestaciones del *double consciousness* en el contexto particular de Puerto Rico.

2. Esquemas relativistas sobre raza en Puerto Rico y sus implicaciones

De distintas formas, el panorama de los estudios sobre raza en Puerto Rico prueba la complejidad de la aplicación de la teoría del *black Atlantic* en la isla. En primer lugar, se trata de un cuerpo de literatura relativamente pequeño, a pesar de un interés creciente en la africanía del país y del Caribe que se empieza a registrar a partir de las décadas de los setenta y ochenta del siglo XX. Esta limitación en los materiales bibliográficos, que en sí misma es sintomática de la complejidad de la empresa, es además la primera dificultad que confronta cualquier estudio de la conciencia racial local como lo reconocen Isabelo Zenón Cruz (1974, 17), Jay Kinsbruner (4) y Marie Ramos Rosado (xx-xxi), tres de los investigadores que mayor tiempo y esfuerzo le han dedicado al tema.

Una dificultad de más peso la plantea, en segundo lugar, la escasa participación de los miembros de la comunidad afropuertorriqueña en las discusiones de tales asuntos. Se trata de un problema relativo al *corpus* de lo que se conoce convencionalmente como literatura, pero que se hace aún más dramático cuando la mirada abarca el ámbito de la ensayística y de las ciencias sociales. Aparte de José Celso Barbosa, Zenón Cruz, José Luis González y Ramos Rosado, pocos negros y mulatos han incidido en el debate general sobre cuestiones raciales en Puerto Rico. Esta situación ha llevado, por ejemplo, al sociólogo José Luis Méndez a afirmar, de forma algo simplista, que "en Puerto Rico no existe una verdadera literatura negra" y que "el negro puertorriqueño ha preferido, por lo general, actuar en unión a otros grupos étnicos de este país y no en forma separada" (119).

En tercer lugar, las discrepancias que se observan entre las investigaciones existentes también demuestran lo difícil que es precisar los contornos del mapa racial de la nación. A *grosso modo*, estos estudios se pueden dividir en dos grupos, el de aquéllos cuyo interés es hacer relativo el impacto de la esclavitud y subrayar la flexibilidad de las relaciones interraciales, y el de los que hacen énfasis en los rigores del régimen esclavista y la conflictividad racial dentro de la colonia. Aunque algunos de los argumentos involucrados en estas discrepancias saldrán a relucir posteriormente en éste y en los siguientes capítulos, de entrada, es conveniente que adelantemos, con alguna especificidad, la discusión de la institucionalización y persistencia de la primera postura y sus consecuencias para los estudios culturales afropuertorriqueños.

En el ámbito académico, la consolidación de la óptica relativista se debe mayormente a las ideas formuladas por Tomás Blanco en su ensayo *El prejuicio racial en Puerto Rico* (1942) y sustentadas en las décadas de los cuarenta, cincuenta y sesenta por una serie de investigaciones especializadas, entre ellas el análisis psicoanalítico de Renzo Sereno y los trabajos de Charles Rogler, Eric Williams y Melvin M. Tumin. A pesar de que algunas de las asunciones de estos observadores han venido siendo rigurosamente refutadas por la sociología, la historiografía y la literatura, que desde las décadas de los sesenta y setenta se dan a la tarea de codificar el lugar de la opresión racial y que sitúan a Puerto Rico entre los países donde se hace pertinente la discusión de los asuntos de la diáspora africana, todavía el sentido general de la perspectiva relativista sigue prevaleciendo como bien lo evidencia un artículo que publicara en 1996 el historiador jamaiquino Winston James.[4]

Aunque diferentes en ideología y rigor investigativos, lo que tienen en común los trabajos del primer bloque es un enfoque comparativo con los Estados Unidos y las colonias inglesas y francesas del Caribe, que inevitablemente los conduce a indicar la diferencia del caso puertorriqueño. A todas luces, esta perspectiva acarrea implicaciones de peso. Si es cierto que históricamente la diáspora africana no ha sufrido en Puerto Rico ni la esclavitud ni el racismo de la misma manera que en

---

[4] Ver también el artículo de Aponte Ramos, "Schomburg o la suma de identidades: entrevista a Winston James" 22-23.

otras zonas del Atlántico, entonces sería poco probable encontrar a miembros de la comunidad afropuertorriqueña funcionando dentro de los proyectos y proyecciones del *black Atlantic*, puesto que estos presuponen una conciencia negra transnacional. Precisamente, ésta es la dirección hacia la que apunta Winston James con su trabajo. Al discutir las trayectorias de Arturo Schomburg y Jesús Colón, dos afropuertorriqueños que se radican en Nueva York a fines del siglo XIX y principios del XX para asumir agendas políticas substancialmente diferentes, el historiador llega a la conclusión de que el desarrollo de las relaciones interraciales en la isla nunca permitió la emergencia de una conciencia racial que llevara a los negros a adherirse a causas panafricanistas. James presenta a Schomburg, un boricua singular que iluminaría perfectamente la discusión de Gilroy, como una excepción a la regla que se explica por las peculiaridades de la historia personal del activista. La simpatía y apoyo de Schomburg al Universal Negro Improvement Association (UNIA) y a Marcus Garvey, su activismo político en favor de los negros, su papel en la fundación del Negro Society for Historical Research, su participación en la prestigiosa American Negro Academy, y su proyecto intelectual que da lugar a lo que es hoy el Schomburg Center for the Study of Black Culture: nada en la trayectoria política del bibliófilo hubiera sido igual de no haber sido por la formación que recibiera durante sus largas estadías con su familia materna en las Islas Vírgenes y por su exposición a la cultura de ese otro Caribe con una historia racial diferente. De acuerdo con James, es esto lo que hace que Schomburg no muestre la misma apatía hacia Garvey y el UNIA que muestran, unánimemente según el historiador, el resto de los negros y mulatos de Puerto Rico e Hispanoamérica.

A pesar de que el artículo de James es sumamente valioso para ayudar a establecer el lugar de los boricuas en el mapa del *black Atlantic*, sus categorías de operación, radicalismo negro (Schomburg) frente a socialismo (Colón), prueban ser muy limitadas cuando lo que se sondea son las avenidas de la conciencia racial y el compromiso político de los afropuertorriqueños. Si bien la evidencia empírica tiende a validar el argumento de que los puertorriqueños negros no se han movilizado políticamente ni han articulado sus demandas sobre las bases de afirmación racial sino dentro de proyectos nacionalistas o de clase, cuando se examinan cuidadosamente las incidencias de los miembros de este grupo en la política y la cultura, uno se da cuenta de que en la configuración del pensamiento afropuertorriqueño no siempre es fácil determinar cuáles son las instancias de lo racial dentro de dichos proyectos y de que, a veces, han sido los propios críticos sociales quienes han reducido propuestas predominantemente raciales a discursos de clase, de nación, o de otra índole.

La pregunta por el activismo negro en Puerto Rico es del tipo que conduce a un círculo vicioso sin salidas claras. Por un lado, en la isla no existe una tradición de pensamiento negro comparable con la de otros países del Atlántico; y por otro, esa misma ausencia de tradición actúa siempre como un serio obstáculo para las iniciativas que puedan ir surgiendo. En ese sentido, al considerar la configuración de la situación racial de Puerto Rico en el contexto hispanoamericano no se debería olvidar que en los territorios conquistados por España, la llamada integración social y cultural representó también otra dimensión de la opresión racial paralela a la que se imponía con el látigo y el carimbo. Esto parece ser un problema recurrente hoy en los estudios culturales que celebran unilateralmente la integración racial, el mestizaje y el sincretismo sin tomar en cuenta que esos no fueron, ni son todavía, procesos felices impulsados por iniciativas democráticas. En Hispanoamérica, el desarrollo limitado de una corriente de pensamiento negro tiene necesariamente que relacionarse con la implementación, durante los primeros siglos de la colonización, de un proyecto de integración imperial basado en las normas de la gramática española que buscaba suprimir la diferencia y que, en varias ocasiones, llevó al procesamiento de aquellos neófitos que insistían en afirmar su identidad racial bajo la acusación de haber incurrido en "crímenes de diferencia". Bien lo expone José Piedra cuando señala que para los negros y otros grupos subordinados, el aprendizaje del español y la incorporación a la "raza hispana" implicaba un doble juego de seducción y represión.[5] Independientemente de la efectividad con que se implementara, el peso de este modelo de blanqueamiento no se puede minimizar, pues es evidente que a través de los siglos, y mucho después de haber perdido vigencia legal, continúa contribuyendo a la definición de algunas de las formas de conciencia racial más arraigadas en las sociedades hispanoamericanas incluyendo aquéllas radicadas en los Estados Unidos.[6]

---

[5] "In the final process, Spanish would combine seductiveness with domination. Henceforth the grammatical and the imperial 'companion' was disseminated by conquerors and bureaucrats who unified in a rhetorical manner the differences of fate, faith, and race within the Hispanic empire. [...] Grammar crystallized as the conquering envoy to new slaves and citizens. The Spanish empire used textual participation both as justification and vehicle of its abuses and as enticement for the abused" (304, 306).

[6] Al final del siglo XX, se pueden encontrar ejemplos de esta forma de conciencia racial en las expresiones públicas de los líderes políticos Rafael Hernández Colón y José Francisco Peña Gómez. En un discurso con motivo del quinto centenario del "descubrimiento" de América, Hernández Colón, entonces gobernador de Puerto Rico y quien se caracterizara por mirar insistentemente hacia España como un recurso para la solución de los problemas del país, sigue definiendo a Puerto Rico como una

En el caso de Puerto Rico, habría que preguntarse además hasta qué punto la falta de acceso a una educación formal entre la población general limitó el desarrollo de iniciativas de pensamiento negro, especialmente durante los años en que la discriminación racial era más acentuada y cuando todavía existía la institución de la esclavitud. Se calcula que durante los siglos XVIII y XIX el analfabetismo afectaba a cerca de un 90% de los habitantes de la isla (Kinsbruner 117-26). Aunque algunos censos de mediados del siglo XIX indican que para entonces más de 3,400 "personas de color libres" sabían leer y escribir, y que más de 2,000 podían leer solamente, es de suponer que se trataba de un dominio rudimentario de estas destrezas. De hecho, a pesar de que durante las primeras décadas del siglo XX se observa una reducción gradual en la tasa de analfabetismo, la falta de educación es una limitación que va a afectar a los sectores menos privilegiados a lo largo de la primera mitad de dicho siglo.[7] Hay que tomar en cuenta también que la comunidad afropuertorriqueña nunca contó con el apoyo de una iglesia negra que impartiera una educación con sentido de solidaridad racial como sucedía en los Estados Unidos o en otros países del Caribe donde actuaban además otras instituciones análogas.[8] Todas estas razones tenían que hacer difícil la cimentación de una tradición con figuras netamente modernas como las que se encuentran en los siglos XVIII y XIX en Jamaica, Estados Unidos o Haití. Por ende, hubiera sido imposible para alguien como Schomburg desarrollar su archivo de la cultura negra en un país donde apenas una ínfima fracción de la población en cuestión dominaba las destrezas más básicas de lectura y escritura. En Puerto Rico, habría que esperar hasta la

---

nación hispánica. Asimismo, el líder del Partido Revolucionario Dominicano, Peña Gómez se refería a Puerto Rico como una nación indo-hispana. Lo significativo en Peña Gómez es que esa definición estaba condicionada por su internalización de la ideología racial dominante de su país. Recordemos que, en alguna medida, sus varias aspiraciones a la presidencia se vieron frustradas por las afirmaciones malintencionadas de sus rivales de que era haitiano, lo cual en el ámbito dominicano no sólo quería decir que era extranjero sino también negro.

[7] Para el año 1900, la tasa de alfabetismo se estimaba en un 22.7%. En 1933, ésta había ascendido a un 59%, pero se mantenía mucho más reducida en las zonas rurales. Para finales de la década de los cuarenta, y como resultado de las políticas sociales del Nuevo Trato impulsadas por la administración de F.D. Roosevelt e implementadas en la isla por el liderato del Partido Popular Democrático, la tasa de alfabetismo se calculaba en un 78% (Dietz 87, 130, 238).

[8] Como apunta Kinsbruner, "There were no African churches, as in the United States for instance, to provide elementary education for free people of color, nor was there anything comparable to the Colonial Charity School, established in Barbados in 1818 for the education of nonwhites who were not capable of paying for their education" (119).

séptima década del siglo XX para que alguien con la voluntad enciclopédica y contestataria de Isabelo Zenón Cruz asumiera un proyecto mínimamente análogo.[9] Pero aún los volúmenes del libro de éste último reflejan las limitaciones que se vienen apuntando. En ese sentido, se puede decir que desde José Celso Barbosa, pasando por Fortunato Vizcarrondo, Enrique A. Laguerre, Luis Rafael Sánchez, Carmelo Rodríguez Torres e Isabelo Zenón Cruz, hasta escritores más recientes como Marie Ramos Rosado, Israel Ruiz Cumba y Mayra Santos Febres, la escritura negra que asume la africanía en el discurso en algún lugar codifica la dificultad de hablar sin el apoyo de una tradición intelectual negra.

3. LUGARES COMUNES EN LA HISTORIA DE LA DIÁSPORA AFRICANA: LA ESCLAVITUD Y LA INSTITUCIÓN DE LA LETRA

Así las cosas, en la discusión de la experiencia afropuertorriqueña en el contexto del *black Atlantic* habría que empezar por indicar que aunque a ésta la caracteriza el movimiento de integración que imperaba en las colonias españolas, sus problemas se originan en, por lo menos, dos lugares comunes a los del resto de la diáspora africana: la institución de la esclavitud y la institución de la letra. Desde luego, en los países de habla inglesa y francesa, donde se registran episodios como el de Phillis Wheatley en Estados Unidos y gestos simbólicos tan dramáticos como el del haitiano M. Edmond Laforest, parece mucho más claro cómo el destino de la diáspora africana se cifra frente a la institución occidental de la letra.[10] Sin embargo,

---

[9] En efecto, en *Narciso* se encuentra un esfuerzo por armar un catálogo de las contribuciones de la gente negra a la cultura puertorriqueña (1974, 170-343).

[10] El juicio a que fuera sometida la joven esclava Phillis Wheatley es de gran simbolismo porque indica que con la entrada de los afroamericanos en la literatura europea lo que se determina es la humanidad y la libertad de este grupo racial. En 1772, dieciocho de las más distinguidas autoridades de Boston citan a Wheatley y la someten a un escrutinio para determinar si en verdad una esclava africana podía ser la autora de los poemas que tenían ante sí. Sólo después de que ellos certificaran su autoría, los poemas de Wheatley pueden publicarse bajo el nombre de la joven en *Poems on Various Subjects, Religious and Moral* (1773). Un poco más tarde a la esclava se le otorga su manumisión. No menos simbólica es la tragedia de M. Edmond Laforest, un miembro prominente del movimiento literario haitiano llamado La Ronde, quien decide dramatizar con su muerte el peso de los idiomas modernos sobre la escritura marginal. Con una actitud ceremoniosa, Laforest se monta en lo alto de un puente, se amarra un tomo del diccionario Larousse al cuello y se deja ir al vacío (Gates, "Editor's Introduction" 7-9, 13). Sobre lengua y raza en el *black Atlantic* debemos mencionar otros dos títulos que informan nuestro trabajo: *Black Skin, White Masks*, de Frantz Fanon, cuyo capítulo "The Negro and Language" teoriza el problema en las colonias caribeñas de habla

no hay que olvidar que antes del advenimiento de la Ilustración, España ya había rescatado los preceptos aristotélicos que fijaban la escritura como instrumento de dominación y discriminación.[11] El endoso oficial lo había dado el gramático imperial Antonio de Nebrija para 1492, justa coyuntura histórica en la que impulsaba la fundación de su proyecto hispánico de integración: "Assí que las letras representan las bozes, y las bozes significan, como dize Aristóteles, los pensamientos que tenemos en el ánima" (111). Aunque la racionalización de los mismos axiomas en la situación de España daba lugar a una política racial distinta de la que se derivaría de la Ilustración, en realidad, lo que se definía entonces era una variante dentro del momento de la imposición de la escritura que afectaría el destino de los africanos y otros grupos étnicos ubicados al margen de la cultura occidental.

Aparte de los problemas que se derivan de la escritura como lugar común de la opresión, a los cuales se volverá en el siguiente capítulo, vale la pena mirar otros aspectos de la experiencia africana y afropuertorriqueña que vinculan la isla al mundo del *black Atlantic*. Empezaremos por algunas cuestiones básicas. Quizás lo primero que valga la pena aclarar sea la noción generalizada de que en Puerto Rico los negros nunca constituyeron la mayoría de población o, como lo expresa James, que la proporción de blancos en la Antilla siempre fue relativamente más alta. La historiografía más reciente y confiable sobre los siglos XVI y XVII prueba que esa no fue la realidad del Puerto Rico de dicho periodo. En *Puerto Rico negro*, el historiador Jalil Sued Badillo establece que por lo menos desde la tercera década del siglo XVI hasta el final de la centuria, los negros integraban una mayoría sustancial de la población. Su endoso preliminar de los cálculos que hiciera en 1565 el Adelantado de la Florida Meléndez de Avilés indica que para esa fecha en la isla habitaban alrededor de 15,000 negros y menos de 500 españoles (135-36, 137-38). Por otro lado, las cifras que presenta en el mismo volumen el historiador sevillano Ángel López Cantos para el XVII demuestran que todavía a fines de ese siglo el total de los "individuos con mayor o menor pigmentación" (entendemos negros y mulatos), libres y esclavos, constituía un 52.32% del total de la población (Sued Badillo y López Cantos 257).

Las investigaciones de estos dos historiadores son útiles porque dan una idea bastante específica de la manera en que la colonia funcionaba en el tráfico transatlántico de esclavos africanos. En el perfil del siglo XVI que ofrece Sued Badillo consta cómo la brutalidad de la esclavitud (trabajo, castigos y enfermedades), sobre todo en los

---

francesa; y "Negotiating Caribbean Identities", de Stuart Hall, que también hace referencia al tema en Jamaica en el contexto de los cambios en la cultura producidos por el *reggae*.

[11] Sobre la recuperación de Aristóteles y la antigüedad clásica en la institucionalización del racismo moderno en el occidente ilustrado, véase West 51, 53.

ingenios azucareros, daba cuenta de las mermas en la población esclava del país.[12] Consta además que junto a las altas tasas de mortalidad, el otro factor principal que hacía fluctuar esta población era la entrada (legal y de contrabando) y saca de esclavos (131-33). Este aspecto de la discusión de Sued Badillo es esencial porque demuestra que muchas veces la trayectoria del esclavo no encontraba un destino fijo en el Caribe, sino que era un transitar continuo por las islas y tierra firme determinado por los accidentes, fracasos y aspiraciones de los empresarios esclavistas. El primero de los tres relatos que ofrece López Cantos en *Puerto Rico negro* es, de hecho, un vivo ejemplo del azar descrito por Sued Badillo. En "La arribada forzoza", el historiador sevillano narra las peripecias del San Antonio, una barcaza negrera que arriba a San Juan el 14 de diciembre de 1624 con 351 angoleños apiñados en las bodegas, 151 más de lo que había concedido la Casa de Contratación de Sevilla (203-12). El destino original de los esclavos era los puertos de Cartagena y Veracruz, pero numerosos inconvenientes –el acecho de una nave pirata, la furia de un huracán y, finalmente, una epidemia de viruelas entre los esclavos– obligan a los traficantes a anclar en San Juan, donde terminan vendiendo su carga ayudados por las maniobras fraudulentas de las autoridades locales y la apetencia de mano de obra esclava de los residentes.

Más y más, las investigaciones de fuentes primarias prueban que la esclavitud en Puerto Rico estaba mucho más ligada al acontecer de la zona de lo que generalmente se suele pensar. Esto no sólo se aplica a la circulación y explotación de los africanos, sino también a la resistencia articulada por ellos. Por ejemplo, si se mira el cuadro general de conspiraciones, fugas y levantamientos de esclavos durante el siglo XIX que ofrece el historiador Guillermo Baralt en *Esclavos rebeldes*, queda claro que la comunidad negra de la isla no estuvo al margen del activismo negro que buscaba cambiar el curso social del Caribe. Efectivamente, aunque precario, los esclavos demostraban poseer algún nivel de organización política: conocían parcialmente el reglamento que "los protegía", tenían una red de comunicación relativamente funcional y capacidad de movilización para diferentes agendas. Llámesele activismo o de otra forma a sus acciones –las cuales muchas veces fracasaban– lo cierto es que la rebeldía a menudo estuvo alentada por los acontecimientos que sacudían a las otras islas. La Revolución haitiana, en particular, fue un evento que vivificó las ansias de libertad. Se trataba de un paradigma recurrente

---

[12] Este dato sale a relucir a través de todo su trabajo. En la sección titulada "Alta tasa de mortalidad", el historiador lo afirma directamente: "La evidencia que tenemos nos indica que la alta tasa de mortalidad entre los esclavos negros provenía del exceso de trabajo, del maltrato y de las enfermedades [....]" (157).

que actuaba en los esclavos de la colonia española de diferentes formas.[13] En diversas ocasiones se planificaron fugas colectivas hacia la nación vecina, alcanzando los evadidos su objetivo en más de una oportunidad. Es posible además que los levantamientos se organizaran siguiendo un modelo generalizado en Haití y en otras partes del Caribe ya que las estrategias delineadas por los esclavos eran casi siempre iguales. De cualquier modo, el hecho concreto es que el nombre de Haití sale a relucir una y otra vez en los documentos que dan cuenta de las subversiones. Se mencionan por lo menos dos casos concretos de agentes haitianos que actuaban clandestinamente en favor de la liberación de los esclavos locales. Aunque es difícil determinar la frecuencia con que esto sucedía y el trabajo específico que realizaban, es evidente que las autoridades españolas se mostraban temerosas de este tipo de agente, e incluso de la amenaza de una intervención militar de Haití, especialmente durante los últimos años del siglo XVIII y la primera mitad del XIX, periodo en el que se acentúa la explotación de la mano de obra africana respondiendo a las demandas de azúcar creadas en el mercado internacional por la misma Revolución haitiana (Baralt, *Esclavos* 15, 162-63).

Paralelamente, los acontecimientos de Haití y las luchas por la emancipación de los negros en otras antillas van a repercutir en el sistema de vigilancia y en el aparato punitivo-legal que regula la conducta de los esclavos y de los negros libres en Puerto Rico.[14] Este incremento en la represión, que se empieza a advertir desde los últimos años del siglo XVIII, encuentra su expresión más radical en el *Bando Contra la Raza Africana* dictado por el Capitán General Juan Prim y Prats a fines de mayo de 1848. Como apunta Baralt, tal ominoso decreto de ley establecía categóricamente la primacía de la persona "blanca" sobre los africanos y sus descendientes sin tener en cuenta si estos eran libres o esclavos. Por virtud suya, los negros siempre eran culpables ante la justicia. Mientras el artículo I del *Bando* advertía que toda persona de raza africana que se viera involucrada en cualquier delito sería castigada militarmente, el artículo II estipulaba que los miembros de dicho grupo que hicieran armas contra blancos serían ejecutados, de ser esclavos, o que se les cortaría la mano derecha, de ser libres, sin tomar en cuenta si la agresión

---

[13] Para la discusión de la influencia de la Revolución haitiana, remitimos al lector a Baralt, *Esclavos* 16-20, 44, 47, 49, 93, 99, 120, 128, 139, 159-61.
[14] Van a repercutir también en las políticas migratorias. La Real Cédula de Gracias de 1815, en particular, tuvo como objetivo de primer orden promover el blanqueamiento cualitativo de Puerto Rico: la apertura de las puertas a extranjeros blancos que pudieran inyectarle capital y desarrollo técnico a la economía servía además para contrarrestar la consolidación de un poder mulato y para evitar que en la isla se llegara a gestar "una rebelión de castas" similar a la que luego tuvo lugar en Haití (J. L. González, *El país* 48-51).

había sido justificada. Un tercer artículo establecía penas de cinco años de prisión para aquellos negros que insultaran de palabra a blancos o para los que cometieran agresiones menores o amenazas; y un quinto artículo autorizaba a los amos a darle muerte al esclavo que incurriera en cualquiera de las mismas faltas. Artículos subsiguientes estipulaban que los robos perpetrados por gente de raza africana y las disputas entre estos que involucraran armas serían tratados por un consejo de guerra (*Esclavos* 127-34, 75-76).

Prim fue un gobernador general despótico, memorable también por su participación en la supresión de la abolición de la esclavitud en la vecina isla de Santa Cruz en el mismo año de 1848 (Baralt, *Esclavos* 129). Santa Cruz, Santo Tomás y San Juan eran colonias danesas que desde los siglos anteriores habían estado ligadas a Puerto Rico por conflictos relacionados con la esclavitud. Durante los siglos XVII y XVIII, una práctica común entre los esclavos de las Islas Vírgenes y de Puerto Rico era buscar la libertad fugándose hacia los territorios ocupados por los enemigos de sus amos. En realidad, esto no era algo que ocurriera exclusivamente entre Puerto Rico y las colonias danesas; la referencia viene a colación por tratarse de uno de los flujos de cimarrones más continuos y difíciles de detener del Caribe. Como observa López Cantos, para el esclavo el viaje entre Puerto Rico y las Islas Vírgenes era relativamente fácil. Se podía hacer en poco tiempo en embarcaciones pequeñas, usando a Vieques como puente. Sin embargo, lo que realmente estimulaba las fugas era la ausencia de un tratado de devolución de esclavos entre España y Dinamarca. Durante años, España se había negado a firmar acuerdos con Dinamarca, ya que eso implicaba reconocer la legitimidad del gobierno danés en las Antillas. Todo lo contrario: las autoridades españolas estimulaban las fugas, ignorando las continuas quejas de los daneses, quienes generalmente eran los más perjudicados, concediéndoles la libertad a los evadidos que arribaban a sus costas después que juraban lealtad a España, abrazaban el catolicismo y cumplían con algunos años de labores en la construcción de obras. Pero cuando los daneses deciden practicar la misma política y los esclavistas de Puerto Rico empiezan a sufrir la pérdida de su mano de obra, España se ve forzada a firmar un tratado de extradición. Este se formaliza en Madrid el 21 de julio de 1767 (Sued Badillo y López Cantos 303-06).

La intervención militar de Prim en Santa Cruz acontece ochenta y un años después de firmado el convenio, cuando ya las relaciones con las colonias danesas son más cordiales. Después de la Revolución Francesa y del establecimiento de la Segunda República, el Caribe era una región en efervescencia. En Martinica, los esclavos se habían levantado antes de que el gobierno provisional francés aplicara el decreto de abolición para sus colonias americanas. Esto había llevado a un alto número de colonos franceses a refugiarse en Puerto Rico donde contaban los horrores experimentados durante la guerra. Para julio, la ebullición alcanza la vecindad de Santa Cruz forzando al gobierno a abolir la esclavitud para apaciguar a los esclavos. Sin embargo, la medida no tiene el efecto deseado y la guerra continúa. Es entonces cuando el Capitán General de Puerto Rico interviene con sus tropas para ayudar a derrotar a los sublevados. Preocupado por el ejemplo que le daría la Antilla menor a la mayor, Prim también convence a las autoridades danesas de que hagan entender a sus esclavos, como se lo hace entender él a los de Puerto Rico, que la abolición decretada en Santa Cruz era letra muerta porque había sido impuesta a base de violencia (Baralt, *Esclavos* 128-29).

Las previsiones tomadas por los gobernantes españoles durante el siglo XIX demuestran que la vida de las comunidades negras en Puerto Rico no estaba desligada del devenir de la diáspora africana en las otras islas. Es de suponer que muchos de los descendientes de africanos, libres y esclavos, todavía se identificaran con las comunidades que habían dejado atrás en otros países. No hay que olvidar, por ejemplo, que muchos de los esclavos que llegaron a Puerto Rico en el siglo XIX habían sido arrastrados por colonos franceses que habían tenido que huir de tierras en las que los esclavos se habían liberado. Un lazo mucho más antiguo era el de la comunidad de Cangrejos, área de lo que es hoy Santurce, con las Islas Vírgenes. Por años, Cangrejos había sido una zona designada por el gobierno insular para la relocalización de los esclavos que se habían escapado de "las Islas". Este lazo, que aún hoy sigue siendo muy estrecho, podría explicar en parte por qué Prim se ve forzado a intervenir en la sublevación de Santa Cruz y por qué siente la necesidad de darles explicaciones a los negros del territorio que gobierna.

En definitiva, la historiografía que se ha producido en Puerto Rico en las últimas tres décadas confirma la necesidad de estudiar la experiencia afropuertorriqueña dentro de un panorama más amplio como el delineado por Gilroy. El *black Atlantic*, en su cuerpo de literatura y arte, está definido por unos tópicos y una iconografía específica que incluye embarcaciones, códigos, instrumentos de castigo, linchamientos, conspiraciones, fugas, rebeliones, orishas, instrumentos musicales, reclamos de ciudadanía y muchas otras cosas más: no cabe duda de que Puerto Rico es parte integral del referente que todo esto designa. Cierto es que debido al subdesarrollo e ineficiencia del sistema de producción esclavista del país, en sus últimos dos siglos, la esclavitud no alcanzó porcentajes comparables con los de las islas explotadas por otras potencias coloniales. Pero como observa Baralt, para las víctimas de la institución local –y para otros sectores sociales involucrados en la empresa– la esclavitud no era diferente de la establecida en las otras antillas (*Esclavos* 122). Piénsese que, comparativamente, ese porcentaje de esclavos tan frecuentemente minimizado en la historia social borinqueña –15.3% de la población en 1802 y 10.6% en 1830 (Kinsbruner 28-29)– es todavía mayor que el porcentaje del independentismo activo en Puerto Rico durante las últimas décadas del siglo XX, y a nadie se le ocurriría menospreciar el impacto de la fuerza independentista en la historia social y cultural de la nación durante dicho período. Así que, en todo caso, lo que tocaría hacer es aprender a leer los signos de los efectos de la esclavitud violando las pautas empíricas que tanto han limitado el estudio de una conciencia racial que no está claramente codificada y que tampoco ha sido propensa a expresarse de manera directa.

4. Proyecciones discursivas de la diáspora africana en Puerto Rico

En la producción de algunos escritores afropuertorriqueños del siglo XX se pueden detectar incursiones en asuntos de raza y africanía que de una forma u otra las vincula a la tradición del *black Atlantic*. No se trata de proyectos vitalicios plenamente situados en una corriente nacionalista negra o panafricanista, como los que aspiraba a encontrar James en su estudio, sino más bien de proyecciones discursivas. Usamos este término para considerar reflexiones sobre la negritud que no alcanzan a conformar un proyecto político claramente definido ni se traducen en activismo, pero que sí reflejan problemas y preocupaciones comunes a los de la intelectualidad del *black Atlantic*. La estructura del *double consciousness* y la voluntad de enlace con la historia y el pensamiento de la diáspora africana de otras zonas son marcas de una identidad latente, que ocasionalmente se encuentran codificadas en la literatura afropuertorriqueña. A continuación exploraremos algunas instancias del *double consciousness* y otras formas de escisión de la identidad en escritores y artistas afropuertorriqueños; más adelante ofreceremos ejemplos de lo que propiamente designamos como proyecciones discursivas de la diáspora africana en Puerto Rico.

El concepto duboisiano de *double consciousness* y otras formas de interseccionalidad en la identidad de la diáspora africana

En su libro *The Souls of Black Folk*, de 1903, el intelectual afroamericano W. E. B. Du Bois elabora la noción de *double consciousness* con la que adelanta uno de los conceptos teóricos más discutidos entre los que estudian la diáspora africana en los Estados Unidos y en el mundo occidental moderno. Debido al carácter marcadamente histórico y social que Du Bois le adjudica a la condición de los descendientes de los esclavos africanos, esta teoría sigue siendo hoy sumamente productiva toda vez que ofrece una forma de abordar las cuestiones de identidad sin suscribir las posturas extremas representadas por el esencialismo negro y por la retórica pluralista que niega toda unidad dentro del *back Atlantic*. En *The Souls* la noción de *double consciousness* está expuesta en los siguientes términos:

> After the Egyptian and the Indian, the Greek and Roman, the Teuton and Mongolian, the Negro is a sort of seventh son, born with a veil, and gifted with second-sight in this American world, –a world which yields him no true self-consciousness, but only lets him see himself through the revelation of the other world. It is a peculiar sensation, this double-consciousness, this sense of always looking at one's self through the eyes of others, of measuring one's soul by the tape of a world that looks on in amused contempt and pity. One ever feels his two-ness, –an American, a Negro; two souls, two thoughts, two unreconciled strivings; two warring ideals in one dark body, whose dogged strength alone keeps it from being torn asunder.
>
> The history of the American Negro is the history of this strife, this longing to attain self-conscious manhood, to merge his double self into a better and truer self. (3-4)

El texto de Du Bois ofrece dos imágenes de gran utilidad para trazar un mapa de la conciencia enunciadora registrada en la producción de varios escritores negros de Puerto Rico. La primera de estas imágenes descubre la presencia de la mirada del amo blanco en el alma de la persona negra como un dispositivo de represión que obstruye la formación de una conciencia autónoma. La metáfora recupera la historia de la esclavitud como determinante de la condición de este sujeto, pero el momento que acusa es el presente, caracterizado por una forma de dominación menos obvia y por lo tanto más efectiva que la propia esclavitud. Por este tropo, la teoría del *double consciousness* se complementa muy bien con varios de los escritos de Michel Foucault incluidos en *Discipline and Punish* y *Madness and Civilization*. Es bueno recordar que Foucault también localiza el nacimiento de los métodos disciplinarios en la quiebra de la sociedad agraria y la emergencia del orden burgués. Tal como lo expresa en su discusión del *Panopticon*, la misma Ilustración que descubre la libertad es también la inventora de las disciplinas (*Discipline* 222-24). A través de sus diversos trabajos, Foucault deja constancia de que, en la era moderna, las formas más efectivas y eficientes de poder son aquellas en las que el control de grupos e individuos se administra a través de la asimilación de la mirada del censurador: el ojo del poder se vuelve panóptico cuando los vigilados internalizan la mirada del censurador para convertirse en sus propios vigilantes. En ese sentido, la posición de la persona negra dentro de la modernidad viene a ser análoga, por ejemplo, a la de los reclusos del *Panopticon* o a la del maníaco ingresado en el sistema de normalización del asilo de Samuel Tuke que describe Foucault en "The Birth of the Asylum".[15]

La segunda imagen primordial del texto de Du Bois es la que expone la fisura que marca a la persona negra. Como el teórico afroamericano arguye, se trata de una dualidad que es consecuencia de la primera situación, de la actividad de la mirada de la autoridad en la conciencia del sujeto reprimido. Paradójico como podría parecer, esta doble visión no constituye de por sí una desventaja o impedimento mental para la persona negra gracias a su capacidad e historia de lucha y resistencia. Aunque la noción del *double consciousness* fue usada por Du Bois inicialmente para describir las dificultades derivadas de la internalización de una identidad americana, el concepto trasciende ese uso para iluminar la complejidad de la experiencia de los negros en la época postesclavista y a la vez fomentar la solidaridad entre ellos. De acuerdo con Gilroy, en la teoría duboisiana, la dualidad surge de la simbiosis de tres formas de pensamiento en un intrincado proceso de formación de identidades: la conciencia de la diferencia racial, el nacionalismo o deseo de integración a la vida nacional y la identificación con la perspectiva diaspórica internacionalista y –a veces– universalista (*Black Atlantic* 126-27).

En la historia sociocultural de la diáspora africana, el *double consciousness* viene a ser uno de los dos paradigmas principales de la representación del sujeto. Contrario al afrocentrismo, paradigma que promueve la coherencia y estabilidad del ente racial, el *double consciousness* defiende su fragmentación. Ambos modelos han compartido el espectro representacional de la entidad diaspórica por más de un siglo. Como nota Gilroy, el afrocentrismo ha ganado fuerza en los últimos años

---

[15] "The Asylum no longer punished the madman's guilt, it is true; but it did more, it organized that guilt; it organized it for the madman as a consciousness of himself, and as a nonreciprocal relation to the keeper; it organized it for the man of reason as an awareness of the other, a therapeutic intervention in the madman's existence. In other words, by this guilt the madman became an object of punishment always vulnerable to himself and to the other; and, from the acknowledgment of his status as object, from the awareness of his guilt, the madman was to return to his awareness of himself as a free and responsible subject, and consequently to reason. This movement by which, objectifying himself for the other, the madman thus returned to his liberty, was to be found as much in Work as in Observation" (*Madness* 247). El vínculo con la teoría de Foucault se puede sustentar a través del capítulo de West, "A Genealogy of Modern Racism", en el cual se asocia el nacimiento del racismo moderno con la emergencia de las ciencias modernas, adjudicándole una importancia central a la "mirada mandatoria" (heredada de la estética clásica) en el proceso de reducción de la diferencia étnica a una acumulación de datos científicos, proceso que además envuelve un interés correccional (*Prophesy* 47-65).

debido a la decepción de un sinnúmero de artistas e intelectuales con las promesas de autonomía política y social de la modernidad. En parte por eso, frecuentemente el afrocentrismo ha sido entendido como antítesis de la modernidad.[16] Ante la amenaza que lo moderno representa para la estabilidad del sujeto, éste encuentra en la particularidad racial –a veces en los reclamos de pureza como base para la solidaridad– un refugio contra los embates que van teniendo lugar a su alrededor. El *double consciousness*, por otro lado, es un paradigma menos popular en nuestros días, pero no por eso menos vigente. En buena medida, el proyecto intelectual y el activismo negro se amparan en este modelo que la modernidad tiende a promover y que han suscrito muchos de los pensadores y artistas más distinguidos de la diáspora africana (*Black Atlantic* 187-88).

En la teoría racial actual, las dos imágenes –ya casi emblemáticas– del *double consciousness* que hemos comentado todavía siguen alentando el estudio de la conciencia de la diáspora africana; no obstante, el diseño de Du Bois ya no se reduce a un simple principio de dualidad. Para Gilroy, como hemos dicho, se trata de una teoría de la fragmentación de un sujeto que fluctúa entre "al menos" dos ejes de identidad. En un sentido más crítico, Valerie Smith se ha referido a la forma en la que la intelectualidad negra de los Estados Unidos ha complicado la lectura de la famosa cita de Du Bois al observar los efectos de la mirada fiscalizadora en las coordenadas de clase y género dentro de la misma comunidad afroamericana (63-69). De acuerdo con Smith –y otros críticos culturales como Henry Louis Gates, Jr.– para algunos intelectuales negros de clase media, responder a la pregunta sobre la identidad implica lidiar con un sentido de culpa causado por los privilegios de clase y la idea de que la autenticidad racial y cultural se pierde a medida que el hombre negro asciende a las esferas profesionales (70). Aun así, al rastrear el origen de este complejo, la propia Smith, paradójicamente, le adjudica cierta responsabilidad al pensamiento antropológico de principios del siglo XX pues en él se registra un momento crucial de la confinación de la identidad negra en la comunidad afroamericana pobre (64-65).

Con un cuerpo teórico más sustancial, el pensamiento feminista negro también ha establecido un diálogo significativo con la teoría del *double consciousness*. En efecto, una de las estrategias en la lucha de las feministas negras ha sido refutar los análisis reduccionistas y silenciadores de la experiencia de la mujer negra instituidos tanto por los patriarcados blanco y negro como por el feminismo blanco (Christian 1-28; Davis 3-15; hooks, *Ain't* 87-117). Desde ese ángulo, varias teóricas contemporáneas han hecho hincapié en que el racismo, el sexismo, el clasismo, la

---

[16] Este estricto entendimiento del afrocentrismo es hoy objeto de debate como bien lo ejemplifica la propia postura de Gilroy (*Black Atlantic* 187-223).

homofobia y otros modos de opresión constituyen sistemas interdependientes e inseparables que afectan al género (D. K. King 46; B. Smith 123-32). En una de las expresiones más incisivas dentro del feminismo negro, por ejemplo, Deborah K. King ha dirigido su crítica contra las nociones de *double jeopardy* o discriminación doble (racismo + sexismo), una fórmula contestataria que data del siglo XIX, y de discriminación triple (racismo + sexismo + clasismo), una reformulación del *double jeopardy* desarrollada en la década de los setenta para refinar el análisis de las condiciones que enfrentan las mujeres negras en la sociedad (46). Para King, reducir este complejo de mediaciones a un asunto de dualidad o de incremento de formas de subordinación significa encasillar las experiencias de las mujeres negras en categorías eurocéntricas que comúnmente se asumen como autónomas (raza, género, clase, etc.) y que perpetúan la invisibilidad o la imagen unidimensional de las mujeres en cuestión (51). Según la socióloga, tales acercamientos resultan inefectivos cuando de lo que se trata es de examinar un intrincado nudo de factores que actúan al mismo tiempo. Como alternativa, King propone un modelo para el análisis de lo que ella denomina *multiple jeopardies* con el que intenta dilucidar los efectos múltiples, simultáneos y multiplicadores de la opresión en la vida y la conciencia de las mujeres afroamericanas (47). Para ilustrar el problema que plantea, la feminista hace referencia al caso de la esclava negra, un sujeto que a la vez que sufre las mismas formas de explotación y castigo físico que los esclavos varones, es regularmente víctima de violencia sexual. A esto se añade el hecho de que simultáneamente la capacidad reproductiva de la esclava fuera manipulada para incrementar el capital dentro del sistema de plantación. En ese sentido, la institucionalidad y el engranaje de estos modos de explotación dentro de un mismo sistema, concluye la socióloga, también hacen sustancialmente distinta la experiencia de la mujer negra de la de las mujeres blancas (47). Críticas certeras como la de King, hooks, Davis y otras feministas negras, sin embargo, no niegan la relevancia de la teoría de Dubois como principio y referente para la exploración de construcciones hegemónicas y subalternas de identidades individuales y colectivas.

Double consciousness e interseccionalidad en Puerto Rico

Conviene recalcar que el *double consciousness* no es un problema exclusivo de la comunidad afroamericana ni afro occidental, aunque ha sido la intelectualidad negra la que le ha dado un concepto y una teoría al tener que reflexionar en torno a su propia entidad. Por eso la aplicación de la teoría de Du Bois en el caso de los puertorriqueños negros no deja de estar exenta de complicaciones ya que de por sí, en Puerto Rico, se encuentran las marcas del *double consciousness* en un sujeto colonial racializado.[17] Aún con todo, insistimos en que la estructura del *double consciousness* se manifiesta con cierta autonomía en una conciencia afropuertorriqueña situada en el contexto de una sociedad general blanqueada, de una cultura hegemónica producida por elites criollas y de un poder colonial que impone otras formas de cultura que también refuerzan los valores occidentales.

Sin duda, una de las áreas donde mejor se puede desarrollar esta discusión es la que concierne a la imposición del español como norma de integración a la llamada raza hispánica. Integrar la diferencia siempre plantea un conflicto de identidad porque, al menos en lo inmediato, no elimina la desigualdad entre los grupos en juego. En Puerto Rico, como en el resto de la Hispanoamérica colonial, el modelo de hispanidad basado en el aprendizaje del español y la conversión al catolicismo no eliminó el racismo, que más tarde, durante los siglos XIX y XX, se mezcló con otras ideologías biologistas divulgadas por el pensamiento científico europeo en América Latina.[18] Mientras tanto, la sociedad isleña adquiría el hábito de proclamar una democracia racial consumada y de negar la existencia del mal en su propio suelo.[19] Por eso a los afropuertorriqueños la discusión del racismo

---

[17] Un estudio sobre la construcción del puertorriqueño como sujeto colonial racializado en el discurso oficial de la administración estadounidense se encuentra en Santiago-Valles, *"Subject People"*.

[18] Al respecto, Martínez-Echazábal apunta: "Pero el hecho que con más ímpetu agudizó la situación de las 'medias castas' fue, sin duda alguna, el predominio de las creencias racistas de la Europa del siglo XIX. [...] La influencia y consecuente apropiación de las teorías poligenistas sobre la evolución, de la filosofía de Augusto Comte (1798-1857) y más tarde del inglés Herbert Spencer (1820-1903), cristalizaron la configuración ideológica del racismo contemporáneo en América Latina. Relevante, sobre todo, para los intelectuales hispanoamericanos fue la visión comtiana de la sociedad como un '«organismo social» análogo al organismo biológico' [Iovchuk 317]. A ésta se suma la de Spencer, cuya particularidad residía en la amalgama de la visión organicista de la sociedad con las ideas de la evolución postuladas por Charles Darwin en *El origen de las especies* (1857). En Hispanoamérica fue el positivismo de Spencer el que tuvo mayor impacto" (28-29). Para una discusión de ejemplos específicos se puede también consultar de Helg, *The Idea of Race* 37-70.

[19] Bien lo sintetiza Jiménez Román cuando dice: "That racist expressions and practices continue to coexist alongside its almost adamant denial is a testament to the often contradictory nature of racism itself. Racism, as it is manifested in Puerto Rico, and much if not all of Latin America, is indeed different from that which operates in the United States or South Africa. But for Latin Americans generally, and for Puerto Ricans specifically, difference is typically translated into its non-existence/absence. For most of this century Puerto Ricans have compared themselves (and been compared) with the giant to the North and, finding neither Jim Crow segregation nor lynchings, they have declared themselves free of racism. Despite the changes brought about by the

comúnmente se les presenta como una trampa incómoda, porque entienden que hacer reclamaciones desde su condición de negros significa poner en entredicho la ciudadanía y el lugar que "tan generosamente" se les ha abierto en el seno de "la gran familia puertorriqueña". Para este sector social, ventilar conflictos raciales es exponer una "ilegitimidad" propia que los miembros "legítimos" de "la gran familia generosamente" no mencionan. En ese sentido, todavía en el siglo XXI la cohesión de la nación puertorriqueña sigue sosteniéndose, en gran parte, sobre el mismo principio de represión que impuso el imperio español en Hispanoamérica con la gramática de Nebrija para forjar su unidad.

Esta situación se puede ver claramente en los escritos del líder anexionista José Celso Barbosa. Barbosa trató asuntos de raza en una serie de artículos periodísticos publicados entre 1896 y 1920. En gran medida, su incursión en estos temas estuvo motivada por las provocaciones que le lanzaba la oposición, la cual en más de una ocasión denunció su proyecto de anexión a los Estados Unidos como una traición a sus compatriotas negros. Aunque Barbosa asumió el debate enérgicamente, siempre con la dignidad que demandaba del hombre negro, también es cierto que en diversos momentos sus posturas ambivalentes parecen estar condicionadas por las presiones que le imponía el ideal cuasi sagrado de un país unido. Quizás por las imposiciones de la misma política, acaso como una maniobra de plataforma partidista, Barbosa –quien desde su infancia había sido discriminado por las instituciones educativas del país y quien todavía seguía siendo atacado por sectores racistas– aparece en varios de sus artículos afirmando vehementemente que "el problema del color no existe en Puerto Rico" (31). Claro que a veces uno no sabe si sus matizaciones son parte de su inconsistencia o si tienen un tono crítico, como cuando afirma: "Aquí no existe el problema de raza. Ese problema se viene resolviendo por la *evolución* de la raza negra" (42). Aún así, hay momentos, como el siguiente fragmento de "En nuestro terreno", donde se puede ver con toda claridad cómo se refleja en sus discursos el *double consciousness*:

---

civil rights movement of the sixties and seventies which have significantly reduced the more overt expressions of racism in the United States, this ideology of racial harmony continues to hold sway and most Puerto Ricans continue to object to any suggestion that, in matters of 'race,' the two countries are more alike than dissimilar. This stance, then, serves to buttress all the other distinctions which the colony asserts, over and against the metropole. Puerto Rican racial exceptionalism has rested on the implicit view that there is only one kind of racism, one way of being racist, with the United States serving as the primary point of reference" (10).

Barbosa enemigo de su raza.
Barbosa haciendo traición a los suyos.
Barbosa frente a su hogar y su familia.
¡Cuánta mala fe! ¡Cuánta mezquindad!
Pero Barbosa no ha querido contestar a esas alusiones ni en los mítines, ni en la Prensa, y ha permanecido callado, para evitar así traer sobre el tapete un debate que a nada práctico conduce, y que podría ser interpretado como el deseo de atraerse Barbosa prosélitos, y de buscar pretexto para una nueva y distinta división en el seno de la familia puertorriqueña. (42)

Dentro de las letras afropuertorriqueñas la obra de Barbosa no es la única que codifica el concepto expuesto por Du Bois. En los textos de escritores como Fortunato Vizcarrondo, Luis Rafael Sánchez, Carmelo Rodríguez Torres, Isabelo Zenón Cruz y Marie Ramos Rosado, el problema también aflora con alguna regularidad. El caso de Sánchez es digno de mención por tratarse de una figura mayor de la literatura nacional. Como se sabe, su trabajo se distingue por una textura popular que ciertamente es una celebración de la cultura que maneja,[20] y de la cual la africanía es un componente central.[21] Desde luego que en su obra esa cultura popular también es objeto de crítica. Con razón ha observado Juan Gelpí que Sánchez no está completamente exento de los valores de los intelectuales criollos de las generaciones anteriores, lo cual en efecto se ve en su defensa de una norma lingüística que se distancia del habla marginal de los sujetos populares que él celebra (*Literatura* 40-45). Así, en el juego ambivalente entre el homenaje y la distancia, la obra de este escritor dibuja una estructura del *double consciousness* que, aunque trasciende lo racial, no escapa a esta determinante. Tal vez lo mejor sea referirse, si bien someramente, a textos específicos de *La guagua aérea* y *En cuerpo de camisa* para poder ilustrar con alguna claridad las avenidas de una conciencia que no sigue siempre un patrón fijo.

Unánimemente aplaudido como uno de los mejores relatos de la nacionalidad en tránsito, "La guagua aérea" (*La guagua* 11-22) desarrolla paralelamente el drama de un sujeto enunciador que nunca se integra plenamente a esa comunidad nacional fronteriza que puebla el espacio aéreo compuesta por los puertorriqueños que viajan en primera clase y por los boricuas de idioma "vivificantemente corrupto"(15), a los cuales el narrador se arrima en un afán de festejarlos, pero siempre codificando

---

[20] Una valiosa monografía sobre las funciones de lo popular en Sánchez se halla en Ortega, *Luis Rafael Sánchez: teoría y práctica del discurso popular*.
[21] No se olvide que en "Las señas del Caribe", Sánchez adjudica a la negritud un lugar primordial como una de las tres marcas definitorias del Caribe junto a la música y al tránsito migratorio (*La guagua* 41-45).

la diferencia que existe entre ellos y su persona. Entre la boricuada, las señas de la negritud son bastante claras. Ahí están la mulata que amamanta a su bebé, las alusiones a los discos de Cortijo y a Richard Pryor y, por supuesto, los jueyes de Vacía Talega que son los originadores del episodio (13, 16, 17).[22] Así las cosas, se podría pensar que el tratamiento de Sánchez de los sujetos populares se hace extensivo al elemento afroboricua, pero no creemos que sea exactamente así siempre. Por su entendimiento de la historia racial del país y por su postura antirracista, es poco usual encontrar al narrador riéndose de sus personajes negros con la risa ambivalente con que se ríe de los demás. Al contrario, aunque Sánchez no tiene reparos en localizar la negritud en tipos marginales o proscritos, es también común que la ennoblezca otorgándole las virtudes más elevadas de la cultura occidental.[23] Así lo hace en "La guagua aérea" con la mulata que lacta al infante y, más dramáticamente aún, con la prostituta Gurdelia Grifitos en el cuento "Tiene la noche una raíz" (*En cuerpo* 17-23). En ambos casos, el instinto maternal transforma el relato de una mujer estigmatizada en el cuadro de una madona mulata para inscribirlo en la mejor tradición de la iconografía judeo-cristiana. Una exaltación similar de la negritud se ve en el cuento "¡Jum!" (*En cuerpo* 53-60) donde el sacrificio del protagonista homosexual negro, no por casualidad denominado "el hijo de Trinidad", rememora la pasión y muerte de Cristo.

Significativamente, en las discusiones que hace Sánchez de la negritud la reverencia acentúa su distancia. Frente a ésta, el narrador no exhibe tanto los juegos ambiguos de proximidad y diferenciación que caracterizan su envolvimiento con

---

[22] Vacía Talega es parte de Loíza, pueblo al norte de Puerto Rico que ha venido a ser sinónimo de africanía. Es una formación sedimentaria socavada por el mar con un sistema de mangles que tiene al oeste la playa de Vacía Talega y al sur el bosque estatal de Piñones. Vacía Talega lleva ese nombre por ser el lugar donde se cargaban los barcos con talegas o sacos de coco para ser exportados a las Islas Vírgenes y producir aceite ("Vacía Talega"). Como observa Giusti Cordero, toda esta área ha estado asociada con la cultura negroide, entre otras razones por sus comidas que incluyen los jueyes o cangrejos ("AfroPuerto Rican" 61).

[23] Aunque en principio estamos de acuerdo con Ortega cuando afirma que "los mulatos en la obra de Luis Rafael Sánchez tienen una función subvertora", su explicación de que "son negros con libertades de blancos, y más que un dato racial son una expansión cultural" no nos parece muy convincente (*Luis Rafael Sánchez* 19). En los textos donde los sujetos en cuestión están discutidos con arreglo a su negritud, lo común en Sánchez es partir de datos sociológicos muy concretos (reconocibles, a veces, en la sociología de la década de los cuarenta) que indican alguna faceta del prejuicio racial antes de presentarlos como expresión de una cultura. En los ejemplos que discutimos a continuación, la libertad ciudadana está limitada, al menos en una de sus coordenadas, por la identidad negra.

lo popular, sino que habla mayormente a través de una tercera persona cuasi objetiva que le permite tocar cuestiones raciales sin implicar su identidad: posiblemente los mejores ejemplos se encuentran en los relatos del libro *En cuerpo de camisa*. Sin embargo, este tipo de ejercicio se hace más complicado en el ensayo "Preguntan por Ruth Fernández" (*La guagua* 37-40). En el tributo a la afamada reina de la canción, el humor es sustituido por un aire de solemnidad y de nostalgia. La distancia ahora es de índole geográfica y temporal, pero también está dada por la pretendida "mayor objetividad" del género ensayístico. Reiteradamente, Sánchez hace constar que lo que justifica su discurso es la pregunta de García Márquez por la cantante; pero tal vez lo que lo incite sea un signo ausente: el trasfondo negro y marginal de Cartagena de Indias, para nada mencionado por el narrador (posiblemente tampoco por sus compañeros escritores) en el recuento de su visita como jurado al festival de cine de esa ciudad colombiana. Quizás por eso las memorias que evoca inevitablemente desembocan en el prejuicio racial que sufriera la cantante popularmente conocida como la "Negra de Ponce" (37). Por esto, a su vez, el panegírico tiene que arribar a ese lugar común donde la imagen de la mujer negra se purifica al coincidir en el *locus* del homenaje con las imágenes de la madre y de la Virgen:

> Uno lo abarrota mi madre Agueda, jovencísima, llevándome de la mano hacia la plaza de recreo, en compañía de la multitud que baja de la Barriada Obrera a presenciar a Ruth Fernández como atracción incontestable de la Orquesta *Mingo y sus Whopee Kids*. Parte de la multitud viene a bailar en el tablero que se levanta frente al teatro *Victoria* durante las fiestas que homenajean a la Inmaculada. [...] La mayoría viene a atisbar, por entre las pencas que privatizan el tablero, a una mujer a quien se alaba con una flor que parece verso épico –*El Alma de Puerto Rico Hecha Canción*. (39-40)

En la trayectoria que va del epíteto "la Negra de Ponce" al de "*El Alma de Puerto Rico Hecha Canción*", la anécdota codifica el tributo transformando a Ruth Fernández en epítome de la nacionalidad.[24] Con esto se amplía el registro de

---

[24] Conviene recordar que para ese entonces la ciudad de Ponce contaba con, al menos, otra mujer famosa designada como "la Negra". Nos referimos, claro está, a Isabel "la Negra", la famosa matrona de prostíbulos que Rosario Ferré valida como objeto literario en su conocido cuento "Cuando las mujeres quieren a los hombres". No sabemos hasta qué punto Sánchez tuvo en mente las asociaciones, o posibles asociaciones, malintencionadas entre las dos mujeres. Aún así, es bueno advertir que la concepción de la mujer negra como un ser promiscuo no ha sido un prejuicio privativo de los sectores populares del país. Con mucha razón Merino Falú ha indicado

valores occidentalistas que pueblan la literatura de temas raciales de Sánchez. A todas luces, se trata de un afán por hacer extensivos los valores legitimados por la literatura criolla a un sector social relegado al margen de la familia puertorriqueña. Patriotismo, hispanidad, nobleza, sacrificio, pureza espiritual, maternidad, santidad: no por casualidad son estos los mismos conceptos que le dan arreglo a la obra de un escritor como René Marqués, figura tutelar de la generación anterior y culminación de toda una tradición criollo-hispanizante.[25]

Así pues, se puede decir que la reflexión de Sánchez sobre la negritud representa siempre una necesidad de negociación con por lo menos dos identidades encontradas. Aunque su simpatía por los sujetos afroboricuas es constante, en Sánchez la norma académica de tradición hispana, que aún pesa mucho en su formación, hace que la valorización de la prietura se dé en los términos de la cultura occidental y, a menudo, impide que el narrador se identifique sin reparos ni artificios con los sujetos que defiende.

Desde luego, vistas desde otros ángulos, las avenidas discursivas por las que transita Sánchez podrían apuntar hacia una complicación adicional del problema. Quizás la preferencia del autor por una voz en tercera persona que se acoge a la norma lingüística se deba a su entendimiento de que aun en los espacios marcados por el signo de la negritud (comunidades negras o predominantemente negras) el habla marginal suele crear sus propias marginalidades. Si así fuera, la posición de Sánchez sería todavía más solidaria con el homosexual negro del cuento "¡Jum!" de lo que el acto escritural más básico supone. Como ha expuesto Agnes Lugo-Ortiz, en "¡Jum!" la oralidad no es un signo inequívoco de liberación de identidades marginales, sino el "arrebato" de una comunidad negra que suprime la voz y la diferencia genérica de uno de sus miembros creando de ese modo una otredad que luego será expulsada del interior del colectivo (124-27). Siguiendo esta otra lógica, en su gesto escritural de solidaridad, Sánchez no estaría optando por el silencio absoluto a que se acoge su personaje; pero su preferencia por la tercera persona y la corrección lingüística sería una forma de distanciarse del decir popular; un decir hacia el que luego se desliza a través de otros recursos –cita, glosa, etc.– los cuales, en el paladeo de la voz, le garantizan el vínculo con la identidad bajo crítica. Así vista, la escritura de Sánchez ilustraría –tal como lo hace el relato de "¡Jum!"– cómo

---

que, en el siglo XX, dentro de las ciencias sociales de la década de los cuarenta, varias autoridades impulsaron la idea de que en esta presunta debilidad innata de la mujer negra estaba la causa del complejo racial que conducía al racismo en Puerto Rico ("Género y raza: la perspectiva" 17).

[25] Para un estudio de estos valores en la obra de René Marqués, véase de Gelpí-Pérez, "Desorden" 177-87.

la identidad afropuertorriqueña se ve fragmentada no sólo a raíz de la internalización de la mirada de los poderes centrales, sino también a causa de la mirada discriminadora de la propia comunidad afropuertorriqueña.

Inevitablemente, el ensayo de Sánchez sobre Ruth Fernández remite a los discos fonográficos de la cantante ponceña, donde se halla evidencia de que la estructura del *double consciousness* no es una codificación exclusiva de la literatura convencional, sino que también se manifiesta continuamente en la cultura popular. Al igual que la expresión musical de otros artistas negros y mulatos, las interpretaciones de Fernández registran con bastante claridad la necesidad que siente el artista afropuertorriqueño de atenuar sus afirmaciones de la africanía mediante suscripciones paralelas de postulados y fórmulas dominantes en los discursos sobre la identidad nacional. Uno de los lugares donde mejor se puede apreciar esto es en *Yo soy la que soy*, un disco de larga duración que grabara Fernández en 1966 junto a la Orquesta Panamericana de Lito Peña. El disco es sobresaliente por su declaración altiva de las raíces africanas y sus comentarios sobre la discriminación racial. De las doce canciones incluidas, "Yo soy la que soy" es un excelente compendio del álbum. Números como "Yo soy mulata" e "¿Y tu agüela, a´onde ejtá?" (en el popurrí "Recuerdos del pasado") hacen ostentación de la herencia africana denunciando a la vez el prejuicio racial; y en las meta-bombas "Nangobá" y "La bomba que me gusta", la cantante se vincula por su genealogía con el ritmo afropuertorriqueño conocido como bomba, reclamando para éste un estatus de música nacional.

Ahora bien, a pesar de lo anterior, tampoco se puede decir que *Yo soy la que soy* sea una celebración incondicional de la africanía. Como excusando la fiesta, y respondiendo a la urgencia de decirse parte del colectivo nacional, en el álbum se incluyen además tres composiciones que son fórmulas trilladas de la ideología criollista en el cancionero popular. Dos de ellas, "Romance campesino" y "Preciosa", eran ya verdaderos clásicos en el momento de la grabación. La primera es una copla en honor a la mujer jíbara, o campesina de tez clara, y a una felicidad bucólica y ficticia.[26] La segunda es una de un puñado de canciones que los borincanos cantan como alternativa al himno nacional, pues sigue la vena del patriotismo telúrico que instituyera el bardo romántico Gautier Benítez en el siglo XIX, pero "actualizándola"

---

[26] De la letra de Roberto Cole, esta composición de 1932 se populariza a partir de 1946 a través de una interpretación de Daniel Santos. Cole, hijo de un norteamericano que llega a Puerto Rico con las tropas de ocupación, luego ha de ser director del Departamento de Fotografía de la Compañía de Fomento Económico durante la administración del Partido Popular Democrático (*La Gran Enciclopedia* 7: 132).

con el concepto dominante de la nacionalidad de corte pequeñoburgués.[27] Salta al oído cómo en la interpretación de ambas canciones la voz de Fernández se afecta con emociones y tonalidades líricas que distan del despliegue percuciente que exhibe su fraseo en los momentos de afirmación de la negritud.[28] "This is Puerto Rico (Esto es Puerto Rico)", en cambio, es un número hecho a la medida del fomento turístico y de la industria hotelera, suscribiendo la ideología del sector desarrollista de la clase dirigente del Partido Popular Democrático que dominó el espectro político de la isla desde 1947 hasta 1968.

Para apreciar mejor el *double consciousness* en la música de Fernández, acaso no esté demás citar un fragmento de "Yo soy la que soy", canción en la que están sintetizados prácticamente todos los gestos y estrategias discursivas del disco. Ahí están, por un lado, la afirmación festiva y un tanto desafiante de una puertorriqueñidad negra y marginal, acompañada con golpes de bomba; y por otro, la negación de la conflictividad racial que en el imaginario colectivo garantiza la armonía social:

> Yo soy la que soy, la que soy.
> Cuidado que aquí llegó la Negra de Ponce,
> la que canta la bomba,
> la que baila la plena,

---

[27] Fechada en 1926, esta canción del afamado compositor afropuertorriqueño Rafael Hernández —conocido como "El Jibarito" por la crónica del campesino empobrecido que hace en "Lamento borincano", otra de sus composiciones más conocidas— nos sitúa ante otro ejemplo interesante de *double consciousness*. Esto se desprende claramente del comentario que hiciera Zenón Cruz a propósito de la misma: "Preciosa no sólo advierte que el tirano (Estados Unidos) nos trata con negra maldad cuando lo cierto es que los norteamericanos negros están tan colonizados como los puertorriqueños —negros y blancos—, siendo la maldad, por tanto, blanca; sino que también nos presenta una tesis binaria de nuestra cultura, tesis que excluye al negro: 'Tienes la noble hidalguía de la madre España / y el fiero cantío del indio bravío lo tienes también'. Y el negro, ¿dónde está? La distorsión resulta más penosa porque es precisamente un negro el que niega la contribución afronegroide a nuestra cultura, es decir, es un negro que se niega a sí mismo; es el negro invisible" (1974, 43-44).

[28] Claro, nunca demasiado porque están arregladas como guarachas y boleros; así que ahí también hay una negociación. Además, la voz de esta cantante no es la de una baladista. Viene de una tradición rumbera y guarachera de teatros y cabaret en la que también sobresalen talentos como la Rumbera Mayor, Celeste Mendoza (Cuba), y la Reina de la Guaracha, Mirta Silva (Puerto Rico), aunque, por lo general, Fernández sea menos burlesca que éstas y gravite más hacia los ritmos de su país.

> la que dice con gran orgullo
> soy pura puertorriqueña.
>
> Pa mí no hay problema racial.
> Yo soy muy feliz con to lo que Dios me ha dado.
> Yo no puedo quejarme.
> Todo el mundo me quiere.
> Y nací en esta bella islita en que todos somos hermanos.

Aunque haya que advertir que Fernández no compone ninguna de las canciones de *Yo soy la que soy* y que nada sabemos sobre su participación en la selección de las mismas, tal situación antes que restarle validez a nuestro argumento lo abonaría. Lo que sí se podría afirmar es que la información en cuestión seguramente haría más rica y compleja la discusión del *double consciousness* en su persona. Una autobiografía (o unas memorias) sin duda ayudaría grandemente al entendimiento de la conciencia de la cantante afropuertorriqueña de más renombre durante la época de expansión de las industrias de la comunicación masiva; lo cual, a su vez, sería de mucho valor para el desarrollo de una teoría de la identidad de la mujer afropuertorriqueña.[29] Lo cierto es que no disponemos de muchos materiales para el desarrollo de dicha teoría. El libro de Marie Ramos Rosado *La mujer negra en la literatura puertorriqueña*, el estudio literario más emprendedor sobre el tema, corrobora el problema. Curiosamente, esta investigación, en sí misma, nos sitúa ante una escritura afropuertorriqueña digna de estudiarse. Como expone Méndez en el prólogo de la obra, Ramos está marcada por la triple desventaja de ser mujer, negra y de clase trabajadora por extracción. Es bien sabido que desde la década de los setenta, Ramos Rosado ha sido una de las figuras que con más urgencia y determinación ha impulsado la discusión del problema racial de Puerto Rico y promovido los ritmos y bailes afropuertorriqueños. Su libro, más allá del análisis en torno a la representación de la mujer negra en la cuentística de los años setenta, nos dice, a viva voz, que las trabas que impone la ausencia de una tradición escritural afropuertorriqueña al autor negro que asume la africanía en su discurso se complican cuando es la mujer negra quien emprende la tarea de hablar sobre su condición.

En este sentido, la escritura de Ramos Rosado parece hacer pertinente, en el contexto puertorriqueño, algunos de los postulados de la teoría feminista

---

[29] Fernández ha sido además senadora (1973 a 1981) y a través de los años se ha mantenido activa en las campañas de recaudación de fondos para obras caritativas y en la fundación de una institución en beneficio de los artistas puertorriqueños conocida como la Casa del Artista.

afroamericana sobre la interseccionalidad de la identidad. Notable en *La mujer negra* es cómo esta intelectual se ve obligada a ejecutar una serie de operaciones simultáneas en respuesta a la historia de marginación, silencio e imágenes estereotipadas de la mujer negra prevaleciente en las letras del país. Así, frente al vacío bibliográfico –sobre el tema– que encuentra, la escritora acomete un difícil ejercicio que a la vez es documental y genealógico: primero, expone el estado precario de las investigaciones sobre los puertorriqueños negros; segundo, señala el silencio aún más pronunciado sobre la mujer negra; y tercero, intenta articular con sentido de urgencia un catálogo primario de mujeres negras y mulatas, de distintos sectores sociales, que contribuyen al quehacer cultural y político de Puerto Rico durante las décadas de los sesenta y setenta. Todo esto como un paso necesario para entrar al análisis literario que se plantea como el objetivo central del libro. Luego se comprueba que el cumplimiento de dicha tarea es más difícil de lo esperado ya que la falta de cuentistas afropuertorriqueñas que aborden su otredad obliga a la investigadora a recurrir a autores diversos con preocupaciones múltiples. Así, el anticipado análisis de *La mujer negra* se vuelve un navegar a través de diversos discursos: concernientes a la mujer en general, a los negros en sus distintas identidades y a otros temas que atañen a los cuentistas de los setenta. De ese modo, la crítica de la representación de la mujer negra se diluye significativamente; pero queda la sensación de que para la escritora la realización del proyecto hubiera sido aún más difícil sin tales negociaciones.[30]

La escritura de Ramos Rosado refleja, en efecto, un complejo proceso de negociación. A través de la obra encontramos a la investigadora conciliando, y conciliándose con, una multiplicidad de discursos en tensión. Lo hace cuando se acoge a un paradigma académico y a un método que exige la moderación de la subjetividad y que deja poco espacio para la reflexividad que ha caracterizado ciertas metodologías feministas y subalternas. Lo hace también cuando para autorizar su proyecto alude a discursos tan diversos como el nacionalista y el independentista –los cuales históricamente soslayaron la discusión de la raza– y como el panafricanista y el del poder negro de los Estados Unidos. Y lo vuelve a hacer –ya lo hemos dicho– cuando selecciona una literatura primaria cuya variedad temática

---

[30] Esta observación nos hace pensar en el complejo proceso de negociaciones y concesiones –con los movimientos del hombre negro y las feministas blancas, entre otros– que ha caracterizado las luchas de las mujeres negras en los Estados Unidos desde el siglo XIX y que discute hooks en *Ain't I a Woman*. Aunque estamos conscientes de que los contextos sociales y políticos son diferentes, intuimos que en alguna medida algo parecido tiene lugar en la obra de Ramos Rosado.

le resta espacio al análisis de lo que concierne específicamente a la representación de la mujer negra. Incluso en la articulación del balance final que hace Ramos Rosado hay atisbos del complicado proceso de negociación que trasluce el libro. Mientras destaca que dicha literatura –influida por el feminismo y la revalorización de la negritud– trata de incorporar el legado negro en sus tramas, concluye que la representación de la mujer negra en particular, y de los negros y la mujer puertorriqueña en general, no se ha realizado a través de modelos liberadores (350, 356). De hecho, su evaluación final es que, en su figuración literaria, las mujeres negras no trascienden "la lucha entre ser occidentalistas o puertorriqueñas" (351). Al final de la jornada, no queda claro si lo que Ramos Rosado objeta es que la representación de las mujeres negras y mulatas no rompe con la dualidad citada para plasmar la plenitud de estas figuras como puertorriqueñas o si lo que encuentra problemático es que no trasciende la dicotomía nacionalismo u occidentalismo para afirmar su identidad racial.

La mujer negra no podría leerse sin que venga a la memoria la hostil recepción que tuvo *Narciso descubre su trasero* cuando salió a la luz pública en 1974. A todas luces, el libro de Ramos Rosado es un sucesor lógico de aquella tesis que su autor, Isabelo Zenón Cruz, subtitulara "El negro en la cultura puertorriqueña". Como Ramos Rosado, Zenón Cruz también fue un afropuertorriqueño polémico que llegó a la academia sobreponiéndose a la pobreza y a diversos tipos de discriminación. Al comparar las obras, la influencia de Zenón Cruz en Ramos Rosado salta a la vista, especialmente, en la confección de la genealogía de mujeres negras. Donde *La mujer negra* se diferencia de *Narciso* es en el método y en la atemperación del tono de la voz. Esto es significativo ya que –como veremos en el segundo capítulo– algunas de las objeciones que se esgrimieron contra la obra de Zenón Cruz fueron que su metodología era deficiente y que se asemejaba más a una catarsis que a un modelo sociológico. Sospechamos que las críticas a Zenón Cruz deben haber pesado en Ramos Rosado a la hora de escribir su tesis. De hecho, en el prólogo Méndez hasta cierto punto nos confirma esta conjetura. Según el sociólogo, el escollo más importante que Ramos Rosado tuvo que superar para que el proyecto, que él mismo dirigía, comenzara a avanzar fue la transformación del ímpetu subjetivo en "conciencia empírica" y en una "perspectiva analítica y académica" (xiv, xv).

En resumen, la obra de Ramos Rosado ciertamente configura un excelente punto de partida para una crítica de la interseccionalidad en la identidad de la mujer afropuertorriqueña. Podría decirse que en su textura, el complejo de intersecciones discursivas que vinculan a la raza con el género, la clase y la nacionalidad en el ejercicio de la crítica literaria, es a la vez la matriz de las desventajas y la marginación que marcan a la mujer negra que se constituye mediante la escritura del libro.[31] Por otro lado, las tensiones y negociaciones epistemológicas que la obra refleja hacen patente la importancia de examinar su factura y discurso a la luz de la teoría del *double consciousness*. El caso de Ramos Rosado incluso nos obliga a afirmar la necesidad de estudiar el peso y los efectos de la mirada disciplinaria en la escritura académica de cualquier escritor afropuertorriqueño.[32] No solamente esta mirada determina y condiciona estrategias y tácticas discursivas fundamentales: indudablemente, también tiene que tener un efecto en la articulación de la red de negociaciones de la identidad en juego.

Proyecciones panafricanistas en las letras afropuertorriqueñas

¿"La Negra de Ponce" o "El Alma de Puerto Rico hecha Canción"? Al traer la teoría de Du Bois a la discusión de la problemática puertorriqueña, varias aclaraciones se hacen necesarias. La oposición entre negritud y nacionalidad, en cualquiera de las variantes en que hemos venido expresándola, no es una de contrarios mutuamente excluyentes,[33] sino que opera, como el término *afropuertorriqueño* sugiere, en una zona de continuidad entre los dos ensamblajes culturales mayores que le dan

---

[31] En ese sentido, el caso de Ramos Rosado iluminaría y a la vez se haría iluminar por la reflexión de la protagonista del cuento "Puerto Príncipe abajo", de Ana Lydia Vega. En el relato, una maestra mulata que ha regresado de una excursión turística por Haití con un grupo de colegas de raza, clase e ideología diferente, al observar en diapositivas las fotos del viaje trae a la memoria el acoso que sintiera ante el ojo censurador de sus compañeras conservadoras: "Llevo colgado al cuello el carnet del partido. Comunista luego atea. Feminista luego marimacha. Negra luego parejera. Ni el vampiro de Moca. Oh, paranoia galopante de colonizada" (96).

[32] Por supuesto, no queremos negar que la mirada disciplinaria se imponga en mayor o menor medida sobre todo sujeto que ingresa al sistema académico. Más bien lo que nos preocupa es ver hasta qué punto las metodologías que se manejan son las que mejor responden a la voz crítica de los sujetos subalternos, en vista de que diferentes métodos críticos revelan —o responden a— diferencias étnicas. Así lo ha observado Gates, quien además entiende que ningún sistema hermenéutico es universal ni ciego al color de la piel: "No critical theory —be it Marxist, feminist, post-structuralist, Nkrumah's "conscienticism," or whatever— escapes the specificity of value and ideology, no matter how mediated these may be. To attempt to appropriate our own discourses by using Western critical theories uncritically is to substitute one mode of colonialism for another ("Editor's Introduction" 15).

[33] En la literatura puertorriqueña, el mérito de exponer lo problemático de esta oposición le toca al afroboricua nacido en los Estados Unidos Piri Thomas con su autobiografía *Down These Mean Streets* (1967).

arreglo al concepto de *double consciousness*: África y Occidente.[34] Ésta no es una matización que haya que hacerla únicamente para Puerto Rico. De hecho, se trata de uno de los puntos básicos de la perspectiva de *The Black Atlantic*. Sin embargo, cuando Gilroy afirma que ocupar el espacio intermedio entre los dos polos culturales en oposición puede constituir un acto de insubordinación política significativo, lo hace teniendo en cuenta que el pensamiento negro de Estados Unidos y Europa ha estado orientado por ideologías absolutistas que se niegan a reconocer la existencia de esa zona intermedia. Pero en Puerto Rico sucede lo contrario. En la isla, tradicionalmente los discursos sobre raza e identidad han sido mucho más dados a privilegiar la conciliación. Por dicha razón, lo más radical sería iluminar la conflictividad racial contenida en esa zona de continuidad para exponer los gestos que se proyectan hacia los focos extremos.

Dentro de esta área de continuidad, uno podría referirse a incursiones en el tema de la raza que no alcanzan el grado de proyecto ni generan movimientos sociales: a falta de un mejor término, las hemos denominado proyecciones panafricanistas de la literatura afroboricua. De entre las prácticas culturales registradas en las letras nacionales que indican la diferencia y el conflicto, estas proyecciones generalmente suscitan el mayor grado de resistencia de parte de la comunidad insular porque siempre conllevan el riesgo de irritar con cuestiones "foráneas" una textura social que se considera más o menos estable. Además, en un país donde se asume que la democracia racial está ya bien lograda, y donde se promueve la idea de que el negro puertorriqueño se ha "superado" (hispanizándose, desafricanizándose) integrándose sin reservas a la nación, dichas proyecciones suelen verse a su vez como *exceso*. Simbióticamente, lo foráneo se tiende a percibir como *exceso* y el *exceso* se tiende a ver como foráneo. En los estudios culturales orientados hacia la diáspora africana, la noción de *exceso* remitiría a la actitud ambivalente de seducción y repulsión que muestra el occidente moderno ante el desplazamiento y la diseminación de la persona negra, con su cultura y sus estilos de vida, hacia el interior de una sociedad regular que se mira a sí misma como armoniosa y equilibrada.[35] El *exceso* y lo foráneo son, pues, una combinación volátil que siempre

---

[34] "Apenas si vale la pena aclarar que el término Occidente abarca también a las tradiciones poéticas angloamericanas y latinoamericanas (en sus tres ramas: española, portuguesa y francesa)" (Paz 10).

[35] En su estudio sobre el surgimiento de la idea de la música negra como "*hot rhythm*" y del genesis de lo que él llama "*hot fantasies*", Radano apunta: "The modern figure of hotness seemed to conflate all these qualities of excess, from drunkenness to fever to sexual promiscuity and frenzy; together, they outline a matrix of extremes that specified the dislocations of white physical and psychological certainty" (463). Dentro de lo que

amenaza detonar nuevas plagas, infectar la sociedad y erosionar su balance. Durante la primera parte del siglo XX, por ejemplo, una época caracterizada por la migración y la proliferación de epidemias, es significativo que en los Estados Unidos se hable de manifestaciones culturales infecciosas y que los blancos inclusive teman la transmisión de materialidad humana a través de inmaterialidades como el ritmo musical negro (Radano 462-63). Claro, se dirá que Puerto Rico no llega a los extremos de los Estados Unidos, pero su historia tampoco está exenta de brotes de xenofobia análogos. Además, en el caso de la llamada Isla del Encanto, habría que agregar que, históricamente se percibe a mucho de lo local (gente y cultura) que rebasa los consabidos límites ontológicos de lo nacional, a menudo como excesivo y extraño a las costumbres propias.[36] Tal vez por eso, entonces, por la irritación que suelen levantar, la crítica ha sido poco propensa a prestarle atención a las proyecciones panafricanistas de que hablamos. Mas no cabe duda de que los escritores negros del país han mostrado cierta necesidad de recuperar vínculos con la diáspora de otras regiones y con África, ya sea a través de la historia, de temas sociales o de asuntos políticos y culturales.[37] Aunque las proyecciones en cuestión no desborden sus obras, y en algunos casos sean mínimas, hay que insistir en que su registro ha sido más o menos constante.

Otra vez habría que empezar por mencionar el ejemplo de Barbosa, quien, por ser el principal dirigente del Partido Republicano, a menudo se vio obligado a discutir la situación de los negros en los Estados Unidos. Desde sus años en Ann Arbor (Michigan), donde estudió medicina, el líder anexionista ya había entrado en contacto con el pensamiento negro norteamericano. Esto lo ha notado Jiménez Román en su artículo en torno al controversial prócer al destacar su interés por los escritos de Du Bois y Booker T. Washington, así como su suscripción a *The Messenger*, revista radical afroamericana, y a *The Crisis*, el órgano de la National Association for the Advancement of Colored People (16-17). Estas experiencias y su preocupación por agenciarse una genealogía ortopédica llevaron a Barbosa a expresar una gran admiración por los avances de la gente negra de Estados Unidos y a mirarlos como el mejor paradigma de su raza:

él designa como "*hot*" y como exceso sin duda caerían también las incandescentes retóricas revolucionarias negras y los movimientos sociales que generan.

[36] Véase el testimonio de Rafael Cepeda en el documental *Plena is Song, Plena is Work*.

[37] Esto sin tomar en cuenta la producción cultural de los puertorriqueños de los Estados Unidos, la cual nos obligaría a citar la obra de Arturo Schomburg, Jesús Colón, Piri Thomas, Felipe Luciano, Tato Laviera y otros.

> La historia del negro en los Estados Unidos es una inspiración para los hombres de color, que tienen que sentirse orgullosos de que, debido a los esfuerzos de los propios negros, el progreso alcanzado ha hecho que se sientan avergonzados los que apoyaron y sostuvieron la teoría de la inferioridad y que toda la nación americana, aun la parte esclavista del Sud [sic], esté rectificando ese criterio. (87)

En el núcleo de escritores con alguna orientación panafricanista cabe mencionar además al polifacético José Luis González. Desde luego, si se sigue estrictamente el esquema de James, el nombre de González sería uno de los que caería en el grupo de intelectuales negros de ideología socialista. Pero el autor de *El país de cuatro pisos* fue bastante dado también a debatir tópicos raciales. No se deben olvidar, por ejemplo, sus once cuentos de temas negros, en particular "En este lado" y "El arbusto en llamas", los cuales abordan la hostilidad racial que afecta a los negros de Nueva York y del sur de Estados Unidos (*En este lado* 89-111, 156-77). En esta onda internacionalista, se puede ver además en un libro como *Nueva visita al cuarto piso* su defensa del aprendizaje del inglés y de las otras lenguas de las Antillas como vehículo para el fortalecimiento de las relaciones entre las naciones caribeñas, y aún la valoración que hace en *El país* de la poesía afroantillana de Palés Matos.

Igualmente rara podría sonar para algunos la asociación de Zenón Cruz con este tipo de proyección.[38] Como se sabe, la gran contribución de *Narciso* es la exposición de la discriminación racial prevaleciente en la cosmovisión insularista de la negritud y de la cultura nacional puertorriqueña. Esta testificación, sin embargo, nunca tiene una intención desintegradora, pese a la insolencia con que está hecha. El catálogo que hace el escritor de las aportaciones de su raza al desarrollo de la nación, por ejemplo, es una manera de reclamar para su gente reconocimiento e igualdad ciudadana y no un llamamiento a la separación. Pero aún así, en términos teóricos y políticos, el *Narciso* de Zenón Cruz es heredero de las ideas de Frantz Fanon y del radicalismo negro que emerge en los Estados Unidos durante los sesenta y setenta. De entrada, el autor convoca la memoria del martiniquense y se ampara en las palabras del pantera negra Eldridge Cleaver y de Malcolm X haciendo explícita la filiación de su proyecto con los escritos de estos:

> Una vez más me veo obligado a decir que no la voy a hacer ni a la entrada ni a la salida. Entiéndase bien, no sólo. Porque lo haré a lo largo de toda la

---

[38] Principalmente, debido a que Zenón Cruz no solía exponerse más allá de los círculos locales. Sin embargo, tampoco somos los primeros en mostrar sus vínculos con otros intelectuales de la diáspora. Estos los notan también Aponte Ramos ("Schomburg" 22) y Melendes ("Narciso" 26-27).

disertación. Tampoco derramaré únicamente el caldo. Se volcarán cosas más cálidas y sustanciosas. [...] La bilis queda excluida. Estamos distantes de Frantz Fanon al advertirnos "Estas cosas voy a decirlas, no a gritarlas. Porque hace ya algún tiempo, bastante tiempo, que el grito salió de mi vida". (¡*Escucha, blanco!*) Sin embargo, esta necesidad de gritar —que padecemos los puertorriqueños negros— no debe nublarnos ni la inteligencia ni la sensibilidad para comprender el alcance de las sentidas palabras de Eldridge Cleaver y de su maestro Malcon X [sic], también *negros revolucionarios*. "La pena que hay que pagar por odiar a otros seres humanos es la de amarse menos a sí mismo" (Cleaver, Eldridge, *Alma encadenada*). (21)[39]

Con el estilo militante del radicalismo negro se puede relacionar también la actitud desafiante que asume Zenón Cruz a lo largo de su trabajo. Si bien el intelectual humacaeño se inscribe con orgullo en aquella tradición contestataria que Antonio S. Pedreira degradara al suscribir el prejuicio contenido en la construcción nominal "grifo parejero", lo cierto es que Zenón Cruz hace que su "parejería" se informe con un pensamiento negro en el que la insolencia es validada como parte de una ciencia —sociología y psicología— y de una acción política organizada.[40] La "parejería" de Zenón Cruz, y su afán de gritar todo el racismo de un tirón, al igual que en los casos de Malcolm X y los Panteras Negras, habría que entenderla como la validación del *exceso* como instrumento de lucha del oprimido, o como la legitimación de un arma ilegítima para la defensa de un grupo y una cultura bajo agresión. Acusar a estas figuras de *superbia*, exigiéndoles la atemperación del *exceso* o la "domesticación" del tono de voz, en sus circunstancias de marginalidad comporta, inversamente, una fetichización del diálogo, si se dan por válidas las inquisiciones teóricas de David Simpson y su crítica de la regla de la academia posmoderna (44).

Entre los escritores afropuertorriqueños de las nuevas generaciones también se encuentran manifestaciones de la necesidad de enlace con la comunidad negra

---

[39] Las primeras cinco oraciones de la cita corresponden con el comienzo del primer capítulo. La advertencia inicial de Zenón Cruz alude a dos chistes sobre el negro generalizados en Puerto Rico. El resto de la cita, a partir de nuestra elipsis, es parte de una extensa nota al pie de la página indicada al final de la quinta oración del texto principal (1974, 21). En el transcurso del libro, estos y otros nombres de intelectuales o artistas del *black Atlantic* ayudan al desarrollo de la tesis de Zenón Cruz, aunque no siempre él esté de acuerdo con ellos.

[40] Una parejería es una irreverencia, es ponerse de tú a tú con alguien que se considera superior. En el tercer capítulo trataremos con más detalle la tesis racial de Pedreira expuesta en su obra clásica *Insularismo*.

internacional. Eso se aplica a Mayra Santos Febres, quien directamente lo confiesa en una entrevista con Rafael Acevedo: "Mi deuda mayor es con la literatura caribeña, incluyendo la puertorriqueña y con las de la diáspora africana (Toni Morrison, Manuel Zapata Olivella, Ayi Kweyi Armah, Wole Soyinka)" ("Escritura" 16). En un poeta como Israel Ruiz Cumba, la poesía encuentra un espacio para expresar solidaridad en el júbilo y el dolor con la gente negra sudafricana a través de los poemas "Esto no es un poema para Nelson Mandela" y "No os apartéis de Sudáfrica (mayo/1986)" (*Encuentros* 78-79). De otro modo, en su colección de cuentos publicada en 2002, Daniel Nina también testimonia el compromiso de una conciencia activista y artística que estrecha lazos con la realidad de la comunidad africana. Como si siguiera el consejo de Ruiz Cumba (aunque no está claro cuál de los dos escribió sus textos primero), sus cuentos de *En tránsito y otros relatos* se instalan enteramente en Sudáfrica para desmitificar diversos aspectos del proceso revolucionario en contra del *apartheid*. En el caso de Nina, sus relatos están informados por estadías en el país africano que datan de 1991 y su participación en las últimas fases de la transformación desempeñando labores de responsabilidad social.

Retornando ahora al círculo en que nos deja la pregunta por el activismo negro, nuestra conclusión es que a través de los años la intelectualidad afropuertorriqueña sí codifica con alguna insistencia la urgencia de bregar con el discrimen racial y cierta necesidad de pensarse en diálogo con la problemática del *black Atlantic*. Si esta reflexión no ha sido más constante, ni se ha canalizado hacia un activismo radical, eso ciertamente lo explica la flexibilidad del tejido social del país, pero en gran parte también se debe a que en Puerto Rico debatir estos asuntos es ventilar la otredad propia. Tradicionalmente, el racismo ha sido, especialmente para los sujetos afectados, un tema tabú: una de esas formas de violencia que la víctima prefiere no discutir porque al hacerlo se ve forzado a entrar en lo personal. Esto podría parecer ilógico si se toma en cuenta que la diáspora africana encuentra su acceso a la literatura occidental a través de la autobiografía y que todavía hoy el testimonio vital sigue siendo una vena poderosa que alimenta su arte. No es así en Puerto Rico, donde el gesto entra en conflicto con una integración nacional que se niega a reconocerse como defectuosa. Si la comunidad afropuertorriqueña, y el país como tal, no ha desarrollado las destrezas críticas y políticas para lidiar con su complejidad racial, esto se debe a que el tema nunca ha tenido una recepción sin reservas de parte de la sociedad civil.

Lo cierto es que América Latina apenas empieza a reevaluar sus políticas raciales. En realidad, la situación de los boricuas es poco problemática si se compara, por ejemplo, con la de los brasileños. A ciento catorce años de la abolición de la esclavitud,

Brasil, uno de los países que mayor lucro hace de la celebración de su multietnicidad y mestizaje, se enfrenta hoy a la tarea de poner en marcha una política de cuotas para remediar la exclusión de los afrobrasileños en las universidades, en el sector público y privado de la esfera laboral y en las organizaciones políticas (Rother A3; Htun 65-79). Titánica es la tarea si se toma en cuenta la elasticidad del espectro racial del país, el cual tiene más de 300 términos para clasificar las variaciones en el color de la piel. A pesar de que Brasil cuenta con la mayor población negra fuera de África, sólo un 6% de sus 170 millones de habitantes se identifica como negro. Si de comparaciones se tratara, el caso de Brasil no haría sino hiperbolizar un terreno que parece estar más allanado en Puerto Rico. En la nación sudamericana, las elites que se oponen a la implementación de esta especie de *affirmative action* también recurren al argumento de que éstas son políticas importadas, sin aplicación en su tierra y que vienen a dividir al pueblo; un argumento típico que no utilizan cuando lo que se importa es para el beneficio de su clase. Otro lugar común en el discurso sobre raza en América Latina que convenientemente se vuelve a esgrimir hoy en Brasil es aquel que dice que en el país "todo el mundo tiene un pie en la cocina"; un refrán que, como observa Rother, ya de por sí esencializa el lugar de los afrobrasileños dentro de la sociedad y que fomenta la apatía y dejadez ante el prejuicio racial.

Pero más que comparar para relativizar, lo que importa aquí es buscar patrones comunes. Al tópico de la democracia racial y la inacción política frente al discrimen volveremos en el tercer capítulo, obligados por el retrato de una sociedad puertorriqueña moderna y hostil que ofrece Carmelo Rodríguez Torres y que se discute extensamente en la segunda parte de este libro. Antes, queremos regresar desde otro ángulo al problema de la voz y la escritura afropuertorriqueña y a su relación con la gramática de la lengua española.

Capítulo II

Espectáculos elípticos de la literatura afropuertorriqueña

1. INTRODUCCIÓN:
   LA PREGUNTA POR LA ÓPTICA AFROPUERTORRIQUEÑA Y LA INTERROGACIÓN DEL SILENCIO

Una de las fallas más notables en el *corpus* de la literatura puertorriqueña es la carencia de voces negras que testimonien la experiencia de la diáspora africana en el territorio local. Desde los textos canónicos de la generación del 30, la norma ha sido que las pocas reflexiones que tienen lugar en torno al problema racial de Puerto Rico se den en función de otros asuntos de "mayor urgencia", frecuentemente, con respecto a la pregunta ontológica sobre la nación y el dilema de una cultura nacional. Desde los ensayos y la poesía de aquella generación, pasando por el período de auge de un realismo social con orientación didáctica en el que la condición del negro y del mulato gana algún interés, hasta las emergencias de los setenta y los ochenta, los sujetos afropuertorriqueños y afrocaribeños han sido objetivados desde afuera, la mayoría de la veces por escritores que no son representativos de los grupos en cuestión.[1] En ese sentido, el caso de Puerto Rico parece confirmar lo que postula José Piedra en "Literary Whiteness and the Afro Hispanic Difference". Según Piedra, una de las prohibiciones de más peso que acompaña a la institución del modelo hispánico de blanqueamiento en América es la que les niega a los que aspiran a integrarse en la raza hispana la opción de escribir sobre su experiencia como marginados. La asimilación a través de la lengua implicaba un compromiso con el imperio y en esto los descendientes de africanos eran los más afectados. Los que no eran blancos podían escribir siempre y cuando evitaran tratar asuntos relativos a su condición de sujetos diferentes. Para los afrohispanos, en especial, esta norma representaba un gran obstáculo para el desarrollo de una tradición literaria distintiva, ya que debido a ella la mayoría de los escritores negros y mulatos se veía forzada a discurrir sobre cuestiones "neutrales" en vez de producir una literatura que afirmara la diferencia. En su estudio, Piedra no examina específicamente el caso de Puerto Rico, pero en *Problema de razas*, libro que recoge los artículos en

---

[1] Dos panoramas parciales de la literatura insular de temas negros que ayudan a la confección de un mapa mayor de esta literatura se pueden ver en Giusti Cordero, "AfroPuerto Rican" y Falcón.

torno a temas raciales del doctor José Celso Barbosa, el líder republicano sí se asoma al problema de la carencia de esa genealogía escritural desde su perspectiva de puertorriqueño negro:

> [...] en los países de Sud América, en las Antillas y aún en Europa, personas de sangre negra han ganado altas distinciones, tanto políticas como civiles, y han brillado en *las artes y en las letras*, pero se han movido en un ambiente de tolerancia que las ha aceptado en iguales términos, y en cuanto han sobresalido han dejado de ser exponentes de la raza africana, para pasar a ocupar un puesto de alta distinción en la exponencia de la gran cultura latina, confundiéndose dentro de la heterogeneidad que se llama *civilización latina*, y, transformando su descendencia, por amalgamación, por cruces, han pasado a ser calificados como de la raza blanca, y, de ese modo, no pueden ser presentados como exponentes de los adelantos y progresos de la raza africana. (énfasis añadido sólo en el primer caso, 85)

Entre los intelectuales negros del país, Barbosa es pionero por su incursión en discusiones sobre raza, y posiblemente fue el primero en resentir ese vacío y mencionarlo. Su situación es ilustrativa y excepcional a la vez. Se trata de un hombre negro cuya suerte, en gran medida, se cifra frente a la institución de la letra, específicamente, frente a un sistema escolar que en sus años de formación en Puerto Rico le entorpecía el aprendizaje. Pero se trata también de una figura que completa una carrera universitaria en el norte de Estados Unidos y cuyos escritos están estimulados e informados por el contacto con una comunidad afroamericana educada, la cual, a su entender, era la única intelectualidad negra que podía servirle de modelo para incidir en el vacío que encontraba en la literatura local.

Indagar una perspectiva afropuertorriqueña necesariamente conduce a una interrogación del silencio, sobre todo cuando el ámbito de la investigación es la literatura. Así por ejemplo, en *El machete de Ogún*, volumen del Proyecto de Divulgación Popular que reescribe la historia de la esclavitud negra en Puerto Rico, los investigadores del Centro de Estudios de la Realidad Puertorriqueña (CEREP) subrayan ese silencio a través de múltiples interrogantes y puntos suspensivos: "¿Cómo era de verdad la vida del esclavo?", "Pero ... ¿y si los muertos hablaran? ... ¿si los esclavos pudieran contarnos su propia versión de lo sucedido?"(Baralt et al. xiii, xvi).[2] Y claro, dentro de la tradición en que se inscribe el proyecto de CEREP, el

---

[2] Esto es un reconocimiento de que la literatura puertorriqueña no cuenta con testimonios como los de, entre otros, Frederick Douglass en los Estados Unidos, Olaudah Equiano en Gran Bretaña, o los de Juan Manzano y Esteban Montejo (facilitado por la escritura de Miguel Barnet) en el caso de Cuba.

paso lógico a seguir es poblar el vacío otorgándole una voz a los protagonistas de la historia de los levantamientos del siglo XIX. Pero ¿qué sucede cuando el que escribe sobre ese vacío es un representante del grupo silenciado y la tradición en la que se inscribe su escritura es el mismo silencio que se quiere llenar? Esta literatura obviamente significaría de otra manera. Su lectura requeriría de un aparato crítico que permitiera explorar las avenidas del silencio, y aun las áreas donde esa escritura fracasa, para interpretarlas como sus signos más elocuentes.

2. HACIA UNA TEORÍA CRÍTICA DE LA ELIPSIS COMO FIGURA TÁCTICA DE LA ESCRITURA AFROPUERTORRIQUEÑA

Un modelo adecuado para el desarrollo de este proyecto se halla en la obra de Michel de Certeau *The Practice of Everyday Life*. La teoría de éste, como bien se sabe, es alternativa y a la vez complementaria de la de Michel Foucault. Es decir, de Certeau reconoce la microfísica del poder, al igual que su omnipresencia, pero su enfoque, en vez de privilegiar el aparato productivo de disciplinas, expone cómo a través de prácticas rutinarias se activa una resistencia que evita que los sujetos y la sociedad sean reducidos unilateralmente por los dispositivos disciplinarios del poder. Se trata de una teoría que privilegia la táctica sobre la estrategia (XVIII-XX, 34-39). La táctica se define como el arte del débil y su lugar, como el lugar del otro. Si la estrategia cuenta con un espacio propio, el de un poder instituido, la táctica, que no dispone de éste, depende más del tiempo y la ocasión. Apoyándose en el tratado de guerra de Clausewitz (*On War*), de Certeau expone:

> Power is bound by its very visibility. In contrast, trickery is possible for the weak, and often it is his only possibility, as a "last resort": "The weaker the forces at the disposition of the strategist, the more the strategist will be able to use deception." I translate: the more the strategy is transformed into tactics. (37)

Si bien de Certeau diseña su teoría con arreglo a una gran variedad de prácticas de la cultura popular que tienen un carácter táctico, el acercamiento a éstas se origina con sus estudios sobre la enunciación y la resistencia que articulan ciertos textos. Su punto de partida se encuentra en los análisis del enunciado como *performance* de J. L. Austin, en la semiótica de la manipulación de A. J. Greimas y en la semiología de la escuela de Praga (19). De Certeau también halla apoyo en *La morfología del cuento* de Vladimir Propp, quien ya había expuesto que las unidades elementales del cuento (*folktale*, en inglés) no eran meras unidades de significado, sino operativos tácticos relativos a situaciones conflictivas. Siguiendo a Propp, de Certeau designa al cuento popular como discurso estratégico del pueblo, puntualizando el valor que tienen en el género los juegos de simulación y disimulación. Además, opone su discurso al de la historia porque, en vez de privilegiar un recuento del pasado que confirme la ley histórica del estado de las cosas y su legitimación dogmática, lo que el cuento hace es proveer un repertorio de tácticas para el futuro (23).

La revalidación del cuento popular que hace de Certeau ciertamente es útil para formalizar los estudios de la literatura de la diáspora africana, especialmente la de aquellos textos que de alguna forma están emparentados con la tradición oral de la diáspora y sus narrativas vernáculas. Un área de su análisis que nos interesa subrayar es la que presenta las figuras estilísticas como zonas de manipulación de los sistemas del lenguaje y del orden establecido. "Museos vivientes de tácticas", llama él a los tropos que inscriben en el discurso popular subterfugios, elipsis, desplazamientos y otros procedimientos que regularmente la razón científica ha excluido de la lógica operacional que establece el significado "correcto" (23-24).

La mención que hace de Certeau de la elipsis en el contexto de esta teoría de resistencia ya de por sí suscita un interés especial, pues es posible que esta figura provea el mejor acceso al entendimiento de las dinámicas del discurso sobre raza y negritud en Puerto Rico. Habría que partir del hecho de que en la definición del recurso mismo ya se encuentra el drama de lo oficial frente a lo clandestino. Los diccionarios más autorizados de la lengua española definen la elipsis como la "supresión en la construcción de algún elemento sin que quede afectada la claridad del sentido".[3] Al igual que los principales diccionarios de otras lenguas modernas, estos no dejan abierta la posibilidad de que la supresión pueda alterar la claridad o el sentido del enunciado.[4] Aunque algunos diccionarios del español indican como antecedente de elipsis la palabra *"eclipsis"*, con su definición despojan a la figura de la capacidad de "ocultación" que, por otro lado, le reconocen al concepto de eclipse. Más aún, la definición en español se sitúa primordialmente en el ámbito de la oración. No toma en cuenta otros casos más radicales de elipsis donde, con puntos suspensivos u otros signos, se eliminan oraciones, párrafos y páginas, y donde inevitablemente, de una manera u otra, se afecta el sentido. La definición de María

---

[3] "Elipsis" en el *Diccionario de uso del español* de María Moliner, 1989 ed. La definición del *Diccionario de la Real Academia de la Lengua Española* (2001 ed.) es consistente con ésta: "Figura de construcción, que consiste en omitir en la oración una o más palabras, necesarias para la recta construcción gramatical, pero no para que resulte claro el sentido".

[4] Como ejemplo, en el idioma inglés, ver "Ellipsis" en *American Heritage Dictionary of the English Language*, 2000 ed.; *Merriam-Webster's Collegiate Dictionary*, 1998 ed.; *The New Oxford American Dictionary*, 2001 ed.

Moliner es digna de ser citada por el lenguaje legal-correccional que asume y porque se mantiene firmemente apegada a un criterio sintáctico (la ley de la gramática en oposición a la libertad estilística). En ésta, la elipsis llega a tener connotaciones delictivas ya que es un acto que "se comete", y que por lo tanto se regula con un código de uso: las "que no son admisibles", las que "no sólo son permitidas, sino obligadas", las que son, "si no obligada[s], recomendable[s]", etc.[5]

En la mayoría de los diccionarios examinados es obvio que las autoridades del español pierden de vista el poder clandestino de la elipsis cuando optan por fijar su significado utilizando criterios puramente lingüísticos sin considerar que es en el enunciado concreto donde las reservas de la lengua adquieren su carácter dirigido real. Esto último lo elabora M. M. Bajtín, quien, en *Estética de la creación verbal*, especifica que "la expresión de este carácter dirigido nunca puede ser agotada por estos recursos lingüísticos (gramaticales) especiales" (290). Puesto en otros términos, se trata de un problema ya familiar que consiste en privilegiar el eje horizontal o sintagmático sobre el vertical de la metonimia, cuestión elucidada también por Jacques Lacan en *Ecrits*. De acuerdo con Lacan, la anulación de lo vertical es la cancelación de toda una red de contextos relevantes efectuada durante la igualación del significante con el significado en un afán por adjudicarle a este último un sentido único (154).

A nuestro modo de ver, un entendimiento más productivo del concepto de elipsis supondría, entre otras cosas, la exploración de relaciones más complejas que, aunque se originen en el terreno de la gramática, se extiendan a otros campos del saber para informarse con sus modelos. Así, partiendo del concepto y del signo de los puntos suspensivos presentes en algunas elipsis, se puede reconocer que la figura no implica únicamente "suprimir" ("hacer que algo deje de existir"), sino también "suspender". De las acepciones que da Moliner para este último término, "colgar" e "izar" no están lejos de "dejar en el aire", y por ende, de la interrogación (¿?). Otra acepción, "embelesar", que a su vez se define como "producir una cosa en alguien tal admiración o asombro que queda momentáneamente olvidado de todo lo demás", puede conducir al ámbito de la astronomía y la astrología, donde aparece el concepto de eclipse (y eclipsar) que, como ya se vio, mantiene un vínculo con "elipsis" a través del vocablo "*eclipsis*". Ya aquí, al final de esta trayectoria y en su

---

[5] De los diccionarios consultados, el único que abre un ángulo distinto es el *Diccionario crítico etimológico castellano e hispánico* de J. Corominas, 1991 ed. La definición de elipsis en éste es de sumo interés porque revela que en su raíz griega la palabra significa "insuficiencia" y, ascendentemente, "'descuidar, dejar a un lado', derivado de 'dejar'". Es decir que en su origen el concepto sí parecía suponer la pérdida de algo significativo como resultado de la supresión.

relación con el fenómeno cósmico (la analogía se da a partir de la imagen del astrónomo y el astrólogo interrogando al cielo bajo "distintos" presupuestos), la táctica estilística encuentra su verdadero poder de connotación en la zona oscura y misteriosa del enunciado privilegiada por algunos de los discursos subalternos justamente por ser un área inaccesible, invisible o desconocida por la inteligencia del poder.

De hecho, ahora el entendimiento de la elipsis corresponde con el de la elipse, esa otra figura, en este caso geométrica, que también tiene una historia proscrita y de suspenso (¿?: obsérvese la coincidencia icónica). No hay que olvidar la censura —y autocensura— de la que fuera objeto Kepler cuando introduce su teoría de la órbita de los planetas fundada en esta forma que, desde Platón, la tradición idealista había considerado como una degradación residual del círculo.[6] Es a partir de la astronomía de Kepler que el escritor cubano Severo Sarduy postula su teoría de la elipse como concepto clave para elucidar el arte del barroco. Efectivamente, en Sarduy la elipsis y la elipse ya están identificadas. Es decir, la elipsis es la *retombée* de la elipse. Dilatación longitudinal del círculo, la elipse se dibuja con arreglo a dos centros, uno luminoso y otro ennegrecido; "ocultación teatral de un término en beneficio de otro que recibe luz abruptamente", la elipsis actúa a su imagen y semejanza (*Barroco* 67):

> La elipsis, en la retórica barroca, se identifica con la mecánica del oscurecimiento, repudio de un significante que se expulsa del universo simbólico. Esta ocultación, en la poesía gongorina, como es sabido, no es fortuita; corresponde, como en todo discurso organizado, a leyes inflexibles aunque informuladas: desaparece "lo feo, lo incómodo, lo desagradable" mediante un "hábil escamoteo" que permite huir "el nombre grosero y el horrendo pormenor". (*Barroco* 70)

En lo tocante a toda esta discusión lo que no se puede perder de vista es el carácter teatral de la figura estilística. Si en la elipsis del barroco está presente el sacrificio expiatorio que René Girard estudia desde una óptica antropológica (*El chivo*) y que Jacques Derrida lleva al terreno del lenguaje (*Dissemination*), en ella se halla también la actuación dramática de dicho sacrificio. Entendida así, la elipsis viene a ser una representación espectacular de sí misma: desde el despliegue de luz y sombra, de superficie y vacío, lo que el enunciado elíptico dramatiza es la represión

---

[6] Entre los consultados, el *Diccionario crítico etimológico* de Corominas es también el único que subraya la relación, por lo menos de índole gráfica, que mantiene el término "elipse" con "elipsis": "Duplicado de la misma palabra es *elipse*, como nombre de una figura geométrica".

impuesta por la ley en los signos y en la sociedad como tal.⁷ Por eso los artistas del barroco latinoamericano han tenido la posibilidad de pensarse dirigiendo una contraconquista hacia España, gracias a la capacidad de reapropiación que le otorgan a su arte procedimientos de este tipo.⁸ Desde luego, en el contexto del neobarroco latinoamericano, la elipsis ya es una figura de una complejidad superior. Expresión de una cosmología nueva, la elipsis más radical del neobarroco se articula como una proliferación que signa la ruptura de la homogeneidad del logos y la carencia como fundamento epistémico del sujeto (Sarduy, *Barroco* 100, 103 y "Barroco y neobarroco" 167-81).

3. LA GRAMÁTICA Y LA SUPRESIÓN DE LA DIFERENCIA EN EL MODELO HISPÁNICO DE INTEGRACIÓN

Tanto la literatura puertorriqueña como su canon se constituyen a tono con la gramática de la lengua española.⁹ Como en el caso de ésta, se trata de instituciones

---

7   El espectáculo de la elipsis sería la otra cara del paisaje deslumbrante del barroco representado –por ejemplo– por el despliegue visual y omnipresente de la ciudad barroca del siglo XVII minuciosamente trazado por Merrim en "Spectacular Cityscapes". Oximorónica parecería la imagen, pero no lo es tanto si se piensa que muchos de los espectáculos más significativos se basan en el apagamiento y la desaparición. Así sucede en la taumaturgia y en los actos de circo, y también en la astronomía, otro ámbito en el que la ausencia y la ocultación a menudo resultan más asombrosos que la presencia. Piénsese en los eclipses o los agujeros negros. Ver, por ejemplo, el artículo de Bunn.
8   Lezama Lima epitomiza este concepto suscrito por estudiosos y artistas interesados en la diferencia americana (Montero 229-37). Merrim nos ofrece un compendio del tema con algunos de los nombres más importantes que se suman a la posición del escritor cubano (31-32).
9   Como se sabe, al canon puertorriqueño lo instituyen los intelectuales criollos de la generación del 30 interesados en afianzar los vínculos con España y la civilización occidental. Para ellos, un modelo principal viene a ser el bien conocido canon establecido por Marcelino Menéndez Pelayo con su *Historia de la poesía hispano-americana*. El gesto de Menéndez Pelayo se basaba en una reactivación de la concepción imperial de la lengua española de Nebrija, bien lo ha visto Díaz Quiñones, quien además ha destacado cómo la producción cultural puertorriqueña se queda fuera de la *Historia* por no conformarse a las normas estrictas de dicho concepto ("1898"). La confección del canon de las letras puertorriqueñas en un momento de intenso intercambio cultural con una intelectualidad española puede verse como un esfuerzo por depurar la literatura nacional de sus elementos disonantes para reclamar un lugar dentro de la hispanidad mediante la promoción de aquellas obras que étnica y lingüísticamente se hallan más próximas a ese centro ideal.

que se saben exclusivas pero que se suponen íntegras. Al igual que en la definición oficial de la elipsis, en ellas también impera la asunción de que lo que se suprime es residual y por lo tanto desechable, pérdida inconsecuente al fin. Sin embargo, en la exclusión de la perspectiva afropuertorriqueña de la institución literaria, la gramática no es un simple modelo de imitación, sino un criterio fundamental de la discriminación misma. Basta recordar que, a partir del siglo XVI, la gramática de Nebrija se convierte en el instrumento oficial que el imperio español utiliza para demarcar los límites de la ciudadanía.[10] En Hispanoamérica, la imposición del español como norma de integración, con la subsiguiente censura del tema de la diferencia aplicada a los aspirantes a la hispanidad, viene a ser un impedimento para el desarrollo de una literatura promotora de otras identidades.[11] En la situación particular de Puerto Rico, la voz negra aparece frecuentemente codificada en la literatura y en otros medios como una zona defectuosa del idioma. El negro es aquél que no sabe decir y en otras instancias, aquél que no sabe qué decir.[12]

---

[10] Con el proyecto hispánico de blanqueamiento, las autoridades no sólo presuponen un proceso de integración de grupos ubicados al margen de la hispanidad, también asumen, como el mismo Nebrija lo expresa, que ciertos grupos nunca lograrán acceder del todo a la ciudadanía: "Mas, aun que las bozes sean al ombre connaturales, algunas lenguas tienen ciertas bozes que los ombres de otra nación, ni aún por tormento no pueden pronunciar" (111). También remitimos al lector al ya citado estudio que hace Piedra sobre las repercusiones que tiene en las relaciones raciales en América la gramática de Nebrija.

[11] Dentro de una racionalidad ilustrada, en el siglo XIX la *Gramática* de Andrés Bello supone la misma funcionalidad que la de Nebrija pero ya en lo que toca al mantenimiento de la integridad de los estados nacionales, lo cual es significativo si se toma en cuenta el interés de Bello en conservar los vínculos con el modelo cultural español. Sobre este tema apunta Ramos: "En Bello, la lengua nacional [...] traza el mapa donde se escriben los límites y las jerarquías del territorio estatal, donde la entonación de la 'barbarie' idealmente sería dominada por el rigor de la ley. En esa lengua purificada, racionalizada y administrada por la gramática, los sujetos se moverían en el espacio de la ley, sometidos a la estructura de la sociabilidad instituida por el orden de la letra y el poder de los letrados" (49).

[12] Históricamente, la estigmatización de la forma de hablar de la persona negra ha servido de base para su marginación. La representación de esta voz en la literatura, la prensa, la radio, la televisión y las campañas publicitarias, frecuentemente ha dado lugar a su demarcación como una zona defectuosa del idioma y del conocimiento. El libro de Rivero lo prueba en lo concerniente a los negros en la televisión. Aun así, no contamos con un estudio riguroso sobre los efectos que tienen en la autoestima, la configuración de la conciencia y la identidad de la gente negra los personajes de los medios masivos que representan y parodian la imagen y el hablar de los negros.

En la historia moderna occidental, la institución de la letra ha sido siempre clave para los africanos y sus descendientes en los procesos de liberación y de adquisición de igualdad. Desde el siglo XVIII, la voz y, sobre todo, la escritura han sido valoradas como signos visibles de la capacidad de razonamiento. Para el pensamiento europeo ilustrado era precisamente la razón lo que delimitaba y certificaba tanto el genio como la condición humana de este grupo racial. A partir de ese momento, la expresión de una voz auténticamente negra, una voz que liberara a la raza del silencio discursivo que el europeo citaba como prueba de ausencia de humanidad, se convierte en instrumento clave de transformación para este sujeto subordinado (Gates, "Editor's Introduction" 3-15). Pero mientras en otros lugares del *black Atlantic* la retórica de la Ilustración se argumenta con una abundancia de autobiografías negras –éste fue un impulso primario– en Hispanoamérica, donde estas concepciones europeas se compaginan con los efectos de un proyecto hispano de blanqueamiento literario, los escritores negros se tienden a mantener al margen de los temas de su identidad. En ese sentido, los escritores afropuertorriqueños y afrohispanoamericanos se vinculan a los intelectuales del *black Atlantic* de una manera muy particular: como los africanos y otros miembros de la diáspora africana, han tenido que responder a la exigencia de la letra para certificar su humanidad e inteligencia, y como afrohispanoamericanos, se han visto forzados a ceder el ejercicio de su propia representación como requisito de admisión a los espacios de una sociedad más amplia.[13]

En el caso de Puerto Rico, no es difícil ver cómo históricamente los requisitos de la lengua han ido mano a mano con el color de la piel y la fisionomía para determinar el discrimen racial y la explotación de la diáspora africana. Desde la exclusión de la casa y de las labores domésticas de la que fuera objeto el esclavo bozal, hasta el prejuicio actual contra los últimos inmigrantes de las Antillas no hispanoparlantes y de la República Dominicana –manifiesto en las diversas facetas de la economía, la vida y la cultura del país– se podrían citar numerosos ejemplos donde, de una forma u otra, la ecuación que postula la defectividad lingüística de la persona de piel negra entra en efecto para justificar su marginación. Uno de los

---

[13] Si de comparaciones se tratara, esta situación es contraria, por ejemplo, a lo que ocurre hoy en los Estados Unidos, donde, para las minorías que no son blancas, casi parece haber un requisito que las confina a representar la voz de su grupo y el discurso de la diferencia. Sus incursiones en temas universales siguen siendo consideradas bajo la rúbrica de estudios de minorías, especialmente si esa universalidad está discutida desde la cultura propia. Tanto en los Estados Unidos como en Europa, el dominio de lo universal tiende a ser una parcela del hombre blanco, aunque hoy se sepa que dicha universalidad no es otra cosa que una versión limitada e igualmente local.

lugares donde mejor se ilustra este señalamiento es en la llamada lengua bozal que aparece generalizada en la literatura –también en la música, la radio y la televisión– y que tiene a Fortunato Vizcarrondo como uno de sus principales exponentes. Zenón Cruz ha cuestionado la existencia de un habla de este tipo en Puerto Rico,[14] pero inventada o no, a través de la lengua bozal practicada por un poeta afropuertorriqueño como Vizcarrondo, se puede trazar una economía de la lengua en la cual se identifique el lugar donde la imposición reduccionista de la ley gramatical redunda también en explotación material a través de las exigencias de sus signos lingüísticos. En los poemas de Vizcarrondo, la marca de la imposición se halla en el apóstrofo.[15] Si uno de los fundamentos de la lengua bozal es la elisión –una licencia poética básica que normalmente no exige una indicación gráfica– en su escritura Vizcarrondo, respondiendo a las presiones del español formal, se ve obligado a añadir un signo adicional, el apóstrofo, para señalar la ausencia de algo cuando en realidad no falta nada. Lo que falta, en todo caso, es trabajo adicional forzado que resulta en plusvalía para los oficiales de la lengua que son, a fin de cuentas, los que hacen lucro (en el sentido expuesto por de Certeau) con el valor que adquieren sus regulaciones lingüísticas.

Visto así, el apóstrofo representa el lugar donde se sabotea la estrategia del proyecto de afirmación cultural que asume Vizcarrondo: con él, la escritura hace parodia de sí misma mostrándose como deficiente. Sin embargo, en términos tácticos, la incisión que abre el apóstrofo en el cuerpo de la poesía del escritor negro constituye también el escenario donde se interpreta el drama de la historia. Allí, no sólo se puede ver una recreación de los procesos de blanqueamiento literario fundados con la gramática de Nebrija;[16] se observa también al escritor afropuertorriqueño todavía mal integrado, posicionado entre una escritura oficial y otra que aspira a representar la herencia africana en la voz de Puerto Rico. Con la

---

[14] Esto lo nota Giusti Cordero en "AfroPuerto Rican" 62.
[15] Por ejemplo, "Y a metelo 'entro la caja". En el poema "El baquiné" (Morales 61).
[16] El Capítulo V de la *Gramática* de Nebrija, titulado "Del barbarismo y solecismo", viene a colación aquí porque en él la definición de los conceptos ilustra el espíritu discriminatorio de la gramática: "Barbarismo es vicio no tolerable en una parte de la oración; y llama se barbarismo, por que los griegos llamaron bárbaros a todos los otros, sacando a sí mesmos; a cuia semejança los latinos llamaron bárbaras a todas la otras naciones, sacando a sí mesmos y a los griegos. I por que los peregrinos y estranjeros, que ellos llamaron bárbaros, corrompían su lengua cuando querían hablar en ella, llamaron barbarismo aquel vicio que cometían en una palabra. Nos otros podemos llamar bárbaros a todos los peregrinos de nuestra lengua, sacando a los griegos y latinos, y a los mesmos de nuestra lengua llamaremos bárbaros, si cometen algún vicio en la lengua castellana" (211).

inscripción del apóstrofo como señal de ausencia, la "elisión" pasa a funcionar como una elipsis que signa la opresión de la ley gramatical.

Por supuesto, nada de lo anterior niega que en algunos de los poemas de Vizcarrondo exista una crítica más directa del racismo local o una valoración eficaz de la cultura afropuertorriqueña. Más bien el énfasis adscrito aquí a las resistencias que se articulan en el ámbito de la gramática responde a las direcciones de la propia tradición. Es decir: en vista de que en la historia moderna la suerte de la persona negra se cifra frente a las exigencias de la letra, frecuentemente los escritores del *black Atlantic* han insistido en situar la práctica de la violencia en el cuerpo de la escritura y del enunciado para cuestionar la opresión desde el interior de la escritura misma.[17] En ese sentido, la poesía de Vizcarrondo se inserta, a su modo, dentro de esta tradición. En ella la escritura es una meta-escritura activa con un referente concreto en la historia. La lengua de Vizcarrondo es el lugar de maniobras espectaculares que se inscriben gráficamente en la página, siempre con la capacidad de activarse en otros espacios (plazas de recreo, radio, televisión, escuelas, centros comunales) y, a menudo, con la habilidad de poner en evidencia al lector o a la audiencia haciendo uso de tácticas ambiguas.[18] A fin de cuentas, no sería exagerado afirmar que, en un sentido figurado, la abuela del afamado poema "¿Y tu agüela, a'onde ejtá?" es la lengua africana en su pluralidad: la lengua que fuera suprimida en los siglos de la

---

[17] En el caso de la literatura afroamericana, Gates apunta: "The trope of the Talking Book is the ur-trope of the Anglo-African tradition. [...] In the slave narratives discussed in this chapter, making the white written text speak with a black voice is the initial mode of inscription of the metaphor of the double-voice. [...] The trope of the Talking Book became the first repeated and revised trope of the tradition, the first trope to be Signified upon. The paradox of representing, of containing somehow, the oral tradition within the written, precisely when oral black culture was transforming itself into a written culture, proved to be of sufficient concern for five of the earliest black autobiographers to repeat the same figure of the Talking Book that fails to speak, appropriating the figure accordingly with embellished rhetorical differences" (*Signifying* 131-32).

[18] Además de lo que implica el uso del apóstrofo, el doble juego frente a la norma académica se puede ver en un poema como "¿Y tu agüela, a'onde ejtá?", donde el poeta indistintamente viola y obedece la ley. Por ejemplo, la viola intercambiando la "b" por la "g" y después la obedece con el uso de la diéresis. Siguiendo con el doble juego, en otro lugar, cierto iconicismo salta a la vista en la grafía de "dijijte" por la proliferación de puntos que incrementa la sustitución de la "s" por la "j". En este caso, sugerimos que la proliferación subraya de paso el sentido contestatario del poema ya que dramatiza el dicho "poner los puntos sobre las íes", lo cual significa decirle de frente a otro las verdades que no se quieren oír. Vizcarrondo no sólo pone los puntos sobre las íes sino también sobre las jotas.

colonia española es todavía marginada en el español de Puerto Rico mediante la negación de sus vocablos y temas, sus inflexiones y su pronunciación en general:

> Tu coló te salió blanco
> Y la mejiya rosá;
> Loj labioj loj tiénej finoj...
> ¿Y tu agüela, a'onde ejtá?
> . . . .
> Aquí el que no tiene dinga
> Tiene mandinga...! ja, ja!
> Por eso yo te pregunto
> ¿Y tu agüela, a'onde ejtá?
>
> Ayé mi dijijte negro
> Queriéndome abochojná.
> Mi agüela sale a la sala,
> Y la tuya oculta ejtá. (Morales 56-57)[19]

4. LA ESCRITURA AFROBORICUA Y EL *PERFORMANCE* EXISTENCIAL

A pesar de que la literatura afropuertorriqueña enunciada por un yo poético negro es mínima, en la existente se observan puntos de coincidencia relevantes con la producción de otras áreas del *black Atlantic*. El más evidente sería esa voluntad contestataria de orden estratégico visible, por ejemplo, en algunos poemas de Vizcarrondo y de Ana Irma Rivera Lassén y en la obra de Carmelo Rodríguez Torres. Una postura estratégica análoga a la de ellos también se puede ver en la narrativa de José Luis González y en la de Luis Rafael Sánchez, si bien en estos últimos la contestación está mediada por la tercera persona del relato, lo cual en el contexto puertorriqueño podría implicar cierto distanciamiento de una perspectiva afropuertorriqueña más comprometedora. En todo caso, el rasgo menos evidente que venimos subrayando es el carácter autorreferencial y dramático que figura en la escritura de Vizcarrondo y, más prominentemente, en la de Rodríguez Torres. Se trata de una cualidad que sitúa la práctica escritural de estos creadores en el contexto

---

[19] Ver Morales 56-57. Es bueno recordar que en Cuba, Nicolás Guillén –cuya poesía afroantillana guarda algunos temas y procedimientos en común con la de Vizcarrondo– ha utilizado también los conceptos genealógicos del apellido y del abuelo como sinécdoque para hablar de la pérdida de la voz africana (Barradas, "El otro apellido" 22-23).

más amplio de un arte negro moderno. En *The Black Atlantic*, Gilroy explica lo distintivo de este arte en los siguientes términos:

> In contradistinction to the Enlightenment assumption of a fundamental separation between art and life, these expressive forms reiterate the continuity of art and life. They celebrate grounding of the aesthetic with other dimensions of social life. The particular aesthetic which the continuity of expressive culture preserves derives not from dispassionate and rational evaluation of the artistic object but from an inescapably subjective contemplation of the mimetic functions of artistic performance in the processes of struggles towards emancipation, citizenship, and eventually autonomy. Subjectivity is here connected with rationality in a contingent manner. It may be grounded in communication, but this form of interaction is not an equivalent and idealised exchange between equal citizens who reciprocate their regard for each other in a grammatically unified speech. (57)

En principio, se puede decir que cada gestión escritural afrohispana implica algún grado de *performance* toda vez que en ella se rememora el drama de la mordaza impuesta a la voz de la diferencia.[20] En la literatura afropuertorriqueña esto se hace aún más notable en el teatro que casi siempre monta el libro frente a la crítica. Por ejemplo, en el panorama insular pocas obras han sido recibidas con la aspereza con que fuera recibido *Narciso descubre su trasero* de Zenón Cruz o *El país de cuatro pisos* de González. El primero de estos casos es sumamente iluminador por la manera en que se implica la persona del autor en la obra: por la pasión que pone Zenón Cruz en su trabajo a veces da la impresión de que con él se juega la existencia, lo cual no deja de ser cierto, ya que su tesis es una defensa del lugar que le corresponde al sujeto afropuertorriqueño dentro de la nación. Por otro lado, *Narciso* es un libro tan explícitamente provocador que celebra su atrevimiento prefigurando las reacciones del país en un montaje promocional que copia el estilo de la prensa

---

[20] En un sentido teórico, esta proposición está informada por la filosofía de Austin, quien supone que en ciertas circunstancias algunos enunciados constituyen actos lingüísticos, esto es: que más que transmitir información generan acciones de distintos tipos. A estos actos él los designa *illocutionary* y *perlocutionary*: "I explained the performance of an act in this new and second sense as the performance of an 'illocutionary' act, i.e. performance of an act *in* saying something as opposed to performance of an act *of* saying something [....] Saying something will often, or even normally, produce certain consequential effects upon the feelings, thoughts, or actions of the audience, or of the speaker, or of other persons: and it may be done with the design, intention, or purpose of producing them [....] We shall call the performance of an act of this kind the performance of a 'perlocutionary' act [....]" (133-34).

amarilla, tanto en el diseño de portada como en la hoja de publicidad insertada a modo de apéndice en su primera edición. Por eso, en la segunda edición la función teatral ya está plenamente armada, pues con los nuevos tomos vienen incluidas algunas de las primeras reacciones críticas.[21] Las objeciones que en aquel entonces se le hacen a Zenón Cruz son diversas y van desde los que lo desestiman por acomplejado y esquizofrénico, hasta los que cuestionan el rigor académico de su escritura. De las reproducidas en la segunda edición, reseñas como las de Manuel Maldonado Denis, Enrique A. Laguerre y Efraín Barradas tal vez sean las que mejor representan el veredicto del letrado. Estos se amparan en las exigencias metodológicas de las ciencias positivistas y en divisiones genéricas estrictas para restarle autoridad al autor y efectividad al libro.[22] Como si todo esto fuera poco, finalmente, el *performance* de *Narciso* se "cierra" tras su segunda edición en 1975, pues Zenón Cruz prácticamente desaparece del panorama de la publicación de libros y se dedica a la cátedra.

Para la crítica puertorriqueña, hubiera sido imposible leer *Narciso* ignorando los reclamos de reconocimiento civil y cultural para los negros hechos por Zenón Cruz. Por eso, el impacto de su obra no pasa inadvertido. Sin embargo, como tendencia general, uno descubre que siempre que la literatura afropuertorriqueña le ha brindado al lector la posibilidad de evitar los asuntos raciales presentes en los textos, alguno que otro crítico ha optado por hacerlo. Esto es lo que sucede con el famoso cuento de José Luis González "En el fondo del caño hay un negrito". Una vez más, estamos ante un texto predispuesto para el *performance*, bien lo demuestra la versión musical y semidramática que de él hiciera el grupo de la nueva canción Haciendo Punto en Otro Son. Durante años, en Puerto Rico este relato se leyó haciendo omisión del dato sociológico fundamental que es que quienes viven en el lugar más bajo del arrabal, topográfica y socialmente hablando, son los negros. En ese sentido, el análisis exclusivamente de clase y colonialista que dominó el

---

[21] Que conste, el apéndice sólo es un registro de las reacciones que se publican en periódicos y revistas, las cuales, como es de suponer, fueron las más académicas (la mayoría solidarias con el libro) y las menos virulentas en la crítica. Aún así, el acopio de reseñas le toma el pulso al país lector al documentar ideologías y posturas diversas puestas en evidencia por el libro (*Narciso* 1975, 1: 345-65).

[22] Las opiniones de Barradas y Laguerre de que para que el texto fuera efectivo tenía que decidirse entre ser ciencia o testimonio es opuesta a la percepción del arte de la diáspora africana de Gilroy que acabamos de citar. Mientras Barradas apunta que "se lo concibe como un ser esquizofrénico, escindido entre la erudición del investigador y la violencia del hombre víctima", Laguerre señala, "Sin duda tiene muchos méritos, pero vale más como vehículo de expurgación o catarsis que como modelo de enfoque sociológico" (*Narciso* 1975, 1: 364, 365).

acercamiento al cuento es representativo del tipo de lectura que se privilegió en los salones universitarios durante la década de los setenta y que también afectó la apreciación de la obra de otros intelectuales afrocaribeños como Frantz Fanon y Nicolás Guillén.

Más iluminadores aún que los casos de Zenón Cruz y González resultan los de aquellos autores que articulan un *performance* de la censura de su voz basándose en las cualidades metadiscursivas de la escritura misma. En estos, el montaje teatral de la obra ante la crítica no es necesariamente más obvio que en la de los otros, pero por ser el habla y la escritura el escenario específico donde se origina su cuestionamiento, en ellos la relación con el referente histórico se da de manera más directa. Siguiendo esta línea argumentativa, es interesante ver cómo en la "Reseña literaria" de Carmelo Martínez Acosta al poemario *Dinga y mandinga* de Vizcarrondo se inscribe en el libro para culminar el drama que comienza en la lengua bozal de los poemas. Como sugiere Juan A. Giusti Cordero, el texto de este presunto admirador del poeta es un rechazo de la poesía practicada por Vizcarrondo, basado en una distinción binaria y totalmente estereotipada, entre "poesía negra" y "poesía blanca" ("AfroPuerto Rican" 60). Lo sobresaliente de la reseña es que Martínez Acosta, amparándose en sus prejuicios esencialistas, cierre totalmente las puertas a la viabilidad de una "poesía negra", y todavía más, que termine instando a Vizcarrondo a abandonar del todo su proyecto para que en calidad de poeta blanco pueda acceder a la verdadera belleza, al arte puro y al éxito. Cabe señalar que, como sucede con Zenón Cruz, después de *Dinga y mandinga* Vizcarrondo no parece publicar ninguna otra obra.

Singularmente interesante es también el entretejido de la relación que entabla la crítica con la narrativa de Rodríguez Torres. No en poca medida, el valor ilustrativo del trabajo de este autor con respecto al problema racial de Puerto Rico radica en su capacidad de proyectar las dinámicas conflictivas de la página hacia afuera. Como ya indicamos, esto se hace notable en la manera en que la biografía del autor real se compromete en el afán de un metadiscurso que busca confirmar el sentido de la escritura. Pero se hace evidente además en su cotejo con los procesos de recepción y crítica dentro de la colonia que igualmente le sirven para verificarse. Si se toma en cuenta que Rodríguez Torres es el iniciador de las tendencias de la nueva novela en Puerto Rico y una de las pocas voces que representan la diferencia afropuertorriqueña dentro de la bien celebrada generación de los setenta, entonces resulta intrigante por demás la poca atención que va mostrando la crítica puertorriqueña por su obra. Llama la atención, por ejemplo, que Juan G. Gelpí no mencione al viequense en su comprensivo estudio de los narradores que le disputan la hegemonía a los escritores criollos que componen el canon de la literatura nacional. Más llamativa aún resulta la omisión que hace Giusti Cordero en su valiosa investigación sobre la evolución del discurso cultural afropuertorriqueño a través de sus vertientes negroide y antillanista.

De modo diferente, la lectura que hace María Arrillaga de *La casa y la llama fiera* ejemplifica la postura del crítico que prefiere incidir en Rodríguez Torres sin tocar los problemas raciales planteados en la obra. En su reseña del libro, muy acertada por lo demás, Arrillaga se las arregla para comentar la novela sin notar que su situación básica es una de tensiones raciales. Por supuesto, no se trata de hacer acusaciones personales en contra de Arrillaga, quien de sobra ha probado la integridad de su labor crítica. Después de todo, frente a una obra tan fragmentada, variada en temas y problemáticas y llena de digresiones y ambigüedades, no sería seguro acusar a ningún lector de nada. Precisamente por eso se nos ocurre que la textualidad de Rodríguez Torres es la mejor representación de la complejidad racial de Puerto Rico, porque tanto en el *performance* que se escenifica en su interior como en la extensión de éste más allá de las páginas, los términos de la discusión de la cuestión racial son los mismos que prevalecen en la sociedad. A fin de cuentas, en la isla, el drama cotidiano de lo racial también está hecho de hibridez, de discontinuidades, de fronteras poco definidas en las colindancias con las cuestiones de clase, género, nacionalidad y lengua, y en el ámbito del discurso, de continuos silencios y omisiones.

De la literatura puertorriqueña se puede decir algo similar a lo que ha dicho Toni Morrison de la norteamericana (xii): que independientemente de la raza del autor, el lector virtual de prácticamente toda ella ha sido figurado como una conciencia blanca o, al menos, blanqueada. De qué otra forma podría ser en una colonia donde, hasta hace poco, las pautas legitimadoras de la cultura fueron dictadas por sectores con marcados prejuicios raciales y donde los ciudadanos históricamente han aspirado a presentarse a sí mismos como blancos.[23] Hay que tener en cuenta que en las letras insulares aun los textos más radicales en lo formal en buena medida se encuentran atrapados en la dicotomía del artista vanguardista que presume dos públicos: uno, un lector especialista occidentalizado; el otro, una conciencia popular que en alguna medida debe ser, si no instruida o afectada, al menos, interesada.[24] De más está decir que los autores afropuertorriqueños no

---

[23] Como reporta Pérez, dentro de las categorías raciales ofrecidas en el censo administrado por el gobierno federal de los Estados Unidos en el año 2000, sólo un 8% de los habitantes de Puerto Rico se identificó como "negro" mientras que el 80.5% se definió como "blanco".

[24] A pesar de las rupturas de las últimas décadas, la literatura puertorriqueña no escapa totalmente a las aspiraciones vanguardistas como bien lo sugiere Ortega cuando apunta que: "En la literatura puertorriqueña la dimensión popular adquiere una formulación

escapan a estas determinaciones. En su caso, se puede afirmar inclusive que están demasiado conscientes del problema. Por eso su enunciación siempre va anticipando el escrutinio y la censura a los que han de ser sometidos por esa comunidad que los ha de leer. Así las cosas, en adición al relato convencional, en la literatura afropuertorriqueña producida por escritores negros se detectan dos dramas principales: un primer drama escenificado en el interior de un artista que se sabe censurado de antemano, y un segundo drama que se postula en la confrontación virtual del libro con la crítica. La obra de Zenón Cruz ejemplifica magistralmente la segunda tendencia. Desde esa primera página epigramática (citada en el capítulo anterior) en la que se codifica una interpolación al "blanco" ("¡*Escucha, blanco!*"), su libro monta lo que en argot puertorriqueño se designaría como un verdadero salpafuera.[25] En cambio, los textos de Luis Rafael Sánchez que discutimos en el primer capítulo ofrecen una mejor muestra de la primera tendencia. Claro, a estas alturas sería ingenuo asumir que tales proyecciones son exclusivas de la literatura escrita por negros. Lo que nos interesa consignar aquí, sin embargo, es la importancia medular que tienen estos dramas en las letras afropuertorriqueñas tomando en cuenta el carácter espectacular-existencial que tradicionalmente ha caracterizado el arte de la diáspora africana, justamente por el proceso histórico que marca la producción de la literatura en cuestión.

Si todo lo establecido hasta aquí es cierto, el ejemplo de Puerto Rico confirmaría la tesis de Richard Jackson de que la literatura latinoamericana de temas negros es diferente cuando está escrita por negros (*Black Literature* xv). En dicho caso, también habría que hacerle matizaciones importantes a los comentarios de Efraín Barradas sobre el problema que crea la extinción de las lenguas africanas en los países del Caribe hispano para el desarrollo de sus literaturas ("El otro" 22). Es decir, habría que puntualizar que ese vacío al que él se refiere no aqueja a todos los escritores del Caribe hispano por igual. En la obra de los escritores afropuertorriqueños, que han intentado adelantar un proyecto afrocéntrico o de afirmación de la africanía, la ausencia de una tradición discursiva de filiación africana o afropuertorriqueña –no digamos la falta de la lengua en sí– es un impedimento monumental para sus aspiraciones. Crea, de hecho, en algunos casos un problema profundamente existencial. Debido a que el color de la piel acarrea un simbolismo que determina la diferencia, ningún otro escritor sin el bagaje racial de Zenón Cruz hubiera podido

---

'ilustrada' (racionalista y crítica, positivista y afirmativa) que vale la pena revisar. [...] Esta buena conciencia ilustrada supone que el autor y el lector forman parte de la comunidad bien pensante y que el malestar social es legible gracias a la función crítica de la literatura" (*Luis Rafael Sánchez* 20, 21).

[25] Un salpafuera en el argot isleño es un lío o una reyerta.

articular las propuestas de *Narciso* como lo hace él, con un grito fervoroso, más significativo quizás que el mensaje mismo ya que por violentar la mordaza impuesta desde tiempos de la colonización española necesariamente remite a los procesos en los que se suprimen las voces y se pierden las lenguas. Por esa misma razón, sólo un escritor como Rodríguez Torres hubiera podido plasmar en toda su narrativa, hondamente como lo hace él, la agonía existencial que representa para el escritor negro hablar sin el sustento de esa tradición que se le ha negado.

Quizás la mejor analogía que se pueda establecer sea con la música afroamericana donde el concepto de *blues* designa un sentimiento insondable que puede ser personal, pero que entre los afroamericanos nunca deja de ser ancestral e histórico. Algunos críticos al hablar del *blues* han recurrido a comparaciones con el flamenco, tomando prestados los conceptos de "duende" y "pena honda" para así referirse a cierta franqueza contenida, por ejemplo, en la voz de Billie Holiday y en el sonido de Miles Davis.[26] Kenneth Tynan, en específico, la define como, "the ability to transmit a profoundly felt emotion to an audience of strangers with the minimum of fuss and the maximum of restraint". Para un lector enterado, no habría que decir que tal expresividad se halla también en el sonido exuberante de los oficiantes del *free jazz* asociados con las luchas sociales de los negros en la década de los sesenta, como Charles Mingus, Ornette Coleman, Archie Shepp, Albert Ayler y John Coltrane.[27] Se encuentra además en los jóvenes radicalizados que representan la transición a las siguientes décadas.[28] Afiliándose a la tradición del jazz que ejemplifican Hannibal Peterson y Gil Scott-Heron,[29] pero desde las modalidades

---

[26] Especialmente después de las apreciaciones seminales de Ralph Ellison codificadas en su famosa novela *Invisible Man* (8) y elaboradas posteriormente en su ensayo "Flamenco" (*Living* 96-100).

[27] Sólo para mencionar algunos de los nombres más sobresalientes, ofrecemos dos discos representativos de cada artista: de Charles Mingus, *Blues and Roots*, Atlantic Records, 1960 y *Antibes 60*, Atlantic Jazz Gallery, 1960; de John Coltrane, *Coltrane Plays the Blues*, Atlantic Records, 1962 y *Ascension*, Impulse!, 1965; de Ornette Coleman, *This is Our Music*, Atlantic Records, 1960, *Free Jazz*, Atlantic Records, 1960 y *The Shape of Jazz to Come*, Atlantic Records, 1959; de Albert Ayler, *Spirits Rejoice*, Get Back, 1965 y *Spiritual Unity*, Get Back, 1964; de Archie Shepp, *Four for Trane*, Impulse!, 1964 y *Fire Music*, Impulse!, 1965.

[28] Buenos representantes de la transición a los setenta son Pharoah Sanders, Archie Shepp, Rasha Roland Kirk, John Carter, Cecil McBee y Leo Smith; sólo por dar algunos nombres.

[29] Desde 1970, Gil Scott-Heron representa la expresión más rica de la poesía política negra en el jazz y un anticipo de lo que sería el *rap*. De la "ola del 75" sale Marvin "Hannibal" Peterson, cuyos proyectos musicales intentan compendiar la totalidad de la épica de la diáspora africana, canibalizando los diferentes géneros musicales que han

del *rap* y del *hip-hop*, el teórico Cornel West, quien se define a sí mismo como un exponente del *blues*, graba en el 2001 un disco que enseña la raigambre de la música afroamericana a la vez que nos recuerda que el *performance* del *blues* también es inherente al mejor pensamiento intelectual negro (*Sketches*).[30]

De forma análoga, habría que insistir en que, en su fondo emotivo y espiritual, la escritura de Zenón Cruz y la de Rodríguez Torres se nutren de la misma experiencia, aunque una sea explosiva y la otra implosiva.[31] Y lo mismo con las reflexiones de los otros afropuertorriqueños que asumen la negritud en su discurso: en todas ellas, instaurado en la unidad del contenido con el tono, se detecta el signo de la misma carencia como fuente de creación. En Luis Rafael Sánchez, ese signo es perceptible en la articulación de sus cuadros de madres con niños, los cuales arma y rearma en una especie de ritual cíclico. Para qué recordar que con el Inca Garcilaso la literatura latinoamericana instituye la metáfora de la lactancia materna para significar la filiación a la lengua y la cultura de los antepasados, o que la misma diáspora africana ha recurrido con regularidad a imágenes similares a la hora de afirmar sus lazos con el continente negro.[32] Precisamente, la añoranza de ese vínculo, sesgada

---

resultado de ésta. Como ejemplo del primero, se puede ver *Small Talk at 125th and Lenox*, Flying Duthman, 1970; y del segundo, *Angels of Atlanta*, ENJA, 1981, y la monumental pieza *African Portraits*, TLD Records, 1996 (estrenada en 1990). De los jazzistas latinoamericanos, el panameño Danilo Pérez también ha grabado un disco que representa una empresa similar a la de Peterson, titulado *The Journey*, RCA Records, 1994.

[30] Decimos "nos recuerda" porque esto último ya lo había demostrado, quizás mejor que nadie, Ralph Ellison con su crítica de la novela de Richard Wright, *Black Boy*, en "Richard Wright's Blues" (*Living* 101-19).

[31] No por casualidad en su reseña a *Narciso*, Rodríguez Torres aplaudió la publicación del libro utilizando su propia experiencia para, simbióticamente, identificarse con Zenón Cruz y a la vez sustentarlo: "Leyendo este libro voy atrás, a ese pasado remoto, lleno de injusticias y malos tratos, de los primeros años escolares, tal vez quince o veinte años atrás, donde profesores y discípulos nos señalaban como a los 'negritos de la perlina' (que a la sazón era la portada de una caja de detergente). Por eso pienso que el lector blanco que no ha sufrido en carne viva (como yo) los tales prejuicios, dirán [sic] que el libro es uno exaltado con unas preocupaciones muy personales y con exposiciones difíciles de creer" (*Narciso* 1975, 1: 355).

[32] La cantante sudafricana Miriam Makeba, conocida como Mama África, personifica esta metáfora en la que se unen la maternidad, la voz y la cultura de los antepasados. Makeba emerge en la década de los sesenta como la primera cantante africana de fama internacional, manteniendo su popularidad a través de las décadas. Para la diáspora africana en particular, su voz representa un enlace primordial con el continente y las voces de sus ancestros. Se le identifica también con la experiencia del exilio ya que por tres décadas Makeba tuvo que vivir fuera de África del Sur sin poder exponerse a la gente de su propio país.

más hacia la fijación de una genealogía intelectual, dicta las pautas escriturales y anímicas de algunos de los pasajes más interesantes de las obras de Barbosa y Marie Ramos Rosado; esto ya lo hemos visto. Aun en la poesía de un autor más joven como Israel Ruiz Cumba uno puede presenciar el extrañamiento de la voz perdida exactamente en el lugar donde la oralidad puertorriqueña dice precariamente y con incertidumbre la historia de la opresión racial, aunque luego esa misma incertidumbre sea un vehículo para figurar la exaltación del sujeto oprimido al centro de la nacionalidad:

> La Patria bien podría ser una camisa negra
> puesta a secar al sol durante siglos,
> por aquello de que algunos muertos se repiten,
> hacen lo propio
> mientras se pueda.
>
> Una camisa negra de olvido no es posible.
> Pero sí la noche de una camisa y su habitante.
>
> La patria podría ser, fácilmente, un negro sin camisa bajo el sol.
> Vestían pantalón blanco, dicen.
>
> Eso fue antes de la tinta que saben fabricar las balas.
>
> Rezaban antes de entrar en combate, eso dicen ("La patria"64).[33]

Los dramas textuales de la oralidad, ha dicho Julio Ortega, han sido desde siempre un fundamento vital de la literatura puertorriqueña y una opción de la marginalidad contraria al lenguaje de la autoridad (*Luis Rafael Sánchez* 11, 15-17).[34]

---

[33] La voz poética encuentra en el cuerpo del esclavo negro (pantalón blanco sin camisa), recuperado a través de una memoria oral, una inscripción primaria de los colores del uniforme del Partido Nacionalista Puertorriqueño (camisa negra con pantalón blanco). Lo mismo ocurre con el terror, con el rezar antes del combate y con los muertos: "se repiten". Pero las analogías se tornan en antítesis cuando esa memoria algo incierta del negro inscribe en el poema una patria anterior, un tanto opuesta a la promovida por el nacionalismo de marca pequeño burguesa e hispanófila.

[34] Esta afirmación nos parece válida aun cuando Lugo-Ortiz ha demostrado que la oralidad es también un vehículo mediante el cual en las márgenes se crean otredades que a su vez son discriminadas. No hay que olvidar que hasta mediados del siglo XX Puerto Rico fue un país aquejado por altas tasas de analfabetismo que marginaron –en distintos sectores– al grueso de la población. Tampoco se debe olvidar que el español

Cómo iba entonces la literatura afropuertorriqueña, sin disponer de una voz propia, a sumarse a esos teatros literarios de la voz sino a través del montaje de espectáculos elípticos en los enunciados que se expresan en la lengua y en el habla común entre los puertorriqueños. Esto se hace mucho más lógico si se toma en cuenta la inmensa importancia que tuvo y sigue teniendo la tradición vernácula en el florecimiento del arte y del pensamiento de la diáspora africana de otros países durante los siglos XIX, XX y XXI (Gates, *Signifying* 131-32). Incluso en esos lugares donde la oralización de la experiencia negra ha sido extremadamente fuerte, las operaciones elípticas siguen siendo un recurso clave en la codificación de los temas bajo censura. Todavía en el ánimo de la analogía con la música afroamericana, y ya para cerrar esta discusión, vale la pena citar la epifanía que transformó el *blues* de Willie King en una protesta social directa a tono con su tiempo. Según el relato de King, por veinticinco años él había estado cantando el *blues* sin entenderlo propiamente hasta que Albert "Brook" Duck, un viejo bluesista de Mississippi, le reveló uno de sus códigos secretos:

> He the one that told me. Said, "You really had to talk about the woman. But you're talkin' about the boss man all the time, how he treatin' you." [...] "The old blues players, they used to use the woman just to try to get a message out on the boss man. That's the way they protested but they had to go through the woman. 'Cause back then you just couldn't come out and say, 'Well, my boss man treat me mean,' not way back there. No. Man, no, they wasn't gonna allow that. 'Cause somebody'd a' been hung or dead or killed quick back then, around here, I know for a fact (citado en O'Neal).[35]

5. TEORÍA Y PRÁCTICA DE LA SIGNIFICACIÓN EN EL CARIBE HISPANO: LOS CUENTOS NEGROS DE LYDIA CABRERA Y ANA LYDIA VEGA

Resulta significativo que en varios pasajes de *The Practice of Everyday Life* de Certeau utilice los conceptos de táctica y ardid (*trickery* en la traducción al inglés) como sinónimos. No es ningún secreto que en las culturas fon y yoruba (Nigeria, Brasil, el Caribe, Estados Unidos) la figura del tramposo (en inglés, *trickster*) corresponde con la de Echú. La inmensa importancia adscrita a esta deidad en la

---

de los puertorriqueños ha sido siempre una especie de disonancia lingüística para las autoridades de la lengua.

[35] Con Duck, King reduce el *blues* a un solo código a expensas de la mujer negra. No toma en cuenta la voz y códigos de esta exponente principal cuya experiencia es también determinante en la emergencia del género musical. Pese a esta parcialidad, el testimonio del bluesista prueba lo arriba señalado.

cultura y el arte de estas comunidades ha quedado demostrada en la obra de Henry Louis Gates, *The Signifying Monkey*. En dicho texto, Gates discute la existencia en el arte de la diáspora africana de una poética de la significación de extracción africana fundada en las figuras de Echú y de su socio, el Signifying Monkey:

> The figures of writing that are so very fundamental to Ifa signify Esu's place in the system. As promiscuous as divinely possible, Esu as copulating copula signifies "promiscuous exchange (or writing)." Esu bears a relation to the oral language of Ifa similar to that which rhetoric bears to ordinary speech. Esu is the free play or element of undecidability within the Ifa textual universe; Esu endlessly displaces meaning, deferring it by the play of signification. Esu is this element of displacement and deferral, as well as its sign. He is "a deceiving shadow," true to the trickster, "which falls between intent and meaning, between utterance and understanding." What Saussure says of language is true of Esu: he is a "differential network of meaning." Esu's answers or interpretations of Ifa's mediated riddles (riddled riddles, a second-order riddle, the doubled riddle) not only fail to resolve the "puzzles and perplexities" of Ifa's figurative discourse, but he delights in inscribing those in his cryptic responses. He is the primal figure in a truly black hermeneutic tradition; his opposites are identical, as R.P. Blackmun wrote of analogy. Esu is analogy, but also every other figure, for he is the trope of tropes, the figure of the figure. Esu is meta-discourse, the writing of the speech act of Ifa. (42)

Desde luego, la significación es un principio del lenguaje y no una parcela privativa de un grupo en particular. Como si esto requiriera alguna prueba, se nos viene a la mente la *Respuesta a Sor Filotea* de Sor Juana Inés de la Cruz según la exégesis de Josefina Ludmer contenida en "Las tretas del débil": que no es otra cosa que un despliegue elíptico de significación para legitimar el valor del "no decir", y a partir de esa artimaña discursiva, lograr una reorganización táctica del campo del saber. En todo caso, Gates no tiene problemas en reconocer la universalidad de la significación: lo que sí le interesa puntualizar es que, en su situación, los negros han hecho de este principio una verdadera poética, inventando sus rituales y dándole su nombre (90). Si bien el trabajo de Gates gira primordialmente hacia la producción cultural afroamericana, una de sus conexiones más cruciales, la exposición del vínculo entre Echú y Moedum (el *Signifing Monkey*), se establece a través de la mitología afrocubana (15). Con esa finalidad, las investigaciones de Lydia Cabrera son citadas como fuente principal, lo cual demuestra que si uno se propusiera desarrollar una tesis similar a la suya en el Caribe, los cuentos de Cabrera serían un comienzo lógico.

En la tradición vernácula del Caribe, la figuración del tramposo es sumamente variada. En los *Cuentos negros de Cuba* publicados por Cabrera, ésta, a menudo, corresponde al personaje de la Hicotea, cosa que tiene mucho sentido ya que en algunas tradiciones africanas la tortuga es vista como el prototipo de la antigüedad, la astucia y la sabiduría.[36]

Algunos de los cuentos de Cabrera iluminan muy bien nuestra discusión porque demuestran que las tácticas retóricas que venimos discutiendo en este capítulo son inherentes a la tradición vernácula afrocaribeña. Nos referimos específicamente al montaje, deliberado o no, de *performance*s en o a partir del enunciado y al uso elíptico del silencio como matriz del aparato retórico. Varias de sus ficciones son verdaderas fabulaciones sobre la significación o, si se quiere, meta-significaciones. En cuentos como "El caballo de Hicotea" y "Obbara miente y no miente", la realidad se construye en el enunciado a partir de una desestabilización del significado.[37]

El primero de estos relatos comienza cuando la Comadre Hicotea responde al saludo del Compadre Caballo Blanco con la frase "Caballo-es-mi-caballo" y luego va y le repite lo mismo al rey. El enunciado es problemático porque en la jerarquía animal occidental no se supone que el caballo esté subordinado a la tortuga. Si Caballo no sabe cómo interpretar la frase, el rey sí la toma literalmente forzando a Caballo a clarificar las cosas. Cuando Caballo va a buscar a Hicotea para que se presente ante el rey a corregir lo que le ha dicho, ella finge estar muy enferma. Entonces, Caballo le dice que se monte en su grupa para llevarla y, respondiendo a las previsiones inventadas por ella, se pone montura, freno y bridas, a la vez que le entrega un látigo a su jinete. Por eso, cuando el rey ve a Hicotea montada sobre Caballo la toma por su legítima dueña. La humillación de Caballo da lugar a una carrera desenfrenada y a su caída en un abismo. De ahí nace la leyenda caribeña del Caballo Blanco "que aún huye, muerto [....] por el sueño desierto de las estrellas" (149).[38]

---

[36] Ladysmith Black Mambazo ilustra esta tradición en su disco *Gift of the Turtoise: A Musical Journey through Southern Africa*, Music for Little People, 1994. No obstante, hay que advertir que los *Cuentos negros* no provienen exclusivamente de la tradición yoruba, bien lo advierte Fernando Ortiz en el prólogo al libro (10). Según la *Relación* de Ramón Pané, en la mitología taína la tortuga también ocupa un lugar especial (31, 79). Así que, siguiendo la óptica de Benítez Rojo (*La isla*), la tortuga sería un símbolo supersincrético.

[37] El segundo de estos cuentos se encuentra en *Por qué... cuentos negros de Cuba*.

[38] Esta leyenda caribeña ha de ser un tópico recurrente en el torbellino de fragmentos de historias populares que circulan por las novelas de Rodríguez Torres. En el caso del autor viequense, la leyenda del Caballo Blanco parece estar mixturada con una visión

"Obbara miente y no miente" es un cuento aún más revelador porque en éste el relato coincide con el mito de Echú. Obbara parece ser, en efecto, una figuración desdoblada de Echú, quien en la tradición yoruba corresponde con Echú-Elegbara (en Nigeria), Elegba (Legba, en Haití) o Eleguá.[39] Su identidad está bien delineada en el texto. Desde antes de la anécdota, él ya es portador de la distinción que se le ha de conceder, más bien lo que ha de hacer es oficializarla:

> Decían que Obbara mentía.
> Su palabra era tenida por engañosa; mas cada palabra de Obbara escondía una verdad profunda.
> Si Obbara mentía no dejaba, sin embargo, de expresar algo verdadero.
> Difícil de interpretar el lenguaje de Obbara, veraz y falacioso a un mismo tiempo. Se dio en llamarle embustero: en no ir hasta el fin de su palabra por temor a extraviarse en un infinito laberinto de ilusión y realidad. (53)

Lo que la historia refiere es cómo Obbara derrota a los orishas en el juego de la "verdad" y la "mentira" a través de un ardid de significación. Al final de un gran banquete que Obbara les ha ofrecido a los orishas, el anfitrión emite una declaración que irrita a los agasajados: "¡Ni yo ni mi mujer hemos comido!" (54). Para los orishas se trataba de un embuste más de Obbara, así que van donde Olofi, el padre de los santos, y lo denuncian por mentiroso. Para ponerlos a prueba, Olofi les dice que en tres días comparezcan todos ante su presencia. Obbara tarda en llegar, lo cual los otros se apresuran a citar como evidencia de su culpabilidad, pero el atraso se debe al cumplimiento de Obbara con el ebó, un ritual de oración y de purificación del cuerpo y la ropa. Durante la sesión, Olofi se limita a entregarles a todos una calabaza de un tamaño correspondiente con el rango de cada uno, tocándole a Obbara la más pequeña. Los orishas retornan a sus moradas indignados con la actitud nada severa de Olofi y por el camino botan las calabazas. Obbara no sólo guarda la suya sino que también recoge las de los otros y cuida con celo el oro que encuentra dentro de los frutos. Cuando Olofi los vuelve a llamar, ninguno de los

---

algo onírica de la geografía de Cayo Blanco, un lugar muy conocido de Vieques, descrito por Pastor Ruiz, con su "faro de Punta Mulas, blanco con su cúpula negra" (13-21).

[39] Aunque en esta historia Eleguá aparece con los otros orishas cuando están frente a Olofi por segunda vez —capciosamente, aparece acusando a Obbara pero a la vez acentuando sus rasgos más sobresalientes— lo cierto es que mantiene una estrecha relación de dobles miméticos con Obbara. Ambos ocupan el menor de los rangos, son tramposos, hablan maliciosa o engañosamente, se entienden con la divinidad mayor y abren y cierran las puertas del significado para potenciar el lenguaje.

orishas puede darle cuenta del regalo que se les había otorgado. Obbara, en cambio, muestra su calabaza y le dice a Olofi del oro que su esposa descubrió en las otras que él había recogido. Con la sentencia final de Olofi se instaura el mito; lo que Olofi le confiere a Obbara es el dominio del reino de lo figurado y del proceso de interpretación: "'Tuyo es el oro escondido', –dijo Olofi–. '¡Verdad cuanto hable tu lengua mentirosa!'" (56).

Contrario a la significación basada en un derroche de verbosidad que describe Gates en los cuentos afroamericanos del *Signifying Monkey*, en los de Cabrera la significación a menudo está basada en un decir económico.[40] Obbara, por ejemplo, se limita a hacer una declaración breve que pone en marcha su teatro de títeres y mientras los santos se quejan y vociferan como niños consentidos, él no vuelve a emitir una sola palabra hasta el final. Obbara, de hecho, demuestra que el silencio puede ser tan significativo como las palabras.

¿Qué sucedió en realidad durante el banquete en honor a los orishas? Esa verdad caería bajo el dominio de Ifa, la deidad que impera sobre el significado cerrado (Gates, *Signifying* 21).[41] La intervención de Obbara como principio de la ambigüedad del lenguaje comienza con la enunciación de su controversial frase. Obbara es la enunciación misma, porque su texto ya implica una mediación figurada de la escritura estable del libro de Ifa. Por supuesto, él es también la suspensión del discurso, el silencio interrogativo que rodea el enunciado. Como metáfora del escritor y de la escritura que media la lectura de realidad, Obbara demuestra que por virtud suya virtualmente todo texto es una meta-escritura, que por él todo enunciado tiene el potencial de generar el *performance* de su propia significación. En ese sentido, los cuentos de Cabrera sustentan los postulados de Austin sobre el carácter activo del lenguaje, demostrando que en la tradición vernácula afrocaribeña ya se encuentra una teoría del lenguaje que recusa las nociones fijas de lo cierto y lo falso, y que supone una clara conciencia de que las cosas también se hacen con las palabras.

En el ámbito puertorriqueño, la literatura que más se ha aproximado a la vena discursiva de los cuentos de Cabrera es la de Ana Lydia Vega. Vega es una escritora que ha sabido romper con el cerco insularista para exponer las letras locales a su

---

[40] A pesar de que Gates cita a Cabrera para hablar de Echú y el *Signifying Monkey* como entidades que exageran el discurso negro, los cuentos de Cabrera prueban que esa exageración necesariamente no tiene que ver con la superabundancia de palabras, sino con la potencialización del lenguaje y la desestabilización del significado (*Signifying* 31).

[41] De la mitología yoruba de Nigeria, Ifa coincidiría en el cuento de Cabrera con el personaje de Olofi, "Padre y señor de los Santos; el Amo distante de todo lo creado, que no visita las cabezas y que nadie ha visto" (54).

vínculo con la experiencia social y la cultura de las otras antillas. Claro, los *Cuentos negros de Cuba* representan una fase de traducción de mitos y fábulas africanas que habían sido transferidos de las lenguas originales al idioma dialectal de los negros de Cuba (Ortiz 8). Por su relación directa con el mundo de la santería, María C. Zielina, en *La africanía en el cuento cubano y puertorriqueño*, discute estos relatos con mayor arreglo al eje cultural del sincretismo que al de la creolización (56-65). En cambio, los cuentos de Vega, pese a que muestran una voluntad de exploración de los problemas implicados en los dos procesos, se inclinan más hacia el segundo eje. No vamos a repetir aquí la discusión que hace Zielina de la africanía en los relatos de Cabrera y Vega; lo que nos interesa ilustrar ahora es cómo la escritora puertorriqueña, valiéndose de géneros populares menores que tienen mucho en común con el elegido por Cabrera, accede a una estética de la significación para hablar del prejuicio racial.

Escogemos el cuento "Encancaranublado" de *Encancaranublado y otros cuentos de naufragio*, el libro en el que con mayor ahínco Vega se aventura en los temas de la negritud y el antillanismo. Ahí se le puede encontrar ejerciendo una práctica crítica de dos discursos figurativos de lo racial en Puerto Rico y el resto del Caribe hispano: el chiste y el eufemismo.[42] El chiste en el Caribe hispano es un género popular informado por la tradición vernácula negra representada en los cuentos de Cabrera y por una fuerte tradición humorística española. En la zona, el género ha desarrollado características y temas propios. Por eso, si se sigue la tipología de Zielina, el chiste, y todo el relajo que en Puerto Rico se designa bajo este nombre, caería dentro de los discursos de la creolización.[43] De hecho, atendiendo a las definiciones de Edward K. Brathwaite (306-07) y Marc Zimmerman (43-45), el chiste viene a ser un paradigma de la creolización en la medida en que ofrece una ventana a las dinámicas de la sociedad. Estos textos que se arman como abstracciones microcósmicas de lo social (la comunidad caribeña, los gobernantes, el círculo de amigos, la iglesia, etc.), frecuentemente codifican en su discurso los prejuicios de la gente de la región. En ese sentido, constituyen una instancia del síndrome ambivalente de rechazo y aceptación que según Brathwaite distingue la creolización del Caribe (Zimmerman 19-20).

---

[42] Hasta donde hemos podido constatar, Tomás Blanco parece haber sido el primero en señalar el eufemismo como patrón discursivo de lo racial en Puerto Rico (*El prejuicio racial* 106-07). En cuanto al humor en el discurso racial, Colombán Rosario y Carrión recogen una serie de dichos y expresiones que ejemplifican el uso del chiste en el manejo del prejuicio racial contra el negro (125-26).

[43] En Puerto Rico, no sólo se designa como chiste al relato humorístico sino también a otras formas de choteo que se expresan en dichos y se improvisan con un decir breve.

En la historia que le da título a su segunda colección de cuentos, Vega nos hace conscientes del poder connotativo del chiste como forma elíptica del discurso racial entre las comunidades del Caribe. Ya sabemos que el humor es un ingrediente esencial en muchas de sus narraciones de temas negros, pero en el caso específico de "Encancaranublado", el chiste, como fórmula retórica, está llevado a tales extremos que propicia una reflexión sobre la modalidad misma del discurso. En la superficie, el chiste es el arma que los personajes esgrimen para agredirse y establecer jerarquías en el espacio simbólico (isla en tránsito, zona en tránsito) constituido por el bote antes de que los ánimos se caldeen y recurran a agresiones más directas. Pero la fórmula también está actuando en la estructura profunda de la ficción. En efecto, el cuento está articulado como uno de los tantos chistes nacionalistas (sobre cubanos, dominicanos, puertorriqueños, etc.) propios de la imaginación del Caribe que casi inevitablemente llevan una buena dosis de racismo. Sólo que aquí, al final, la fórmula se subvierte y en vez de arrancarle una carcajada al lector, lo que hace es propiciar una reflexión crítica sobre la modalidad misma del discurso como forma de ordenación racial.

"Encancaranublado" es un cuento de naufragio de trama elemental. Dos días ha pasado el haitiano Antenor en alta mar orientándose hacia las costas de Miami cuando le toca rescatar a un náufrago dominicano llamado Diógenes que "quería pon". El conflicto se desata de inmediato cuando el dominicano intenta tomarse toda el agua que lleva Antenor en la cantimplora. A pesar de eso, el recuento que hacen de las tragedias de sus respectivos países ayuda a bajar la tensión. Pero apenas se empieza a consolidar en el bote "el internacionalismo del hambre y la solidaridad del sueño" americano, se ven obligados a rescatar a Carmelo, un cubano que también viajaba hacia el mismo destino valiéndose de un tronco. Al subir el cubano al minúsculo bote, la tensión se incrementa. Pronto Antenor es marginado en su propia embarcación por los dos hispanoparlantes. Ahora el recuento de las historias nacionales degenera en continuas burlas llenas de contenidos nacionalistas, racistas y sexistas a través de las cuales se va compendiando y reproduciendo la historia de conflictividad de la zona. Del comentario indirecto se pasa a la ofensa directa y de ahí al forcejeo. Por fin el botecito se va a pique. Del mar esta vez son rescatados por un barco de bandera norteamericana. "Get those niggers down there and let the spiks take care of 'em", se oye decir al capitán (20). Al final, cuando los personajes son llevados a la cala del barco y piensan que se han de salvar junto al puertorriqueño, oyen la voz de este último que les dice, "aquí si quieren comer tienen que meter mano y duro", a la vez que ven su brazo negro extendido para darles ropa seca (20).

Aunque "Encancaranublado" exhibe comentarios sociales de fácil acceso, su sustrato es un continuo juego de simulación y disimulación que acciona más en lo discursivo. De entrada, el título mismo desata toda una cadena de especulaciones lúdicas. Al examinarlo, lo único obvio es que alude a ese trabalenguas y acertijo "sin sentido" del folklore puertorriqueño que se reproduce como epígrafe.[44] Entendiendo "encancaranublado" como muy nublado, uno puede concluir que el título y el epígrafe son eso mismo, el augurio de las lluvias torrenciales que, metafóricamente, aparecen en el cuento. Valga aclarar que en el habla figurativa del país "llover sin escampar" significa confrontar, directa o indirectamente, a alguien con verdades que no se quieren oír, exactamente lo que hace Vega con el lector prejuiciado y, al final, con los personajes.

Tanto el título como el epígrafe dramatizan el carácter elíptico del discurso sobre raza y africanía en Puerto Rico. Llama la atención que Vega haya usado un texto que no se asocia estrictamente con la cultura negra para hablar sobre la conflictividad racial de las Antillas. Más aún, el epígrafe pertenece al grupo de los acertijos que están hechos más para la actividad lúdica pura (trabalenguas) que para jugar a fijar el sentido específico de las cosas (adivinanza).[45] Aun en el contexto donde Vega lo sitúa, el texto habla de manera elíptica. Según la tradición, Vega sería la encancaranubladora pues es ella la que arma metáforas para que el lector las decodifique. Pero en verdad, quienes encancaranublan el cielo son los personajes negros de la historia porque en realidad el título es otro chiste. Hay que recordar que una de las formas de embromar más generalizadas entre las comunidades negras del Caribe consiste en aludir al oscurecimiento del cielo, real o ficticio, mediante palabras como nubes, nublado o nublazón, para importunar a alguna persona del grupo señalándole su prietura y para, al mismo tiempo, burlarse de la propia. Y claro, si se mira el título con cuidado, se puede descubrir que en él, en escritura anagramática, se esconde y se revela el rostro negro de los personajes. Luego habría que ver que esta misma revelación actúa en un sentido elíptico porque la construcción nominal "cara nublado" (carinublado o cara nublada) de por sí constituye un

---

[44] "El cielo está encancaranublado./¿Quién lo encancaranublaría? /El que lo encancaranubló/ Buen encancaranublador sería" (*Encancaranublado* 13).

[45] La oposición supone una dicotomía entre significado y significación ya que este falso acertijo se complace en socavar la actividad estabilizadora de significados del juego de adivinanzas. Pero el trabalenguas no es la única forma de minar la autoridad de la adivinanza desde adentro. Por ejemplo, en la canción "Adivinanza" grabada por la Orquesta de Tommy Olivencia con vocalización de Chamaco Ramírez, el sonero hace esto dándole al acertijo un sentido puramente rítmico y repetitivo: "Blanco es/ frito se come/ gallina lo pone/ y huevo no es". De otro modo, la respuesta a la pregunta "¿cuál es el colmo de un elefante?": "el elefante no tiene colmo sino colmillos", lo hace activando súbitamente y en son de burla, uno de los infinitos contextos que, según Lacan, se suspenden cuando se fija el significado. Una adivinanza capciosa como ésta pone el juego estabilizador al borde del fin.

eufemismo racial algo generalizado en el país. Esto, finalmente, nos recuerda que en el relato, a pesar de la hostilidad y del contenido racista de las agresiones verbales, lo que los personajes caribeños evitan a toda costa es mencionar directamente la negritud del otro y mucho menos la propia. Distinto, por ejemplo, es el capitán norteamericano quien no tiene reparos en llamarlos a todos *"niggers"* y *"spiks"*.

Se podría trazar una teoría de la elipse en el discurso de la negritud utilizando "Encancaranublado" como base. Lo que el cuento de Vega ilumina bien son los puntos de intersección de los ejes de la identidad y las formas retóricas preponderantes en el manejo del conflicto racial en el Caribe hispano. Aunque prácticamente cada agresión verbal emitida en el relato es una degradación de la negritud, los personajes prefieren articularlas como ofensas contra la nacionalidad del otro y contra la mujer que la representa. Así mismo, el relajo es siempre el mejor vehículo para montar esa ofensiva denigrante que ya en principio se da lateralmente. Justamente por eso, la figuración del discurso racial en Puerto Rico se puede representar como una elipse elevada al cuadrado. Vega identifica esa fórmula y la deconstruye. Su escritura actúa desde el interior de los recursos retóricos que le sirven de camuflaje al racismo para ponerlos en evidencia. Opera a través de una significación que desestabiliza los significados estereotípicos implicados en el choteo. Tanto en sus metáforas como en sus discursos de mediación, la escritura de Vega es un continuo activar de contextos que le dan especificidad histórica a las esencializaciones implícitas en los chistes y en las bromas injuriosas.

Desde luego, al final de este recorrido sería imperativo preguntarse si en todo esto no hay una paradoja ineludible: ¿hasta qué punto puede la parodia del chiste racista acudir a él como recurso de mediación, tomar parte en su rito y a la vez escapar inmune al prejuicio inherente al discurso?[46]

Significativamente, la literatura de los escritores afropuertorriqueños ha sido poco dada a participar en los rituales de la risa que se orquestan alrededor de la condición del negro. Contrario a las narrativas orales y a la música popular donde sí es común hallar a negros y mulatos generando este tipo de humor, en la literatura, por lo general, los afropuertorriqueños se han abstenido de participar de esta estética.[47] Hay, obviamente, excepciones. La risa es perceptible, por ejemplo, en la

---

[46] Nótese, por ejemplo, que en el cuadro que presenta Vega, todavía el puertorriqueño parece quedar en una posición ventajosa con respecto a los otros personajes caribeños. Su ventaja, aunque sea precaria o relativa, tiende a confirmar el privilegio adjudicado en el género a los personajes que representan la identidad o nacionalidad del que cuenta el chiste.

[47] Un ejemplo musical comparable con el texto de Vega se puede apreciar en *Legado de bomba y plena* (1997) de Modesto Cepeda y su orquesta, en el número "Cuco Mandinga".

lengua bozal de la poesía de Vizcarrondo, especialmente si ésta se juzga a través de los recitales dramáticos de Juan Boria, y en algunos de los relatos más incisivos sobre la negritud de Luis Rafael Sánchez. Pero en Sánchez —como en el caso de Vega— los brotes de humor tienden a ser más la evidencia del prejuicio existente en la sociedad que una instancia de la perspectiva del autor. Lo más notable en los escritores afropuertorriqueños que han reflexionado sobre la negritud es el afán de otorgarle respeto y dignidad a los de su grupo. Quizás el mejor compendio de lo que tradicionalmente ha sido la ruta que ha seguido el escritor afropuertorriqueño se halle en las declaraciones de Mayra Santos Febres sobre las voces que ella aspira a representar en su obra:

> Voices that escaped the narrow social choreography and psychology that characterizes the proper representation of blackness in social space. Other black characters, not tembandumba de la Quimbamba, not Chianita Gobernadora, not (with all my respect) the black men performed by Juan Boria or the African women given into motion by Silvia del Villard.
> I wanted to find an artistic configuration for race other than the dark seductress, the joker/trickster figure, or the living representation of tradition and ancestry (citado en Giusti Cordero, "AfroPuerto Rican" 70).

Al cerrar este capítulo, a manera de conclusión, postulamos una generalización en torno a la condición de la escritura negra en occidente. En la diáspora africana, la literatura que aborda el tema de la raza siempre parece estar vertida hacia sí misma; en algún lugar o instante siempre parece revelar una condición autorreferencial. El hecho de que se trate de unas letras cuyas primeras inscripciones son autobiográficas ya de por sí abona esta tesis. Como se sabe, la autobiografía moderna tiene como antecedente la picaresca, uno de los dos géneros novelísticos que florecen durante el barroco, particularmente en el mundo hispanoamericano. En esa misma Hispanoamérica, sin embargo, las autobiografías escritas por negros son escasas. De hecho, la más conocida de ellas, la de Juan Manzano, cuenta con un proceso de producción nebuloso que continuamente nos obliga a reflexionar más sobre las condiciones de la factura del texto que sobre la anécdota misma. Se nos dirá que

---

En este homenaje paródico al panadero santurcino, el sonero Andy Montañez alude a las bromas que hace Cuco de su propia negritud en las cuales el panadero, a la vez, se burla del típico recurso de blanqueamiento en el que el sujeto negro insiste en definirse como indio. El ambiente de vacilón de la canción propicia el que Montañez reproduzca, a otro nivel, el doble movimiento que se encuentra en el gesto del personaje homenajeado: "Cuco dice que es taíno/ que su madre era una india/ y no se explica por qué/ su cabello está mandinga".

esto tiende a ser algo común a la autobiografía en general. Cierto, pero lo llamativo en el caso de la literatura de los afrohispanos es que incluso los textos que no se postulan como grafías del yo llevan la marca de lo autobiográfico y que tal marca suele ser más significativa, o remite a una historia más fundamental, cuanto menos visible se hace. En ese sentido, la escritura afrohispana es esencialmente barroca; su figura más básica sería la elipsis, o quizás la alegoría –opuesta al símbolo– que recupera Walter Benjamin como forma de expresión del teatro barroco. Esto no quiere decir que en sus juegos particulares la literatura de los afrohispanos carezca de sustitución metafórica, sino que, por el proceso histórico que marca su condición, en su gesto fundamental dicha literatura siempre nos deja frente al drama de la escritura misma, frente a un concepto que no tiene otro remedio que autorepresentarse. Parece paradójico porque en el centro de ese drama lo que se devela es una gran carencia, un imposible: la exclusión de la voz que quiere hablar. Pero en eso radica lo radical de la elipsis, en ser la representación espectacular de una elisión. De ahí que podamos concluir que la elipsis en la literatura afrohispana es un vacío que denuncia la supresión de la voz africana y afrohispanoamericana en el *corpus* de las letras hispanas. El caso de la literatura afropuertorriqueña lo ejemplifica con creces.

Capítulo III

Raza y modernidad en Puerto Rico: las décadas de los treinta y cuarenta

1. INTRODUCCIÓN:
   UNA POSTURA CRÍTICA FRENTE A LA MODERNIDAD

En el primer capítulo adelantamos que nuestro interés en enmarcar la discusión de la producción escritural afropuertorriqueña utilizando el trabajo de Paul Gilroy se debía, en gran medida, a que *The Black Atlantic* se postula como una teoría del *double consciousness* y como una reflexión sobre las limitaciones de los discursos de la modernidad. En vista de que uno de los propósitos del presente capítulo es justificar el diseño y orientar la lectura de la segunda parte de este libro, la cual gira alrededor de la fisura que marca la conciencia artística en la narrativa de Carmelo Rodríguez Torres y en torno a la crítica de la modernidad articulada a partir de ella, conviene retornar al sociólogo afrobritánico para ahondar con más detenimiento en estos aspectos de su perspectiva culturalista.

En su sentido específico, los cuestionamientos que le hace Gilroy a los supuestos universalistas de la modernidad están elaborados como una crítica a la defensa del proyecto de la Ilustración de Jürgen Habermas y de otros teóricos como Marshal Berman (43-71). Para estos fines, Gilroy retorna al pensamiento de Hegel, quien tiene la distinción de ser el primer filósofo en tratar la modernidad como problema y ver en la esclavitud una premisa básica de la misma. La estrategia de Gilroy representa un lugar común dentro del *black Atlantic*. Como dato significativo, él destaca la insistencia con la que la intelectualidad de la diáspora africana de los últimos dos siglos ha leído la obra de Hegel, particularmente los pasajes concernientes a la dialéctica del amo y el esclavo en la cual se sustenta la alegoría hegeliana de la conciencia y la libertad. Según él, la omisión que hace Habermas de la dimensión más importante de esta dialéctica evita que el teórico de la Escuela de Fráncfort reconozca que la esclavitud es en sí una fuerza inherente a la modernidad ya que lleva tanto al amo como al esclavo a desarrollar conciencia de sí mismos y luego a la desilusión, obligándolos a ambos a ver, como corresponde a la conciencia moderna, que la verdad, la bondad y la belleza no emanan de una misma fuente.

Es desde esa inscripción en la tradición crítica del *black Atlantic* que Gilroy vuelve a la alegoría de Hegel para definir los propósitos de su trabajo. Según él, la filosofía hegeliana abre un espacio para examinar la contradicción primordial entre modernidad y esclavitud, refutar la noción del devenir histórico como progreso y proponer una reformulación de la dialéctica de la Ilustración que tome en cuenta el vínculo entre la modernidad, el colonialismo y las bases racistas de la ciencias modernas. Su discusión de los conflictos y las formas de dependencia en la interacción entre el esclavo y el amo, en *The Phenomenology of Mind* de Hegel, también le permite a Gilroy subrayar el peso del terror y la brutalidad como constantes de la modernidad frecuentemente ignoradas. Al retomar las ideas hegelianas, Gilroy encuentra una oportunidad para trascender dos posiciones igualmente antihumanistas en el debate sobre la crisis de la modernidad: la del racionalismo eurocéntrico que omite la experiencia del esclavo y que sostiene que el problema puede ser resuelto desde adentro y la que sitúa los orígenes de la crisis actual en las deficiencias de la Ilustración (53-54).

A pesar de esto, el concepto de *The Black Atlantic* no constituye una recusación absoluta de la modernidad. Uno de sus puntos centrales es el reconocimiento de que las conquistas de las comunidades del *black Atlantic* se dan en parcial correspondencia con los ideales de la Ilustración y no siempre en contra de sus principios operacionales. Aunque Gilroy admite que en las formulaciones políticas y culturales de la diáspora se pueden identificar filosofías, diseños y tropos de extracción africana, arguye que, en los nuevos territorios, estos ya han sido modificados y ajustados a las nuevas condiciones haciendo inoperante cualquier reclamo de esencias africanas puras.

Viendo así las cosas, él conceptualiza el *black Atlantic* como una formación simultáneamente posicionada dentro y fuera de esa cultura occidental que le ha otorgado una paternidad adoptiva. Su inconformidad con los defensores –y con los atacantes– de la Ilustración tiene que ver con lo poco dados que han sido al registro de la historia moderna como una fractura en el eje de las relaciones entre los amos europeos y sus esclavos africanos. Siguiendo a Walter Bejamin, Gilroy propone un recuento primario, una reconstrucción de la historia de la modernidad desde la óptica de los esclavos y sus descendientes, justamente porque en estos la reflexión sobre la vida y la libertad se hace más aguda debido a su continua exposición a la violencia, el terror y la muerte. Esta reconstrucción, de acuerdo con él, debería proveer una visión crítica sobre cuestiones claves en los debates en torno a la modernidad como lo son la idea de la historia como progreso, la universalidad, la estabilidad del significado, la coherencia del sujeto y el etnocentrismo en el que se arraigan todas estas concepciones. Vistos bajo el lente de ese recuento primario, muchos de los avances modernos se revelan como seudoavances contingentes a la dominación racial ejercida por un grupo exclusivo, demostrando que un enjuiciamiento satisfactorio de la modernidad no puede confiarse entera ni inmanentemente a las normas filosóficas y políticas inherentes a la modernidad misma.

En ese sentido, la perspectiva intelectual de la diáspora africana es excepcionalmente moderna. Es decir: reconoce el potencial del ideal de la Ilustración pero ejerce una crítica del mismo acogiéndose sólo parcialmente a sus normas. Esto se entiende mejor cuando Gilroy teoriza alrededor de las particularidades del arte de los negros, un área de expresión donde hasta cierto punto se compensa la ausencia de libertad política formal en las plantaciones y otros espacios, y que por sus leyes internas es fundamentalmente contraria a la lógica de la razón ilustrada:

> We can see now that the arts of darkness appear in the West at the point where modernity is revealed to be actively associated with the forms of terror legitimated by reference to the idea of "race." We must remember that however modern they may appear to be, the artistic practices of the slaves and their descendants are also grounded outside modernity. The invocation of anteriority as anti-modernity is more than a consistent rhetorical flourish linking contemporary Africalogy and its nineteenth-century precursors. These gestures articulate a memory of pre-slave history that can, in turn, operate as a mechanism to distil and focus the counter-power of those held in bondage and their descendants. This artistic practice is therefore inescapably both inside and outside the dubious protection modernity offers. It can be examined in relation to modern forms, themes, and ideas but carries its own distinct critique of modernity, a critique forged out of the particular experiences involved in being a racial slave in a legitimate and avowedly rational system of unfree labour.
>
> A preoccupation with the striking doubleness that results from this unique position –in an expanded West but not completely out of it– is a definitive characteristic of the intellectual history of the black Atlantic. (57-58)

Ciertamente, la cita de Gilroy, y su teoría en general, tiene una gran pertinencia en la discusión de la narrativa de Rodríguez Torres. Si recordamos bien, en la "Autolectura" el autor viequense se refería a su obra como la escritura de dos tramas, la "de la urbanización y la burguesía y la de la pobreza y la isla de Vieques". Nuestro argumento, en cambio, es que tal distinción responde a la necesidad del autor de oscurecer el carácter existencial y marcadamente biográfico de sus textos. En realidad, lo que se encuentra en sus libros es una sola trama con un doble movimiento, uno de localización y decepción dentro de un ambiente moderno que resulta problemático y repelente, y otro de relocalización al margen de dicho escenario, en unos espacios premodernos de poderosas resonancias africanas. Entendiendo así las cosas, hemos decidido organizar nuestra lectura de Rodríguez Torres en base a dos preguntas amplias. Con la primera (capítulos IV y V) intentamos dilucidar lo concerniente al locus de enunciación, el cual en un sentido geográfico parece corresponder siempre con las áreas de urbanización y desarrollo, mientras que con la segunda (capítulo VI), tratamos de explicar la lógica del gesto de reconstitución subjetiva recurrente en el autor viequense. En la tensión entre esos dos movimientos, nos parece, se puede leer bien la crítica de la modernidad que plantea la literatura de Rodríguez Torres.

2. MODERNIZACIÓN Y FORMACIÓN RACIAL EN PUERTO RICO

Para clarificar con mayor precisión el contexto de los capítulos de la segunda mitad de este libro, sería oportuno delinear las instancias de la modernidad que se hacen relevantes en el análisis de la obra de Rodríguez Torres. De entrada hay que señalar que los presupuestos más elementales del proyecto ilustrado están implicados directamente en su denuncia del colonialismo norteamericano en Puerto Rico y de la ocupación de la isla de Vieques por la marina de guerra estadounidense. En efecto, la crisis de Vieques es el reverso de la modernidad encarnada en la gestión imperialista que se autodenomina defensora de la civilización, la democracia y la libertad. No hay que olvidar que la marina expropia en dicha isla aduciendo la defensa de estos mismos valores. La construcción de la instalación militar en la llamada Isla Nena es parte de un plan de los Estados Unidos para consolidar su poderío mediante el establecimiento de una serie de bases e instalaciones militares en la zona del Caribe a raíz de los acontecimientos de la segunda guerra mundial. Todavía en 1960, cuando el Departamento de Defensa de Estados Unidos vuelve a intentar adquirir la totalidad de los terrenos de Vieques y Culebra para sus prácticas, lo que el entonces gobernador de Puerto Rico Luis Muñoz Marín le comunica al presidente John F. Kennedy es que, a menos que fuera urgentemente necesario para la seguridad de la nación, el plan se debía suspender (García Muñiz 61).

Desde luego, el caso de Vieques tiene además una dimensión racial, como siempre la ha tenido el colonialismo de las potencias occidentales en el Caribe. Esto también resulta paradójico si se toma en cuenta que uno de los objetivos de la participación de los Estados Unidos en la Segunda Guerra Mundial es derrotar las aspiraciones racistas de la Alemania nazi y sus aliados. Notablemente, todas estas contradicciones vuelven a cobrar actualidad inmediatamente después de los sucesos del 11 de septiembre de 2001 cuando la nueva cruzada, de claros ribetes racistas, que imponía –y sigue imponiendo– el gobierno del presidente George W. Bush contra la comunidad árabe,[1] otra vez en nombre de la libertad y el progreso,

---

[1] Éste fue el consenso unánime de más de una veintena de líderes e intelectuales afroamericanos reunidos en la conferencia "Where Do We Go from Here?: Community or Chaos? Black America's Vision for Healing, Harmony and Higher Ground",

amenazaba con dar marcha atrás a los acuerdos de suspensión definitiva de los ejercicios militares que por más de medio siglo la marina había venido llevando a cabo en Vieques.[2] Éste es precisamente el terrorismo del amo ignorado en los recuentos de la modernidad al que se refieren Gilroy y otros intelectuales y artistas negros. Para decirlo con las palabras de Na'im Akbar, el presidente George W. Bush descubre lo que es el terrorismo el 11 de septiembre; la diáspora africana y otros grupos parias lo han venido experimentando ya por muchos siglos.[3]

La otra instancia de la modernidad relevante en el análisis de la segunda parte de este estudio la configuran los discursos promotores de la modernización de Puerto Rico. Aunque en el país la modernidad se empieza a discutir desde el siglo XIX, con el desarrollo del pensamiento liberal, los debates sobre la doctrina económica del *laissez-faire* y la emergencia de los movimientos abolicionista, obrero y feminista,[4] el periodo que viene a colación aquí es el comprendido entre la tercera y séptima década del siglo XX, que es cuando se redefinen y reenfocan las metas del cambio moderno en el ámbito local bajo la administración colonial norteamericana.

En vista de que éste también es un periodo marcado por una serie de formulaciones y reformulaciones sobre raza e identidad que establecen una relación simbiótica con la acción modernizadora gubernamental –promueven una política que a su vez las promueve a ellas– antes de seguir adelante, convendría postular un concepto sociológico operacional que ayude a situar la discusión de raza y modernidad en Puerto Rico dentro de un mismo marco. Quizás la mejor manera de hacerlo sea tomando prestado de Michael Omi y Howard Winant la categoría de formación racial para subrayar el carácter complejo de un proceso en el que, partiendo de posiciones que no siempre son compatibles, se consolidan algunas ideologías raciales que marcan y trascienden el periodo de hegemonía del Partido Popular Democrático.

Omi y Winant definen la "formación racial" como un proceso socio-histórico en el cual las categorías raciales son creadas, habitadas, transformadas y destruidas. En su teoría, una formación racial envuelve, en primer lugar, el desarrollo de

---

Washington, D.C., 23 Feb. 2002; televisada por Smiley Group, prod., C-SPAN, 23 Feb. 2002.

[2] La marina finalmente abandona Vieques en mayo del 2003.

[3] Akbar, expresidente de la National Association of Black Psychologists, fue panelista en la conferencia "Where Do We Go from Here?: Community or Chaos? Black America's Vision for Healing, Harmony and Higher Ground" (ver nota 1 de este capítulo). Un comentario similar al de Akbar se puede escuchar en el disco de Willie King and The Liberators, *Living in a New World* (2002), específicamente en la canción "Terrorized".

[4] Sobre estos procesos sociales, véanse, por ejemplo, los trabajos de Bayrón Toro; Dietz; J.L. González, *Literatura y sociedad*; y Quintero Rivera, *Conflictos de clase*.

proyectos raciales históricamente situados en los cuales los cuerpos humanos y las estructuras sociales son representados y organizados. La formación racial, en segundo lugar, está ligada a la evolución de la hegemonía y al gobierno de la sociedad. Desde este enfoque sociológico, la raza viene a ser, entonces, estructuración social y representación cultural. Para estos autores, el contenido y la importancia de las categorías raciales están determinados por las fuerzas sociales, políticas y económicas. Se ve a la identidad racial como uno de los ejes centrales de lo social que no se reduce ni se subordina a otras categorías. De este modo, *Racial Formation* enfatiza la naturaleza histórica de las clasificaciones y jerarquías raciales, la ausencia de rasgos esenciales, la existencia de aspectos políticos irreductibles y el carácter conflictivo de las relaciones raciales en los niveles micro y macrosociales (53-76).

El lapso de la llamada modernización de Puerto Rico ha sido sumamente discutido desde múltiples ópticas disciplinarias. A los enfoques económicos y sociológicos iniciales se suma, a partir de la década de los ochenta, una iniciativa que mira más la producción discursiva del período desde un ángulo culturalista. Siguiendo la labor pionera de José Luis González y Arcadio Díaz Quiñones, un sinnúmero de estudios críticos se ha encargado de ir exponiendo el complejo ideológico que informó la estrategia modernizadora durante la hegemonía del PPD.[5] A Díaz Quiñones se debe el que hoy haya que retrotraerse a los años treinta para delimitar el tiempo de la gestión que transforma a Puerto Rico de una sociedad tradicional y agrícola a una urbana e industrial. Díaz Quiñones encuentra en la ensayística de la generación del 30 el fundamento ideológico de la retórica populista del PPD. Sus artículos seminales muestran cómo el liderato pepedeísta, específicamente su principal exponente, Luis Muñoz Marín, se ampara en la reinterpretación del pasado y en la genealogía de los hombres ilustres de la nación confeccionadas por Antonio S. Pedreira y Tomás Blanco,[6] para adjudicarse el papel rector en los procesos sociales y económicos que estaban por comenzar con la década de los cuarenta ("Recordando 21-31).

Indagando en la cultura política del mismo período, las investigaciones de María Elena Rodríguez Castro también arrojan luz sobre la importancia de los

---

[5] Entre otros, véase: J.L. González, *El país*; Díaz Quiñones, "Recordando"; Rodríguez; Rodríguez Beruff; Rodríguez Castro, "La escritura" y "Tradición"; Álvarez Curbelo y Rodríguez Castro; Gelpí, *Literatura*; Ramírez; Ruiz Cumba, "Las novelas".

[6] Antonio S. Pedreira (1899-1939) fue influyente en la vida cultural de Puerto Rico como catedrático, ensayista, literato y periodista. Fue director del Departamento de Estudios Hispánicos de la Universidad de Puerto Rico de 1927 a 1933 y editor de las influyentes revistas culturales *Indice* y *Revista de Estudios Hispánicos*. Tomás Blanco (1900-1975) fue médico y ocupó el cargo de parasitólogo del Departamento de Salud Pública para luego destacarse como ensayista, cuentista y crítico literario.

ensayos de interpretación nacional de la promoción del 30 en el impulso de la empresa modernizadora. En su examen de los discursos de varios de los líderes más prominentes del PPD reunidos en el Foro de 1940, Rodríguez Castro pone de relieve cómo el *Insularismo* (1934) de Pedreira viene a ser, notablemente en el discurso de Vicente Géigel Polanco, el texto que alienta el espíritu emprendedor del PPD en esta crucial asamblea que se celebra varios meses antes del triunfo electoral que da inicio a una hegemonía que durará más de dos décadas ("Foro" 61-77).

Los ensayos de Pedreira y Blanco definitivamente son modernizadores por su convocación del espíritu ilustrado del autonomismo decimonónico y por el impulso que le dan al cambio general del país, pero es en su concepción de la historia donde en verdad se les reconoce su adscripción a la retórica moderna. Si seguimos el análisis que hace Foucault de la respuesta que da Kant a la pregunta *Was ist Aufklärung?* (¿Qué es la ilustración?),[7] no es difícil descubrir en la vieja historia instituida por Pedreira y Blanco la idea kantiana de la ilustración como el escapar de un estado de inmadurez preexistente caracterizado por una falta de iniciativa autónoma que conduce a la aceptación de la autoridad de otro e impide el ejercicio de la razón propia.[8] Los ideólogos de la generación del 30 no sólo suscriben esta noción con su interpretación de la historia y del carácter nacional puertorriqueño, sino que además, como Kant, le asignan al ciudadano la obligación de participar en la agilización del proceso que debe conducir a la ilustración. Esto se puede apreciar bien tanto en el *Prontuario histórico de Puerto Rico* (1935) de Blanco como en *Insularismo*,

---

[7] En "What is Enlightenment?" 32-50.

[8] En *Insularismo*, este estado de inmadurez y de falta de voluntad es la nota más constante y evidente. En *Literatura y paternalismo*, Gelpí ha comentado varias de las metáforas que le dan forma (la de la enfermedad, la de la infantilización y la de la nave sin rumbo): "Otra metáfora privilegiada en *Insularismo* es la infantilización. Para reforzar su espacio paternal y magisterial, Pedreira compara los primeros tres siglos de la historia de Puerto Rico con un periodo de lactancia. A ese período le sigue el siglo XIX, momento en el que el país-niño comienza a gatear [....] Lo cual nos lleva a otra de las metáforas que emplea Pedreira en su caracterización: la carencia de rumbo del país. Otras dos metáforas constituyen variantes de esa carencia de rumbo: la personalidad transeúnte que navega a la deriva y la nave al garete" (25-26). Los trazos de la retórica moderna también son identificables en el *Prontuario histórico* de Tomás Blanco: "Adaptemos de la civilización universal todo lo que pueda servirnos para nuestra madurez y nuestro progreso [....] Aceptemos la relación funcional no sólo con el Continente –Sur, Centro y Norte– y con la madre patria, sino con el mundo civilizado. Pero de una nueva manera: sin sometimientos esclavizadores [....] Zafémonos, tanto comercial como culturalmente, del exclusivo monopolio de las influencias estadounidenses. [...] El dilema es, pues: o tomar en nuestras manos, con serenidad y firmeza, nuestro destino, o someternos, como retrasados mentales [...]" (148-49, 150).

en un discurso didáctico cuyo fin es instar a la juventud educada a retomar el proyecto de formación nacional iniciado a fines del siglo XIX por los padres del autonomismo puertorriqueño. A través de sus ensayos, ambos escritores promovían una tarea de unificación nacional que según ellos había sido interrumpida por la invasión norteamericana de 1898 y los subsiguientes veinticinco años de caos administrativo, subordinación colonial, capital azucarero monopolista y absentista, y americanización y bilingüismo.[9]

En *Insularismo* uno encuentra también el problema que plantea la definición de los contornos de la ciudadanía. Como se sabe, en la teoría crítica de la modernidad ésta ha sido una pregunta fundamental, especialmente en las inquisiciones que se han venido haciendo desde perspectivas marginadas. Foucault le formula esa pregunta a Kant: "Are we to understand that the entire human race is caught up in the process of Enlightenment? [...] Or are we to understand that it involves a change affecting what constitutes the humanity of human beings?" ("What is Enlightenment?" 35). En el discurso de Pedreira, el pueblo que está llamado a unirse para darle dirección al país se concibe como una coalición de grupos que deja fuera a la comunidad afroboricua. Como apunta Jorge Rodríguez Beruff, en la visión de este pensador ese pueblo está integrado principalmente por una alianza entre la juventud letrada y el campesinado criollo (19-20). Obviamente, la exclusión del sector afropuertorriqueño se explica por toda la carga negativa que Pedreira le adjudica a la sangre africana en la configuración de la puertorriqueñidad. En ese sentido, el doble giro que le da Foucault a la pregunta va al corazón del problema central de *Insularismo*. Ya que es sobre las bases de su ontología de la nación que Pedreira proyecta un nuevo orden ciudadano, es lógico que en su proyección hacia el futuro no haya lugar para políticas que cambien sustancialmente las relaciones de poder y mucho menos para romper el cerco esencialista que su interpretación del pasado le tiende al porvenir.

La ideología racial de *Insularismo*: "fusión" y "con-fusión"

Del tratado de raza contenido en *Insularismo*, varias ideas ameritan ser revisadas en este estudio sobre discursividad racial y modernidad en Puerto Rico. Estas se hallan temprano en el libro, en el segundo capítulo titulado "Biología, geografía, alma" y dentro de éste, en la primera sección subtitulada "El hombre y su sentido". En la concepción eugenésica de Pedreira, la mezcla racial no constituye una suma,

---

[9] En las "Reflexiones finales" del *Prontuario histórico* el uso continuo de verbos imperativos marca un discurso programático, lleno de guías y recetas para curar los males de la nación (145-50).

sino una resta determinada por el valor negativo adscrito al componente africano. En la base de su argumento, el africano es responsabilizado por el atraso general de la isla y la crisis colonial existente: "El elemento español funda nuestro pueblo y se funde con las demás razas. De esta *fusión* parte nuestra *con-fusión*" (33).

En este esquema determinista, la influencia indígena no es un factor relevante. El encono va dirigido contra el "grifo", un sujeto que, en la estimación del ensayista, lleva en las venas tres cuartos de sangre africana y un cuarto de española, y contra el mulato, en el que la proporción, según él, es mitad y mitad. Con ninguno de los dos cuenta Pedreira para su empresa. Si al grifo lo llama "parejero" y lo caracteriza como un ser desequilibrado e impredecible, al mulato lo descalifica al ver en él un sujeto indeciso, excesivamente balanceado entre las orientaciones psicológicas que le atribuye al blanco y al negro:

> Entre una, que es la superior, y la otra, que es la inferior, el *mulato* será siempre elemento fronterizo, participante de ambas tendencias raciales que acrecentará más o menos de acuerdo con el tipo que escoja para un segundo enlace: el mestizo, el blanco o el negro. El mulato, que combina en sí las dos últimas y generalmente no suele ser una cosa ni la otra, es un tipo de fondo indefinido y titubeante, que mantiene en agitación ambas tendencias antropológicas sin acabar de perfilarse socialmente. Vive del presente inmediato, defendiéndose de todos y de sí mismo, sin volcar pautas en el ambiente, prudente e indeciso, como el hombre que se encuentra cogido entre dos fuegos. Necesita mayor cantidad de reservas de una u otra raza para resolver su situación. Es hombre de grupo que colabora y no crea, que sigue y no inicia, que marcha en fila y no es puntero. Por lo general, carece de fervores para ser capitán. (35)

Es así como el mulato y la influencia africana en general vienen a ser un serio impedimento para el propuesto avance de la nación hacia el estado de madurez social:

> En instantes de trascendencia histórica en que afloran en nuestros gestos los ritmos marciales de la sangre europea, somos capaces de las más altas empresas y de los más esforzados heroísmos. Pero cuando el gesto viene empapado de oleadas de sangre africana quedamos indecisos, como embobados ante las cuentas de colores o amedrentados ante la visión cinemática de brujas y fantasmas. (38)

Pocas obras, si alguna, tienen la importancia en el pensamiento humanista del siglo XX puertorriqueño que tiene *Insularismo*. Esto se debe, precisamente, a las trampas que le ponen al futuro sus elucubraciones genealógicas y ontológicas.

Prácticamente toda la producción literaria relevante que le sigue hasta bien entrada la década de los ochenta establece algún tipo de diálogo con él.[10] Como afirma Díaz Quiñones, la "nueva historia" y la literatura que se gesta desde los años setenta comportan un empeño de ruptura ideológica, metodológica y formal con el discurso patriarcal y paternalista del cual Pedreira es un exponente principal ("Recordando"18). *Insularismo* es además un volumen de una gran divulgación, un libro que desde los años cuarenta se incorpora al currículo del Departamento de Instrucción Pública (Gelpí, *Literatura* 19). Esto quiere decir que sus postulados racistas, sexistas y clasistas van a circular por las universidades y escuelas del país, a pesar de que, como señala Rodríguez Castro, en la gestión oficial hay un esfuerzo concertado por depurar al ensayo de sus ideas más controversiales ("Foro" 101).

Hay que decir, no obstante, que aunque *Insularismo* adquiere un aura de clásico que le dura alrededor de tres décadas (Gelpí, *Literatura* 17-19), el registro literario —sea ficción, historia o sociología— también prueba que siempre hubo un esfuerzo beligerante que no ignoraba lo que implicaban las ideas de Pedreira y su diseminación. En lo que concierne a la postura antirracista frente al texto, la acción contestataria no comienza con la promoción de los setenta y los ochenta, en la que ciertamente sobresalen voces como las de Isabelo Zenón Cruz, Rosario Ferré, Ana Lydia Vega, Jalil Sued Badillo, Angel López Cantos y Guillermo Baralt.[11] Antes que en ésta, la recusación a Pedreira es sondeable, por ejemplo, en *El negro: Haití – Estados Unidos– Puerto Rico*, de José Colombán Rosario y Justina Carrión. Publicada en 1940, esta investigación sociológica de corte positivista ejemplifica un tipo de respuesta a los supuestos raciales de la generación del 30 que fuera marginada por la acción legitimadora de la intelectualidad y el gobierno. Para el momento en el que el liderato del PPD estaba canonizando las enseñanzas de Pedreira y Blanco, Colombán Rosario y Carrión citaban directamente *Insularismo* –en un capítulo titulado "Según afirman los que no saben dello"– para desmontar su base biologista, utilizando

---

[10] Advirtamos que en Puerto Rico la misma determinación de lo "relevante" está condicionada y limitada, casi axiomáticamente, por la pregunta ontológica que imponen los del 30 como cuestión cardinal desde la revista *Índice* y desde ensayos como *Insularismo*. Al respecto, afirma Ruiz Cumba: "La mayoría de nuestros escritores se han dado con vehemencia a esa tarea. Muchos han querido, y creído, haberla resuelto definitivamente; no obstante, el debate resurge con bríos renovados. La pregunta [. . .] ¿Qué somos y cómo somos?, continúa siendo el eje temático de casi todas las prácticas culturales puertorriqueñas" ("Las novelas" 17).

[11] Habría que mencionar también aquí a José Luis González, quien de hecho aparece impugnando la narrativa insularista desde la década de los cincuenta, pero cuya presencia es central en los debates sobre el tema durante las décadas de los setenta y ochenta.

una metodología que en aquel entonces suponía una mayor rigurosidad científica de la que demostraba Pedreira.[12]

La relativa oscuridad en la que se mantiene *El negro* en oposición a la buena estrella de *Insularismo* significativamente arroja luz sobre las tendencias discriminatorias del PPD en la promoción de materiales culturales para su programa de modernización. Si se toma en cuenta que para la década de los cuarenta existía ya un cuerpo bastante sustancial de investigaciones sociales realizadas por individuos y organizaciones, independientes y privadas, locales y extranjeras, y representativas de diferentes ideologías, resulta obvio que la exaltación de los ensayos de la elite criolla al centro del pensamiento nacional era una maniobra con intereses de clase.[13]

La situación de *El negro* es paradigmática porque en la década de los cuarenta Colombán Rosario parece ser el único científico social puertorriqueño reconocido que ocupa una plaza en la Universidad de Puerto Rico. Como observa Quintero Rivera, en realidad Pedreira era más un catedrático que un investigador. Colombán Rosario, en cambio, se perfila como el sociólogo puertorriqueño más competente de esa década. Aún así, Pedreira era la figura más respetada del Departamento de Estudios Hispánicos, la única unidad académica con reputación internacional. Alrededor suyo se agrupan aquellos que impulsan la modernización de la Universidad, una transformación que siempre va a estar íntimamente ligada al cambio del país. De hecho, era Pedreira quien estaba llamado a regir el curso de la educación superior durante los años de la modernización, pero su muerte prematura lleva a la rectoría a Jaime Benítez, un joven portavoz de la misma clase que regentará la Universidad de Puerto Rico desde 1942 hasta 1971 siguiendo la visión universalista de la modernidad del maestro.[14] Todas estas conexiones son relevantes porque,

---

[12] "Y el Dr. Antonio S. Pedreira de nuestra Universidad dice en su libro *Insularismo*, hablando de blancos y negros: 'Luchan en el mestizo dos razas antagónicas de difícil conjugación y opuestas culturas. Ente una, *que es la superior*, y la otra, *que es la inferior*, el mulato será siempre elemento fronterizo' [....] Estas afirmaciones son el resultado de consideraciones emocionales sobre un asunto que, como todos los problemas dentro del campo de la ciencia, necesitan estudiarse con objetividad. Esta objetividad es tanto más difícil de conseguir cuanto mayores hayan sido los prejuicios de raza en el grupo o grupos de que la persona proviene" (17).

[13] Quintero Rivera discute la trayectoria de las ciencias sociales antes de y durante el período de la modernización en "La ideología"; la discusión que sigue está informada por sus comentarios en las páginas 115, 119-22, 136.

[14] Miembro fundador del PPD, Benítez ocupó el cargo de rector de 1942 a 1966 y luego fue presidente de la Universidad desde 1966 hasta 1971. Fue además comisionado residente en Washington entre 1973 y 1977 bajo la administración del PPD de Rafael Hernández Colón.

entre otras cosas, Benítez es de una familia de hacendados cañeros de Vieques cuya memoria figura prominentemente en las narraciones de Carmelo Rodríguez Torres a través del personaje ausente de don Pepe. Éste está basado específicamente en la persona de José Benítez, quien fuera, en la estimación del narrador viequense, uno de los hombres más ricos y explotadores de todo Puerto Rico.

Tomás Blanco y el prejuicio racial como "inocente juego de niños"

Girando el lente hacia los ensayos de Tomás Blanco, se pueden observar matices un tanto diferentes a los de Pedreira pero siempre dentro de la misma posición de clase. Ya hemos indicado en el primer capítulo la importancia de su trabajo en el establecimiento de la perspectiva relativista de lo racial en Puerto Rico. Blanco no es el primero en minimizar el prejuicio racial de su país ni en esgrimir la idea de la nación como una gran familia; sin embargo, su articulación de estas concepciones en la antesala de la modernización es instrumental en el diseño del programa populista del PPD.

El prejuicio racial en Puerto Rico (1942),[15] el texto que nos compete aquí, ha sido ampliamente analizado dentro de su marco histórico por Díaz Quiñones en un estudio preliminar que le sirve de introducción a la tercera edición del libro. Tal y como él apunta, ésta es una obra que viene a ampliar la interpretación histórica que su autor había iniciado en el *Prontuario histórico de Puerto Rico*. Aunque con este primer volumen Blanco suscribía en lo esencial a la síntesis histórica y a la genealogía de Pedreira, en su versión del programa a seguir prefería distanciarse del determinismo biológico y geográfico de *Insularismo* para fomentar un clima de reconciliación en el que se limaran viejos y nuevos rencores entre los sectores sociales encontrados en la crisis de los años treinta.[16] Con todo esto, daba pie a una reordenación de la sociedad y contribuía al impulso de la modernización bajo el liderato criollo-autonomista del que él mismo era miembro:

---

[15] La primera versión de *El prejuicio racial* se lee en 1937 y se publica en 1938 en la revista *Estudios Afro-Cubanos* 2 (1938): 19-39.

[16] La década de los treinta es una de gran efervescencia social causada por el colapso del modelo económico del monocultivo azucarero. En estos años se registra: una intensificación de las luchas socialistas y nacionalistas, la coordinación de grandes huelgas cañeras, la revitalización del Partido Nacionalista bajo el liderato de Pedro Albizu Campos y la fundación del Partido Comunista. Ante la crisis social y económica que erosiona el paternalismo y las viejas alianzas entre las clases sociales, la elite intelectual autonomista busca articular un discurso restituidor del orden (Díaz Quiñones, "Tomás Blanco" 21-29; "Recordando" 16-18).

> Cuidemos nuestra modalidad diferencial, influenciada por el trópico y la mezcla de sangres, que nos matiza dentro de la comunidad de los pueblos hispánicos. Erradiquemos toda sombra de ajenos prejuicios raciales que repugnan a la convivencia y a la composición étnica de nuestro pueblo. (147-48)

Pero si en el *Prontuario histórico* la armonización racial se expresaba como cuestión programática, con *El prejuicio racial* el programa ya está puesto en marcha. Vale decir: *El prejuicio racial* representa una forma de ideología racial que se impone como realidad aledaña a la visión apologética de la historia del siglo XIX que se venía consolidando y que le otorgaba legitimidad al nuevo liderato autonomista en la entonces actual encrucijada política.

En sí mismo, el ensayo es una vitrina de lo que tradicionalmente ha sido la retórica sobre la conflictividad racial en Puerto Rico: la textura es un despliegue de eufemismos, omisiones, matizaciones, comparaciones y contradicciones. Su nota más sobresaliente es la reducción del prejuicio racial local a "un inocente juego de niños". Ésta es una metáfora que se arma en tres instancias correlacionadas: en la comparación con el discrimen del sur de los Estados Unidos, en la adjudicación de la actitud a "ciertos 'blanquitos'" pertenecientes a clases y círculos influenciados por conductas cívicas anglosajonas y en la defensa que hace el autor de una tendencia "sanamente eufemística" prevaleciente en el país en lo tocante a las alusiones a la negritud. La metáfora, otra vez, nos sitúa ante la idea de una conciencia subdesarrollada que entorpece el avance hacia la madurez social. La pregunta es, más específicamente, ¿quién la personifica?, ¿quién es ese sujeto cuya desviación no llega a la de los racistas del sur de Estados Unidos pero que con su actitud infantil le sirve de impedimento a la ilustración de la nación? Blanco nos lo dice:

> No obstante todo lo antedicho, es imposible negar que en ciertos círculos se adopta una postura *melindrosa* y un tanto ambigua, llena de pseudo-aristocráticos verbalismos, con respecto a *nuestros negros*. Es cierto que en algún hotel de clientela predominantemente norteamericana se practica una especie de exclusivismo *snob* y semiclandestino contra la raza de color. Aparte otras características mezquinas, este exclusivismo, que en el fondo es vulgar afectación o pretendida falsa superioridad, no se extiende –y difícilmente podría extenderse siempre– a socios o clientes que a pesar de su influencia, prestigio y riqueza, serían considerados en Estados Unidos como mulatos, cuarterones, y por lo tanto tenidos por negros. [...] Es casi siempre a estas *ñoñerías*, más o menos afectadas, más o menos ridículas, a lo que corrientemente llamamos en Puerto Rico prejuicio racial (lo cual no quita para que ello redunde en dañosa acritud y verdadero sufrimiento); y es curioso que no sea

poco común el que las exhiban más marcadamente personas con ciertas dudas sobre la propia caucasidad. (126)[17]

Inmediatamente, el autor cita un artículo del abogado "de color" Pedro C. Timothée donde éste afirma que "ese malestar lo producen los cuarterones y zambos que creen que la única característica de la raza es el color de la piel y [sic] olvidando el color perfectamente negro de sus abuelos y bisabuelos [....]" (126-27).

Resulta entonces que en el fondo la ideología racial de Blanco guarda más en común con la de Pedreira de lo que a primera vista parece. A pesar de su voluntad de distanciarse del determinismo y del tono segregacionista de su compañero de generación, y a pesar de que su queja tiene más que ver con los excesos del grupo en cuestión que con la inercia que le atribuye Pedreira, Blanco también convierte a un sector mulato en chivo expiatorio.[18] Más aún, si se mira bien la tercera instancia de la metáfora, se podría inclusive afirmar que detrás de su condescendencia hacia el "negro" –nominación que él reduce a "cariño mimoso"– va sin decir un concepto de éste como una conciencia inocente e inofensiva. En realidad, se trata de un escrito velada o inconscientemente racista que, en su pugna contra los mulatos, acaba reproduciendo esquemas arraigados en el pensamiento que degrada la negritud:

---

[17] Sólo las itálicas de *snob* son del original. El uso de itálicas en *melindrosa* y *ñoñerías* lo hacemos para subrayar palabras que en Puerto Rico comúnmente designan conductas infantiles. Ñoñería, en particular, se aplica a la conducta y a la manera de hablar de individuos inmaduros, consentidos o flojos, especialmente a la de niños apegados a sus padres.

[18] En Blanco se advierte un curioso, pero común, mecanismo del prejuicio racial: el de encubrir el encono contra un subalterno que se percibe como amenaza aduciendo al discrimen que éste a su vez proyecta contra un tercer sujeto más marginado aún que no amenaza la posición propia. En más de una ocasión hemos visto a puertorriqueños coronar sus ataques veladamente racistas contra los dominicanos citando el racismo de éstos contra los haitianos, un grupo fácil de defender para ellos, toda vez que no representa una competencia seria. En los Estados Unidos, un argumento manipulado astutamente por algunos de los que se empeñan en liquidar la política *affirmative action* es que "no ayuda a las minorías pobres sino a las de la clase media". Cabe preguntarse si en verdad les interesa a estos el bienestar de las minorías pobres o si lo que quieren es evitar el ascenso general de los negros, y otras minorías, y la competencia de aquellos que se han venido beneficiando de la política. En el plano internacional, la administración de George W. Bush exacerba el racismo estadounidense contra la comunidad árabe aduciendo una supuesta alianza con algunos grupos oprimidos de Oriente Medio.

[...] nuestro llamado prejuicio racial, esencialmente social en sus manifestaciones más acusadas, podrá tener otros componentes adjetivos, otros elementos adicionales, si se quiere; pero su base fundamental es algo que, a falta de vocablo más exacto, podríamos denominar con el puertorriqueñismo *changuería*. Sustantivo que evoca a la par las imitativas afecciones del chango y los incongruentes y ridículos remilgos del tití. (137-38)

Como se puede apreciar, ahora el esquema evolutivo que domina el análisis histórico de Blanco hace coincidir el tropos de la infantilización (de los mulatos y cuarterones) con el del simio, otra de las formas de deshumanización del negro más recurrentes en el imaginario supremacista blanco. Así, se hace evidente que detrás del desprecio contra el mulato se halla un prejuicio aún más profundo contra el negro, pues lo que hace factible la degradación del primero es el simbolismo adjudicado al color de piel y a otros rasgos fisiológicos del segundo.[19]

Si todo lo anterior es cierto, *El prejuicio racial* constituiría un lugar común en la trayectoria de conflictividad racial de Puerto Rico. Vale recordar la tesis de José Luis González sobre la amenaza que representaba para la elite española insular del siglo XVIII el dinamismo y éxito económico de un sector mulato de la población (*El país* 48-57, 90). González arguye que el propósito de la Cédula de Gracias de 1815 fue promover la inmigración de extranjeros blancos con capital para romper el balance socioeconómico que se había venido estableciendo en la isla. Beneficiaria del cambio en la balanza que impuso tarde en el siglo XIX una oleada de inmigrantes compuesta en su mayoría por corsos y mallorquines, es la elite criolla que el propio Blanco integra. Según González, el paréntesis que se abre con la Cédula de Gracia se cierra con la quiebra de la hegemonía del PPD al alborear la séptima década del siglo XX. Más recientemente, hallazgos como los de Ángel López Cantos han venido a documentar con más especificidad la hostilidad contra los mulatos aludida por González. La biografía de Miguel Enríquez escrita por López Cantos es paradigmática porque en ella se discute ampliamente el encono de la elite blanca capitalina contra este corsario mulato que, valiéndose del contrabando, llega a convertirse en el hombre más poderoso del país y de la región y en un condecorado

---

[19] "Chango" ("changuería"), en su acepción más común en Puerto Rico, es una persona mimada, principalmente los niños. Vinculada a este significado, designa también a personas dadas a hacer bromas. "Chango" (o "chango prieto") es además un pájaro de plumaje negro, más pequeño que el cuervo, muy común en el país, y que no es apreciado ni por su apariencia ni por su canto. Estas acepciones, sumadas a la que remite al mono, dan margen para pensar que la metáfora de Blanco no sólo supone que la negritud conlleva una inestabilidad emocional, sino también una deficiencia en el habla.

de la corona española. Igualmente, con su perfil de la población colonial, el historiador sevillano explora el tema del conflicto contra el mulato en la sociedad del siglo XVIII y demuestra a la vez que esa hostilidad ya se encontraba en el Puerto Rico del XVII.[20]

Ubicadas en el panorama del pensamiento sobre raza y nación en América Latina, las tesis de Pedreira y Blanco ejemplifican las dos vertientes del discurso sobre el mestizaje que se delinean durante los siglos XIX y XX y que discute Lourdes Martínez-Echazábal en su semiótica de la mulatez.[21] A todas luces, Pedreira se adhiere a la postura "pesimista" que suscriben ensayistas como Sarmiento, Bunge y Arguedas, aunque en su caso la concepción negativa de la identidad versa sobre el mulataje y no en torno al mestizaje, como sucedía con los intelectuales

---

[20] En *Puerto Rico negro*, López Cantos señala: "La desconsideración del grupo blanco hacia los pardos fue continuada, llegándose en la práctica a crearse una institución permanente. Esta repulsa se ve en la documentación ininterrumpidamente. Siempre que hay un litigio entre blanco y mulato sale [sic] a relucir las frases despectivas de los primeros sobre los segundos de manera insistente, rayando en la machaconería. Creemos que la razón se encuentra en un párrafo de Abbad y Lasierra cuando escribe 'se han distinguido –los pardos– en todos los tiempos por sus acciones y ambiciones de honor'" (262). López Cantos incluso afirma que "los mulatos eran despreciados por los blancos, más aún que los negros" (262). Afirmaciones como ésta, por otro lado, han dado pie a la noción totalmente desatinada de que en Puerto Rico el racismo ha sido más fuerte contra el mulato que contra el negro. Una cosa es la hostilidad racial y otra la opresión y la degradación del individuo. Sin negar que los mulatos también hayan sido objeto de estas últimas, para el negro ese tipo de conflictividad racial que se discute ni siquiera fue una opción por estar subyugados en la escala más baja de la sociedad. Sustentar esa opinión sería decir que el racismo que sufrió Miguel Enríquez, víctima de las elites sanjuaneras que envidiaban su influencia y poder económico, fue mayor que el que sufrieron los esclavos negros del corsario. A Enríquez sus enemigos lo destruyen, a los esclavos no cabía destruirlos porque nunca tuvieron poder. Basta recordar otra famosa frase de Íñigo Abbad y Lasierra: "No hay cosa más afrentosa en esta isla que ser negro o descendiente de ellos" (399).

[21] "Basada en esta polarización racial, la realidad hispanoamericana comienza a ser interpretada en términos de la oposición binaria 'civilización/barbarie'. De este binomio resultan dos posturas aparentemente antagónicas entre sí frente al mestizaje. Una es la postura 'pesimista' representada en estas páginas por Sarmiento, Bunge, Ingenieros y Arguedas, que considera el mestizaje como vehículo de 'atraso', como impedimento a 'la civilización y al progreso'. La otra es la vertiente 'optimista' representada por Saco, que propugna la amalgama de razas como vía de asimilación y 'progreso'. Estas dos vertientes, aparentemente antagónicas, esconden, sin embargo, una misma ideología; ideología que tiene como antecedente la filosofía positivista, como base el racismo, y como meta el logro del modelo racial y cultural occidental. Marcado por esta dicotomía, aunque favoreciendo la postura 'optimista', se despliega el nuevo siglo" (37).

sudamericanos. Blanco, por su parte, ejemplifica mejor la vertiente "optimista". Su discurso lo posiciona más cerca del grupo de pensadores que hicieron compatible el mestizaje con el progreso nacional como José Vasconcelos, Fernando Ortiz y Gilberto Freyre. Esta celebración del mestizaje, hoy sabemos, es una ideología racial con dos operaciones reduccionistas principales. Por un lado, a través del discurso del mestizaje se suele traducir la mezcla racial en el blanqueamiento del sujeto nacional;[22] y por otro, extendiendo la misma retórica, se toma como base el entrecruce generalizado y la comparación con otros países para saltar de la disminución del prejuicio racial a su negación.

No obstante las diferencias, Martínez-Echazábal advierte sobre la proximidad ideológica de las vertientes "optimista" y "pesimista" cuando afirma que lo que se efectúa con el paso del siglo XIX al XX es un giro de un racismo científico de orientación biologista a un neoracismo de envoltura culturalista y neopositivista cuyo principal problema se encuentra en la discusión de la transculturación sin cuestionar en rigor la posición que las entidades envueltas en la síntesis cultural ocupan en el orden hegemónico (37-44). Sin querer decir que Blanco sea exactamente un teórico de la transculturación, la matización de Martínez-Echazábal se aplica a él toda vez que su entendimiento del proceso social pasa por alto el carácter opresivo de la cultura hegemónica, asumiendo que es deseable, desde cualquier punto de vista, la reducción de la cultura subordinada debido, precisamente, al lugar que su occidentalismo positivista le asigna en la escala de valores. De ahí que, como en los casos de otros promotores del mestizaje en América Latina, su teoría aparezca determinando desaciertos políticos e inacción frente al discrimen racial.[23] Como vimos, en el fondo la concepción de raza de Blanco tampoco es tan distinta de la del autor de *Insularismo* ya que su entendimiento del progreso de la nación se sustenta en los mismos supuestos ilustrados.

---

[22] Para una discusión de este punto véase de Wade *Race and Ethnicity*, y sobre el caso particular de Puerto Rico, Dávila *Sponsored Identities*.

[23] Por ejemplo, Avelar se refiere al uso que tuvo en la política brasileña después de 1968, durante el periodo en que recrudece la represión de la dictadura, la activación de la teoría de Freyre: "La ideología del mestizaje, en tanto ontología nacional, se mantuvo como eje organizador de esos dos momentos del pensamiento conservador brasileño. En el paso de la cultura *bacharelesca*, retoricizante, humanista del antiguo estado agroexportador, al imaginario tecnificado de la dictadura militar, se mantuvo intacta la apelación a una ontología en la que el mestizaje era celebrado como una identidad lograda, realizada, del Brasil, una especie de extraña utopía en la que, se supone, uno vive sin saberlo. Un pedazo sólido de ideología se desplaza, entonces, de las teorías de armonía racial de Gilberto Freyre, elaboradas en los años 30, a la celebración, por parte de la dictadura, del mestizaje brasileño como prueba de una democracia social lograda" (61).

El prejuicio racial, las ciencias sociales y el proyecto populista del PPD

Repetidas veces, *El prejuicio racial* se nos vende como un esfuerzo modesto y desinteresado cuya única intención es suscitar el diálogo y la tolerancia cuando en el tránsito que va de la primera oración a la última, el ensayo codifica una postura autoritaria y exclusivista que recusa las opiniones divergentes sobre la cuestión que se discute. A fin de cuentas, no son sólo los mulatos y negros quienes representan una conciencia atrasada sino todos aquellos que "vagamente —con vaguedad y vagancias mentales", "no [saben] todavía muy bien lo que es el prejuicio racial", aquellos que "por espejismo mental y colonialismo intelectual inconsciente, tienden a exagerar el grado y la cantidad de nuestro prejuicio racial; sobre todo ante forasteros y especialmente ante norteamericanos" (105, 139-40). Esto nos obliga a hacer un comentario sobre la primacía que tienen los postulados de Blanco en una formación racial en la que se superponen y, a menudo, se concilian diversas maneras de entender la negritud.

El prejuicio racial es indudablemente una obra instrumental en el desarrollo del populismo del PPD. Su consolidación en gran medida se debe al respaldo que le brindan una serie de investigaciones efectuadas por varias autoridades extranjeras invitadas y patrocinadas por el gobierno del PPD durante la década de los cuarenta.[24] Esto ocurre en el contexto de un debate en torno a algunas de las premisas del libro.[25] Básicamente, los estudios de Renzo Sereno, Eric Williams y Charles C.

---

[24] En el primer capítulo ya nos referimos a los diagnósticos de estos investigadores extranjeros; primero, a propósito de la óptica relativista, y segundo, basándonos en el artículo de Merino Falú, en referencia al estereotipo de la mujer negra como ente hipersexual (nota 25 en el Capítulo I). Aunque Merino Falú no hace la conexión entre las ideas de Rogler y Blanco, su artículo nos es útil especialmente por sus comentarios sobre la investigaciones de Rogler ("Género y raza" 17).

[25] En 1940, Colombán Rosario y Carrión hacían constar con suficiente evidencia la seriedad del prejuicio racial en múltiples áreas de la vida del país. Al final, concluían: "Repetimos que el problema del negro en Puerto Rico en la actualidad es definitivo y de rasgos prominentes. Por un lado, existe un gran número de personas de color que, poseyendo todas las características de la cultura blanca, no están dispuestas a aceptar un papel de inferioridad. Por otro lado, hay un grupo numeroso de miembros de la raza blanca que pone de manifiesto una serie de actitudes que relegan al negro a un nivel social más bajo que el de los blancos. El resultado de la tensión entre estos dos grupos constituye, a nuestro juicio, el verdadero problema" (142). En 1943, el profesor de psicología Alfredo Silva saca otra investigación basada en informes de sus estudiantes en la que también concluye que el discrimen racial es innegable. La información sobre la publicación de Silva está extraída de Merino Falú, "Género y raza" 17.

Rogler sustentan lo fundamental del ensayo de Blanco. La tesis doctoral de Rogler era ya una fuente que Blanco citaba en su afán por minimizar el racismo, por atenuar la influencia africana en la configuración del puertorriqueño y su cultura, y en su empeño por insertar a Puerto Rico dentro de las normas de la civilización occidental.[26] Rogler, quien en el momento de la invitación es profesor de la Universidad de Iowa, parece estar influido en su evaluación de la etnicidad y la cultura isleña por una especie de darwinismo sociocultural similar al que orientara los escritos de criminología y la más temprana aproximación a la cultura afrocubana de Fernando Ortiz.[27] En su percepción, el español es el grupo dominante que va absorbiendo y borrando al inferior africano hasta reducirlo a folklore. Es esta lectura de marca evolucionista lo que hace factible la reducción de la sociedad puertorriqueña a los términos de una clase dominante que se define a sí misma como hispana y blanca. Rogler, además, comparte con Blanco un concepto moral paternalista y condescendiente hacia los sectores subordinados que igualmente caracteriza el discurso y las políticas populistas del PPD. Como afirma Merino Falú, ésta es una visión que promueve la tolerancia y el control del subalterno, en este caso los negros, para minimizar sus posibilidades de ascenso al poder, un esquema que al extenderse a las dinámicas interraciales estigmatiza a la mujer negra, pues es a ella a quien se le adjudica la responsabilidad última del mestizaje. Mientras se exhibe suficiente flexibilidad para el concubinato, el control recae principalmente en la mujer negra, a quien se percibe como un ente libidinoso con inclinaciones promiscuas ("Género y raza" 17).

---

[26] En el momento en que Blanco lo cita, Rogler era catedrático asociado de sociología de la Universidad de Puerto Rico y estaba casado con una mujer puertorriqueña (*El prejuicio* 130).

[27] Helg sitúa la ideología de la integración en América Latina en el contexto de los programas racistas de blanqueamiento mediante la asimilación biológica de grupos étnicos "minoritarios", basados en el evolucionismo de Darwin que, desde las últimas décadas del siglo XIX, se pusieron en marcha en países como Argentina y Brasil. Al discutir el ejemplo de Cuba, Helg identifica a Fernando Ortiz –y su criminología positivista anterior a la Segunda Guerra Mundial– como propulsor de un plan correccional para la sociedad cubana basado en la aculturación del elemento afrocubano. Tal proceso suponía un principio evolucionista pero accionado en la esfera cultural ("Race" 47-53). Es interesante que Blanco le dedique la edición de 1942 de *El prejuicio racial* a Ortiz, a quien llama "maestro en antillanismo", y que lo lea por vez primera en La Habana en 1937 por invitación de la Institución Hispanocubana de la Cultura y la Sociedad de Estudios Afro-Cubanos, dos organizaciones en las que Ortiz ocupaba un lugar de honor. Es en el órgano de la Sociedad, la revista *Estudios Afro-Cubanos* (Vol. II, 1939), donde por primera vez se publica el ensayo en 1938 (*El prejuicio racial* 95, 99).

En general, Williams y Sereno también refuerzan los planteamientos de Blanco al operar desde una óptica comparativo-relativista, al suavizar el prejuicio y al concluir que es un asunto de orden social más que racial. El acercamiento de Sereno, en "Cryptomelanism", resulta un tanto intrigante porque, aunque el autor se refiere al discrimen racial en las profesiones, la política y las relaciones familiares, prefiere concentrar su psicoanálisis en los mismos círculos frecuentados por mulatos de clase media –"newly rich" y "newly white"– en los que Blanco localiza la conducta. Como *El prejuicio racial*, "Cryptomelanism" es un artículo sumamente contradictorio. Por un lado, afirma que la discriminación, "a mild form of discrimination [...] even in Spanish times" (263), no es resultado de convicciones arraigadas en la cultura y, por otro, cita datos históricos que evidencian la existencia del mal desde los tiempos de la colonización española. Con su concepto de *cryptomelanism*, Sereno atribuye el prejuicio racial al miedo que tiene el individuo de que se descubra su ascendencia africana, una condición que en su estimación afecta más al mulato de clase media. El investigador encuentra el origen del complejo en la asociación que hace este sujeto entre su línea materna africana, el estereotipo de la mujer negra como ente promiscuo y la ilegitimidad propia. Al igual que en los casos de Pedreira y Blanco, la teorización del psicólogo italiano refleja una concepción de la sociedad puertorriqueña como conciencia subdesarrollada que es consistente con la retórica racionalista moderna: "In this field, as in many others, Puerto Ricans tend to imitate the American patterns without either analyzing their meaning or studying the consequences" (264).

La tesis que impulsa Blanco, y que en lo más básico respaldan los científicos sociales invitados por el PPD, decisivamente ayuda a orientar un proyecto racial durante los años del populismo pepedeísta. En la teoría de Omi y Winant, los proyectos raciales denotan especificidad y concreción dentro de los procesos históricos y estructurales de las formaciones raciales. Omi y Winant los definen como formas diversas de representación, interpretación y explicación de las dinámicas raciales, vinculadas a iniciativas y políticas para reorganizar y redistribuir recursos sociales (56). ¿Cómo se aplica esto a la tesis de *El prejuicio racial* y al discurso científico-social de los cuarenta? En primer lugar, ésta es una tesis articulada en una coyuntura histórica en la que se están redefiniendo las metas sociales y económicas para el desarrollo de la nación. Y en segundo lugar, se trata de una visión que se afianza como parte de la ideología hegemónica que margina a las voces disidentes que cuestionan la existencia de una democracia racial y la imagen de Puerto Rico como entidad esencialmente blanca. Esta ideología oficial, cuyo énfasis retórico está en la suspensión de antagonismos sociales en nombre de un desarrollo industrial que debía garantizar el acceso igualitario al progreso, sirve de base a una política pública que ignora el prejuicio y la discriminación racial como cuestión real.

Por eso, tres décadas después de iniciada la modernización, encontramos que la campaña desarrollista no ha resuelto el subdesarrollo ni tampoco el racismo. Por un lado, el modelo económico fue incapaz de generar suficientes empleos para las masas de trabajadores no diestros que vieron frustradas sus aspiraciones de participar en el sueño de modernización,[28] y, por otro, el racismo siguió siendo un obstáculo para los afropuertorriqueños, aún para aquellos que habían logrado incorporarse a la clase media y profesional.[29]

Luis Palés Matos y René Marqués en el panorama de la formación racial

Examinado con detalle, el complejo de formación racial de la época que venimos revisitando prueba ser más variado de lo que a primera vista parece. Las ideas de Pedreira y Blanco, las tesis sociológicas y psicológicas de las autoridades extranjeras, las ópticas disidentes de científicos locales como Alfredo Silva y el dúo Colombán Rosario-Carrión: todas entran en diálogo y en conflicto entre sí y aun con las interpretaciones de otros. Una propuesta como la del poeta Luis Palés Matos, quien hacia los años treinta defiende una definición de la cultura y la identidad nacional opuesta a la de sus compañeros de generación, de diversas formas también se ve implicada en la superposición de ideas que caracteriza el proceso de consolidación de una ideología racial en la isla.

La poesía de Palés Matos no sólo requiere atención por su temática y orientación estética, sino también porque en su caso el proceso exegético y legitimador a menudo

---

[28] A pesar de la alta tasa de crecimiento económico en los años del programa de industrialización –estimada en un 8.3% anual entre 1950 y 1960– y el mejoramiento de las condiciones de vida de la población, la tasa oficial de desempleo, estimada en 15% en 1940, se mantenía en 12.8% en 1960 (Dietz 244, 275, 298, 308). La migración a Estados Unidos fue una válvula de escape para la modernización. Estimada en cerca de un millón de personas entre 1940 y 1970, ésta registró sus cifras más altas entre 1950 y 1960, años de mayor intensidad del desarrollismo cuando 460,826 habitantes salen de la isla (Dietz 228, 284) En su inmensa mayoría, la emigración de la era muñocista está compuesta por ciudadanos de bajos recursos. De ella, Hernández Cruz ofrece un buen perfil. Aunque su estudio no considera la variable racial, el perfil socioeconómico de este emigrante hace suponer que la población negra debió estar bien representada en el éxodo de este periodo (16-48).

[29] No es hasta 1975 que el gobierno de Puerto Rico establece la Unidad Anti-Discrimen del Departamento del Trabajo, y ésta estuvo inactiva hasta 1982 (Puerto Rico 8). La situación del discrimen racial se discutirá con más detalle en el capítulo cinco, usando como base las investigaciones de Edwin Seda Bonilla y el Centro de Investigaciones Sociales. Para ampliar esta información se puede ver también la discusión que hace Zenón Cruz del discrimen dentro de la maquinaria del PPD en *Narciso* (1974, 136-44).

ha estado ideológicamente cargado. Magali Roy Fequiere ha fiscalizado este proceso desde sus inicios en los años treinta. Sus análisis han puesto de relieve cómo en la lectura de *Tuntún de pasa y grifería* que oficializa Margot Arce, exégeta principal del poeta guayamés, maestra de pedagogos y miembro destacado de la generación del 30, se nota un esfuerzo constante por occidentalizar al poeta y por hacer del caudal afronegroide que circula por su poesía algo ajeno a la realidad actual de Puerto Rico.[30]

Mas por encima de las lecturas oficiales, habría que tomar en cuenta el cúmulo de imágenes que los poemas de Luis Palés Matos le añaden al imaginario sobre la africanía. *Tuntún* tal vez sea el libro que instituye el perfil más perdurable sobre la negritud y el mulataje de Puerto Rico y del Caribe. Ya en los años sesenta este poemario está plenamente insertado dentro del canon que se lee en las escuelas públicas y universidades. Aparte de su meritoria propuesta en favor de una cultura afroantillana y de la idiosincracia popular costeña, la obra es notable por despojar a los sujetos afropuertorriqueños y afrocaribeños de su conciencia y su voz, reduciendo gravemente la dimensión social, política y humana de su experiencia. El énfasis de la creación de Palés Matos está en los ritmos y bailes negros, y en unos cuerpos y una cultura primitiva que a menudo raya en la caricatura y el estereotipo. Con su fetichización del cuerpo de la mujer negra, los versos de Palés Matos remiten a una versión parcial del mulataje del país –acaso la menos tabú– en la que la mezcla racial es el producto de los deseos del criollo por la mujer negra.[31]

---

[30] Una voluntad inversa se nota en Mercedes López Baralt, quien con su edición de 1993 intenta devolverle a *Tuntún* lo que a su entender fue la intención primera del poemario. López Baralt saca de *Tuntún* los poemas que no son de temas negros y que aparecían en la segunda edición (los reproduce en una sección especial). Poemas como "Pueblo" y "Topografía", que articulan una visión de la geografía y del país compatible con el pesimismo y con el tópico de la enfermedad, generalizados en la literatura criolla, quedan fuera del volumen. Además, en la portada de la nueva edición se puede ver que la desnudez y el privilegio del bajo cuerpo de la mujer negra –notable en los poemas y en la portada de la edición de 1937– han sido contrapesados con una ilustración que la muestra en su alto cuerpo, debidamente vestida y en actitud sensible y reflexiva: tal vez, occidentalizada, quizás más cerca de un afrocentrismo actual, pero, en todo caso, lejos del primitivismo estético de los poemas.

[31] Ya es un lugar común citar la crítica de Zenón Cruz a Palés para señalar, como lo hace Eduardo Seda Bonilla, que la poesía del guayamés "exuda erotismo en la contemplación libidinosa del trasero de las mujeres que la ideología racista en nuestra cultura llama negras" ("Y tu aguela" 37). Roy Fequiere examina el drama de la mirada y el deseo palesiano en poemas claves de la colección como "Kalahari", "Pueblo Negro" y "Majestad negra" en "Race" 205.

Visto así, el repertorio de imágenes que instituye la poesía negroide de Palés Matos no es del todo contrario al de los otros escritores de la generación del 30 ni a las ideas de Rogler y Sereno. De hecho, aunque su discurso no tiene el énfasis moral ni científico que se advierte en los otros, su reducción de la mujer negra "a salvajina, a sexo" sugiere, como en el caso de los científicos sociales, que es en ese llamado "animal doméstico" donde se halla la clave del origen del mulataje (*Tuntún* 112).[32] Palés Matos tampoco ejerce un juicio de valor negativo sobre la conciencia de los negros, pero la celebración de estos como sujetos primitivos, hasta cierto punto, se hace compatible con la ideología racial dominante.

De cierta manera, el arte de Palés Matos nos sitúa ante un asunto que ya hemos tratado en otro trabajo y que tiene repercusiones en la política pública (Santiago-Díaz 516-17). Nos referimos a la cuestión que plantea una corriente cultural y culturalista dentro de la cual no parece ser problemática la confinación de los negros al dominio de las esferas artísticas populares, como la música, el baile y los deportes, porque se supone que éstas deben ser validadas como áreas legítimas del quehacer humano. Así, desde organismos en los que los negros tienen poca o ninguna participación, se busca la épica afropuertorriqueña en la cultura popular y ahí se celebra su "contribución". Por esa vía, los negros se convierten en una especie de guardianes del patrimonio cultural, en fuente para la regeneración de la cultura y aún de políticas determinadas, y en el peor de los casos, en entretenedores de turistas locales y extranjeros. Mientras tanto, la voz y la escritura de la diáspora siguen siendo excluidas del saber humanístico y de la literatura; y el ejercicio de la representación propia, un privilegio de otros. Aunque en algunos casos el esfuerzo por legitimar lo que tradicionalmente estuvo marginado es encomiable, lo cierto es que la falta de un reconocimiento real –que no sea el llamado *tokenism*– de voces negras que representen a la comunidad negra en las entidades ligadas a la letra, sí resulta problemática por varias razones. En primer lugar, todavía la letra sigue siendo una institución cultural dominante que opera principalmente desde los sistemas educativos. En el caso de Puerto Rico, la letra tiene la distinción de ser uno

---

[32] La influencia de Spengler en Palés Matos (apuntada por González Pérez) supondría en el poeta una forma de conocer opuesta a la ciencia positivista. La *mirada normativa* (West, *Prophesy* 53-61), compendio del método científico, cede su lugar en Spengler a una mirada más intuitiva, independiente del clasicismo rescatado por la Ilustración (2: 124-31). La huella de la mirada spengleriana en el Caribe requiere de un estudio cuidadoso: sospechamos que se halla, en mayor o menor medida, en autores importantes, desde Palés Matos y Carpentier hasta Benítez Rojo. Si es así, con ella se define otra constante principal en la representación de la negritud que a menudo resulta tan nociva como la de las ciencias ligadas a la emergencia del racismo moderno.

de los pocos espacios relativamente autónomos donde se define y legitima la cultura nacional. En segundo lugar, no se puede obviar el hecho de que en la era moderna, tanto en Latinoamérica como en el resto del mundo occidental, el destino de la diáspora africana en buena medida ha estado determinado por esta institución. En el panorama hispanoamericano, se encuentra el criterio moral o *double standard* ya citado: de ver la escritura como índice del grado de civilidad del Otro a la vez que se obliga a ese Otro a ceder el locus de su representación. Por último, y por encima de todo, habría que sostener que para cualquier colectivo social, el ceder áreas de la expresión humana, no importa cuáles, significa tanto como renunciar a elementos constitutivos de su humanidad.

Palés Matos sigue siendo el poeta más talentoso de Puerto Rico y uno de los más imprescindibles de América Latina, de eso no cabe duda, pero la apreciación de su obra no debería estar exenta de crítica. Siempre nos ha llamado la atención ver cómo la discusión de *Tuntún* tiende a polarizar a negros y blancos –o a negros e hispanos– especialmente en las aulas universitarias de Estados Unidos, donde los primeros poco le conceden al poeta y los otros se van al extremo opuesto. Un argumento típico de los puertorriqueños es que los afroamericanos –y otros miembros de la diáspora que no son hispanos– no entienden las dinámicas raciales de Puerto Rico y América Latina y que la poesía del guayamés no se refiere a los negros, sino a la negritud como constituyente de una cultura. Esta última aseveración es capciosa por, como mínimo, dos razones. Primero, es reduccionista y exclusivista –y hasta elitista– ya que supone que en la lectura de *Tuntún* uno (lectores de todo tipo) llega a las connotaciones saltando menciones y denotaciones al toparse con significantes –negros, negra, mulata, etc.– que tienen ya una historia y una carga semántica pesada, casi epitética, la cual, encima de eso, está reforzada en sus niveles más básicos por la poesía misma. Y en segundo término, implica equivocadamente que la identidad étnica en Puerto Rico es exclusivamente cultural y no racial. De ahí, de asumir que los afropuertorriqueños no son portadores de una identidad racial y de la falta de atención al racismo y a la conflictividad que genera, viene el entendimiento de que dicha gente no está señalada, no más que el resto de la población, en los signos de esa poesía y en las metáforas a las que estos le dan arreglo. Por esta asunción, se llega incluso a defender el derecho del poeta a hablar por el negro aduciendo un vínculo con la negritud ganado a través de la lactancia de la nana negra, sin ver que en la historia de la diáspora africana ese vínculo, recurrentemente idealizado en el imaginario latinoamericano sobre raza y alteridad, es una constante principalísima de la opresión del africano y sus descendientes. Y esto no sólo por la explotación material, sino además por la violencia que comporta su silenciamiento. La nana únicamente podría hablar por las palabras y la boca del poeta y sólo para decir lo cultural, no lo social. No podría, por ejemplo, decir del conflicto en que la atrapa esa relación con el lactante, ni de la opresión de los signos sobre su figura, ni quejarse de que en una operación esencialista se le ha reducido a puro instinto materno, ni aún de que la ganancia del amito, ya sea leche o escritura, se logra a costa de sus propios hijos biológicos. Así que, en todo caso, no son sólo los afroamericanos los que no entienden bien la cuestión racial de Puerto Rico, sino también los propios puertorriqueños. En "Falsa canción de baquiné", específicamente, la muerte del bebé negro y el luto de la madre se traducen en el triunfo del artista en su poesía. Por supuesto, no se trata de penalizar al poeta *post mortem* por haber salvado del olvido fragmentos de los cantos de baquiné para convertirlos en verso, sino de iluminar un instante una de las paradojas constitutivas de su arte y de gran parte del arte vanguardista. Mucho menos nos interesa negar la posibilidad o realidad del cariño de la nana, sino defender la ambigüedad y ambivalencia de sus sentimientos como una posibilidad más real.

Lo cierto es que, juzgada a través de la paradoja de la voz, la gestión de Palés Matos no parece estar tan distante de la ideología de Blanco, especialmente de su actitud condescendiente hacia los negros y de su concepción de ellos como criaturas sin quejas relevantes. Pero hay más. Inclusive, una sátira como la que hace el poeta de los excesos de la aristocracia mulata haitiana en "Elegía del Duque de la Mermelada" nos lleva a preguntarnos si en *Tuntún* no se filtra un concepto esencialista de la negritud que maniobra y significa de forma parecida al del autor de *El prejuicio racial*. A primera vista, es fácil simpatizar con el poema, pero al examinarlo con cuidado uno echa de menos en él un comentario sobre la opresión de los negros por la elite. Choca, luego, que el poema no reconozca la autenticidad de la huella de occidente en el sujeto diaspórico en su afán por desacreditar a estos "newly rich" y "newly white" (al decir de Sereno) de Haití. Lo que queda entonces es una esencialización orientalista de la negritud en la cual ya no tendría sentido pensar que en la escala de valores el África primitiva ocupa una posición superior a la del occidente decadente. "Mira pa ahí, al negro" parece ser todo lo que dice el poeta en vista de que el poema no reconoce el *double consciousness* o la fragmentación del sujeto en toda su complejidad, y en vista de que no contiene una crítica explícita del poder durante el régimen de los mulatos similar, por lo menos, a la que intenta Carpentier (en *El reino*) o incluso a la que realiza Blanco por simpatía con "nuestros negros".[33] Esa recusación orientalista, entonces, no sería diferente, si se nos antoja,

---

[33] "Mira pa ahí, al negro": en su popular canción "Mira pa' ahí", el sonero venezolano Oscar D'León se queja burlonamente de una sociedad incómoda con la movilidad social del negro que él mismo encarna. Prejuiciada, envidiosa y chismosa, ésta le critica sus gustos refinados, como quiera que los exprese, porque en resumidas cuentas lo que le molesta es su éxito y autoestima.

de la que discriminatoriamente se le pueda hacer a cualquier haitiano, o a cualquier negro o mulato, que aspire a insertarse dentro de la cultura occidental. En ese sentido, pues, el ejercicio poético del bardo de la ciudad del Guamaní no escapa del todo a los problemas de sus compañeros de generación.

Pero a fin de cuentas, el énfasis del juicio no debería recaer tanto en Palés Matos, quien simplemente representa una estética avanzada de su tiempo. El verdadero problema está en postular hoy su poesía como un paradigma *infalible* de la etnicidad. Alternativamente, se nos vienen a la mente algunos escritores que abren espacios adecuados para explorar la conciencia conflictiva de la esclava en la discusión de esa tensión en la que la deja su relación con el amo: Ralph Ellison lo hace en su novela, *Invisible Man*, en un momento inicial, cuando el protagonista desciende en la música y a destiempos del ritmo interroga a la anciana negra (8-11); en aparente diálogo con él, Nancy Morejón lo hace en el poema "Amo a mi amo" (45); y asimismo, en un contexto indigenista, Rosario Castellanos se asoma al conflicto en la novela *Balún Canán* (227-32, 290-91). Tal vez a ninguno de estos autores tampoco se pueda proponer como paradigma intachable de lo racial, pero sus puestas en escena de conciencias y lazos tradicionalmente idealizados en los imaginarios raciales parecen más justas.

A otros efectos, los escritos de Ellison sobre jazz resultan igual de iluminadores. Aunque sospechamos que han sido sus artículos los que han dado pie a cierta promoción del jazz como música clásica americana y a una demarcación del género que nunca nos han convencido del todo, en ellos Ellison expone magistralmente el sentido orgánico de la música en la vida comunitaria del sur de Estados Unidos y en ciertos locales de Harlem (*Living*). Lo que él ilumina bien, a nuestro juicio, es el vínculo profundo por el cual el ritmo, el jazz en este caso –que es música, baile, fiesta, religión, tensión y distensión racial y de otros tipos, servicios y cooperación comunal, tecnología, dolor y alegría, etc.– es simbióticamente expansión y fuente de la vida comunitaria negra y de la cultura vernácula. Para Ellison, el jazz es además el locus donde la *inteligencia* y la espontaneidad, el orden y la libertad, en tensión, dan lugar al mejor arte moderno.[34] La poesía de Palés

---

[34] En los escritos sobre música de Ellison hay un esfuerzo notable por subvertir la unidimensional imagen de los negros historizándola. En *Living With the Music* e *Invisible Man* las nociones de inteligencia, conciencia y complejidad son centrales. En "Richard Wright's Blues" encontramos una discusión lúcida: "Intellectual complexity is accompanied by emotional complexity, refinement of thought, and refinement of feeling. [...] The 'physical' character of their expression makes for much of the difficulty in understanding American Negroes. Negro music and dances are frenziedly erotic, Negro religious ceremonies violently ecstatic, Negro speech strongly rhythmical and weighted with image and gesture. But there is more in this sensuousness than the

Matos no está exenta del todo de algunos de estos contenidos, pero como indicamos, su cuadro es más parcial, epidérmico y problemático. Quizás a donde nos lleva la crítica de *Tuntún* es al reconocimiento de lo que parece ser otra de las paradojas fundamentales de la representación moderna de la negritud: la figuración de los sujetos negros en el carnaval, espacio democrático por excelencia, siempre corre el riesgo de comprometer *otro* impulso democrático o democratizador cuando con la primacía del cuerpo tiende a quitarle a los sujetos en cuestión la dimensión intelectual que históricamente la oficialidad les ha negado.[35] Sólo *una inteligencia como* la del jazz –Ellison es la expresión del jazz en la escritura– sería capaz de conjugar ambos conceptos democráticos en el carnaval.

Dentro de la literatura posterior a la generación del 30, quizás el sitio donde mejor se reconozca la huella de la ontología de Pedreira y Blanco sea en la tesis sobre la docilidad del puertorriqueño formulada por René Marqués, uno de los escritores de más prestigio en las letras nacionales y quien, durante las siguientes décadas, va

---

[35] unrestraint and insensitivity found in primitive cultures; nor is it simply the relatively spontaneous and undifferentiated responses of a people living in close contact with the soil. For despite Jim Crow, Negro life does not exist in a vacuum, but in the seething vortex of those tensions generated by the most highly industrialized of Western nations. The welfare of the most humble black Mississippi sharecropper is affected less by the flow of the seasons and the rhythm of natural events than by the fluctuations of the stock market [....] All of this makes the American Negro far different from the 'simple' specimen for which he is taken. And the 'physical' quality offered as evidence of his primitive simplicity is actually the form of his complexity. The American Negro is a Western type whose social condition creates a state which is almost the reverse of the cataleptic trance: instead of his consciousness being lucid to the reality around it while the body is rigid, here it is the body which is alert, reacting to the pressures which the constricting forces of Jim Crow block off from the transforming, concept-creating activity of the brain" (*Living* 112-114).

La verificación de esta paradoja requería de una crítica, o puesta al día, de Bajtín (*Rabelais*) en el tiempo de la modernidad, así como la requiere –bien lo afirma Gilroy– la asunción de que el trabajo es liberador para la diáspora africana. La falta de esta crítica y, tal vez, el énfasis desmedido del posmodernismo en el bajo cuerpo (Eagleton 69-70) y la calle, han conducido a una problemática "vindicación" del negro mediante un privilegio axiomático del cuerpo sobre la razón. Este parece ser el caso de Ríos Ávila: "De manera que fundar una poética de lo negro, como puede verse en *Tun Tun* [sic] equivale, de cierta forma, a fundar una poética del cuerpo" (128). Luego, con acierto, nuestro culto maestro destaca la guerra racial que se anuncia en *Tuntún*. Sin embargo, si esa guerra es factual, su epítome no lo sería Palés Matos sino Zenón Cruz –o mujeres como Marie Ramos Rosado– quien, como sugieren Rafael Acevedo ("Isabelo" 21) y Eduardo Seda Bonilla (37), libra dicha guerra contra el propio Palés Matos, entre otros, usando las armas de la razón y el grito.

a definir la postura más sofisticada y constante dentro del autonomismo criollo. En "El ruido y la furia de los críticos del señor Kazin" y "El puertorriqueño dócil", Marqués recicla los conceptos utilizados por Pedreira y otros escritores del 30 para defender la teoría sobre la docilidad del puertorriqueño. Es en el segundo de estos ensayos, un texto que en sí mismo fuera sumamente influyente y controversial a la vez, donde en verdad Marqués desarrolla el tema, añadiendo un nuevo componente con su interpretación del suicidio como índice de docilidad.[36] Aunque expresado como un patrón histórico, y no en un sentido exclusivo, en el primer ensayo Marqués había vuelto a citar la supuesta docilidad del negro como principio de la mansedumbre del puertorriqueño; consecuentemente, en "El puertorriqueño dócil" va a ver en la conducta electoral de los negros, con su apoyo al anexionismo, "el más alto nivel de absurdidad" de una proclividad al suicidio que, según él, aqueja a todos sus compatriotas:

> No hay duda de que en el puertorriqueño negro el impulso suicida es más agudo que en el blanco, puesto que hoy la anexión para él significa, de hecho, un grado mayor de autodestrucción de lo que significa la muerte física para el blanco. (167)

René Marqués viene a colación en estas páginas no sólo porque da una idea del impacto de las concepciones de Pedreira y Blanco en la literatura puertorriqueña, sino también porque sus propios ensayos pueden considerarse intertextos relevantes en la narrativa de Rodríguez Torres. Marqués escribe en el momento de auge del desarrollismo. Su arte entraña un ideal autonomista en franca decepción con el PPD por su pacto con los Estados Unidos y el capital extranjero. En "El puertorriqueño dócil" su ataque contra el PPD y el Estado Libre Asociado (ELA) es despiadado. Sin embargo, el independentismo de este escritor criollo, opuesto al del autor viequense, es de signo reaccionario, antidemocrático y etnocéntrico. Aun así, es pertinente considerar que en la narrativa de Rodríguez Torres los tópicos de la sumisión del pueblo, el suicidio y la esterilidad son persistentes, particularmente en la primera novela, y que su uso fácilmente pudo haber estado influido por este autor que en las décadas de los cincuenta y sesenta gozaba de una enorme difusión

---

[36] Recibió el Premio de Ensayo del Ateneo Puertorriqueño en 1960 y fragmentos del mismo fueron leídos por el autor ante el Sexto Congreso de Psicólogos de Puerto Rico en 1961. Fue publicado en *Cuadernos Americanos* (1962), en la *Revista de Ciencias Sociales* de la Universidad de Puerto Rico (1963), y como volumen por la Editorial Cultural en 1966; cada publicación fue seguida de una nueva tirada (Marqués 151).

a través de distintos medios, incluyendo los diversos sistemas educativos del país.[37]

No obstante, en consistencia con la lectura de Rodríguez Torres que propone este libro, con las implicaciones del *double consciousness* y con la suposición de que en los procesos de significación nuevos contextos generan nuevos significados, sugerimos la posibilidad de que en la obra del viequense estos tropos se puedan entender de una manera diferente y aún en parcial oposición al uso que le da Marqués, sin que importe tanto la intención del autor al momento de articularlos. Esto no lo decimos gratuitamente. Bastante se ha insistido en los últimos años en reinterpretar el suicidio y otros actos similares de autodestrucción como manifestaciones de rebeldía y resistencia entre los esclavos africanos, sobre todo después de la afamada novela *Beloved* de Tony Morrison. Gilroy, en especial, ha reflexionado detenidamente sobre el tema en su aproximación al recuento alternativo de la modernidad:

> This inclination toward death and away from bondage is fundamental. It reminds us that in the revolutionary eschatology which helps to define this primal history of modernity, whether apocalyptic or redemptive, it is the moment of jubilee that has the upper hand over the pursuit of utopia by rational means. The discourse of black spirituality which legitimises these moments of violence possesses a utopian truth content that projects beyond the limits of the present. The repeated choice of death rather than bondage articulates a principle of negativity that is opposed to the formal logic and rational calculation characteristic of modern western thinking and expressed in the Hegelian slave's preference for bondage rather than death. (*Black Atlantic* 68)

En Puerto Rico, algunos de los investigadores que han documentado diversos asuntos de la diáspora africana también apuntan hacia una vindicación del suicidio consistente con la teoría de Gilroy. Merino Falú lo hace en uno de sus artículos sobre la resistencia de la mujer esclava en el Caribe y en *Esclavos rebeldes*, Baralt da pie para la validación al registrar varios casos separados de esclavos que después de haberse levantado prefirieron quitarse la vida antes que retornar al cautiverio y enfrentar penas severas. Por supuesto, en la narrativa de Rodríguez Torres el suicidio

---

[37] Marqués no sólo fue un escritor muy leído en las escuelas superiores y en las universidades; fue también jefe editorial, y uno de los principales productores de literatura de la División de Educación de la Comunidad, una agencia gubernamental creada en 1949 para la alfabetización de adultos dentro del programa desarrollista del PPD.

no se da exclusivamente dentro de una comunidad negra sino que es un fenómeno generalizado en el pueblo. Aún así, hay que tener en cuenta que Vieques es un territorio marcado por el signo de la negritud y más aún: que estos son relatos que en el fondo dramatizan los traumas de la conciencia enunciadora de un artista negro.

3. La ontología de la nación y los negros expulsados de la *polis*

La literatura criollo-autonomista que compendian Pedreira, Blanco y Marqués se inscribe bajo el signo de la crisis y su metáfora fundamental es la de la enfermedad (Gelpí, *Literatura* 10). Se trata, como se ha demostrado, de una producción que en su afán por exorcisar la crisis, vista siempre a través del lente de su propia clase, busca chivos expiatorios encontrándolos frecuentemente en los sujetos que simbolizan la negritud. Por esa razón, los ensayos de estos autores, sobre todo el de Pedreira, exhiben características análogas a lo que en su teoría de la plaga René Girard identifica como textos de persecución (*El chivo* 7-34). La definición de la plaga, en Girard, toma en cuenta los nexos entre las múltiples dimensiones del concepto: la histórica, la mítica, la literaria y la científica. La metáfora sirve para designar cierta violencia recíproca que se esparce por la sociedad literalmente como una plaga.[38] El contagio implica la presencia de algo infecto que incrementa la virulencia indiscriminadamente a medida que se transmite de persona a persona. Según se propaga una epidemia, así se desata la violencia social cuando la imita ("The Plague" 137-39). Los estudios de Girard son singularmente útiles para analizar las persecuciones por razones de raza, especialmente en momentos de inestabilidad social como lo son los años treinta en Puerto Rico. Desde la perspectiva dominante, la violencia social es malsana porque rompe las jerarquías y nivela la sociedad. Al desaparecer las diferencias, de algún modo se eclipsa lo cultural. Aunque en lo esencial la crisis es de índole social, hay una marcada inclinación a explicarla por razones morales y a intentar conjurarla mediante sacrificios rituales. En esta situación, los grupos étnicos minoritarios o marginados suelen devenir en chivos expiatorios de quienes buscan sanear la sociedad (*El chivo* 24-27).

La adjudicación de la culpa a la diáspora africana efectuada por los escritores criollos en el contexto de una crisis insular, conceptualizada como la interrupción del proceso de desarrollo hacia una conciencia nacional autónoma y del avance del país hacia la occidentalización, bajo ningún término debe verse como una cuestión aislada, sino como parte de la racionalización de la crisis general dentro de la

---

[38] Sobre la metáfora de la plaga en la literatura hispanoamericana es imprescindible ver la incisiva y abarcadora tesis doctoral de Malary, "La plaga".

modernidad: la participación en el diagnóstico de científicos sociales como Rogler y Sereno simboliza la conexión con las ideologías raciales de las zonas céntricas. Típicos de la modernidad periférica, los textos de la generación del 30 dramatizan un ajuste y reajuste contradictorio de vestigios de proyectos raciales que ya entran en decadencia.[39] Un escritor como Blanco, por ejemplo, notorio por su insistente rechazo a las influencias norteamericanas, muestra actitudes compatibles con algunas de las ideologías raciales superpuestas en el pensamiento del sur de los Estados Unidos durante el periodo posterior a la Guerra Civil. Ya sugerimos en una nota previa que en su concepción del negro como sujeto hispanizado, y de Puerto Rico como una sociedad occidentalizada, se advierte alguna influencia de las corrientes darwinistas aunque su discurso tenga un sesgo más socioculturalista que biologista. Asimismo, en lo primordial, su lógica conciliatoria es parecida a la del paternalismo sureño dentro de los Estados Unidos que, preocupado por el atraso de su área y basándose a menudo en una idealización de la esclavitud, abogó por un clima de benevolencia hacia los negros y por un programa que los ayudara a progresar lo suficiente como para poder integrarlos en la economía industrial de la región (Fredrickson 228-55).

De manera que dondequiera que uno mira, las narrativas modernas céntricas y occidentalistas tratan la negritud como un elemento de atraso, y en "situaciones de crisis" como algo que produce condiciones patológicas. En el grupo de autores que hemos comentado, la negritud causa confusión en la teoría de Pedreira; inestabilidad psicológica en la de Blanco; anomalía edipal en la de Sereno; impulsos suicidas en la de Marqués. Desde luego, ninguno de ellos propone la ejecución física de los afropuertorriqueños. En cambio, fijan el significado de la negritud para marginarla, para expulsarla simbólicamente de la *polis*.

Claro, en estos autores el ritual del sacrificio tiene grados y diferencias. Mientras en Pedreira el racismo se expresa cruda y directamente, en Blanco está mucho más solapado. Pero no hay que llamarse a engaños, el procedimiento evasivo que sigue el autor de *El prejuicio racial* en la fijación del significado de la negritud revela una de las constantes del racismo en Puerto Rico.[40] Si el "blanqueamiento" que efectúa

---

[39] Aunque no hemos encontrado casos de racismo extremo en las letras puertorriqueñas, la isla tampoco parece haber estado exenta de las influencias del darwinismo biologicista a juzgar por lo que apunta Williams en "Race Relations": "Some Puerto Rican sociologists advance as a solution the long tradition of interbreeding, which will, they believe, 'whiten' the Puerto Rican Negroes in 75 to 100 years" (316).

[40] Después de todo, en su respuesta a Mannoni, Fanon nos advierte sobre lo inútil que resultaría para la víctima del racismo —especialmente— perderse en diferenciaciones entre los distintos tipos de racismo que la oprimen (*Black Skin* 84-86).

Blanco de "nuestros negros" y de la sociedad isleña está basado en un concepto de hispanidad cuyo fundamento es la lengua, el habla y la cultura, se supone entonces que aquellos negros, o aquellas zonas del habla y la cultura de los descendientes de africanos, que no encajan bien dentro de la noción de hispanidad quedan excluidos de su concepto del país. De esa forma, la práctica escritural de Blanco nos recuerda que en Puerto Rico siempre ha persistido una tendencia a desplazar la negritud hacia los márgenes simbólicos y geográficos de la nación usando la lengua, el habla y la cultura como criterios de exclusión.[41]

"¿Quiénes son esos negros?", pregunta la voz de una mujer al escuchar el repique de una bomba en una grabación musical de José González, como queriendo dramatizar la distancia y extrañeza con que tradicionalmente se mira la cultura de los poblados negros (Loíza, en este caso). Se podría hacer un catálogo de las manifestaciones de esta tendencia registradas en la historia, el arte y la cultura general de la isla, comenzando por la exclusión de la casa del hacendado de que fuera objeto el esclavo bozal debido a su desconocimiento del español y a que en esencia todavía este sujeto no dejaba de ser un africano. Prestando atención a la figuración de la casa como microcosmos de la nación, se podría igualmente citar el tópico de la abuela negra confinada en la cocina, o en un rincón trasero de la casa, por los hijos que se empeñan en esconder la "raja" de la familia.[42] De otro modo, el devenir social de un área como Santurce también es rico en ejemplos. Desde el siglo XVII, una sección de esta vecindad de San Juan fue designada para la localización de negros libertos, principalmente para los evadidos de las colonias de las Islas Vírgenes, y con el paso del tiempo se mantuvo como una comunidad fundamentalmente negra ligada a la migración de las Antillas. El incremento en las últimas tres décadas en la inmigración de dominicanos y su asentamiento en este sector es la expresión más reciente de ese patrón histórico. Varios de los relatos de José Luis González codifican la marginación de los negros de Cangrejos en los arrabales de esta localidad. Su cuento "Cangrejeros", por ejemplo, narra la desventura de una comunidad negra que tiene que irse del manglar por conflictos con otros grupos residentes. El gentilicio "cangrejeros" –que designa a la comunidad en cuestión– nos recuerda además que tradicionalmente el equipo de béisbol de los

---

[41] Otra vez Fanon viene a cuentas. Entre las conductas racistas comunes, el psicólogo martiniquense comenta la necesidad que tienen los "blancos" de "depurar" a los negros con los que se hallan emparentados o ligados, diferenciándolos de los "negros de verdad": "The Negro is a savage [....] 'You're us' [...] and if anyone thinks you are a Negro he is mistaken, because you merely look like one" (*Black Skin* 69).

[42] En la literatura puertorriqueña, este tópico lo inaugura en 1883 Eleuterio Derkes con la comedia de costumbres *Tío Fele*, y luego reaparece en 1957 con *Vejigantes*, obra teatral de Francisco Arriví (Falcón 99).

Cangrejeros del Santurce fue uno de los más dados –sino el más– a contratar peloteros negros de los Estados Unidos y del Caribe para reforzar sus filas.[43] Muchos otros ejemplos se podrían citar: el de la designación exclusivista de Ponce como la "Ciudad Señorial", el de las llamadas "negradas" que iban de las Antillas de habla inglesa y francesa a Vieques para hacer las faenas más duras y peor remuneradas de la caña; el del discrimen contra los inmigrantes dominicanos durante las últimas décadas; y el de los inmigrantes haitianos puestos en un campo de concentración en el Fuerte Allen de Juana Díaz por el gobierno federal de los Estados Unidos en 1981.[44] En todos estos casos, la lengua, el habla y la cultura se suman al color de la piel y a la fisonomía para determinar la marginación racial y la otredad de la negritud.

En la narrativa de Rodríguez Torres, la conciencia afroviequense que escribe está también parcialmente expulsada de la *polis*. Se trata más bien de una "autoexpulsión" determinada por la hostilidad racial reinante en un Puerto Rico en el que todavía la carga simbólica adscrita a la negritud sigue siendo un factor que alienta la conflictividad social, a pesar de haber pasado ya treinta años de la puesta en marcha del programa para el desarrollo, la democracia y el progreso. Por eso, precisamente, la crisis plasmada en la narrativa de Rodríguez Torres debe leerse frente a las construcciones de los escritores de la generación del 30. No porque estos hayan sido los arquitectos del discrimen racial en el país, sino porque su ontología constituye una reformulación vital de ideologías raciales generalizadas en la cultura que se institucionalizan en este momento crucial de la modernización. En ese sentido, el drama de la conciencia afropuertorriqueña en Rodríguez Torres viene a ser una versión local del *double consciousness* de Du Bois. Mirarse con los ojos de otros es aquí reproducir algunos de los esquemas legitimados por la literatura criolla y hacerlos pesar en contra propia aún cuando hay una voluntad contestataria y un propósito de afirmación de raíces africanas.

¿Cómo y cuándo se define la responsabilidad, la moralidad y la conciencia general en el sujeto diaspórico? Esta es una pregunta que ha ocupado el centro de los estudios afrooccidentales desde Du Bois y Fanon hasta Gates, Gilroy y los

---

[43] Hasta cierto punto, los nombres y las rivalidades entre los equipos del béisbol profesional de Puerto Rico simbolizan el espectro social de la isla y su imaginario. Así tenemos: Cangrejeros de Santurce, Senadores de San Juan, Criollos de Caguas (Criollos embrujados del Caguas-Guayama), Indios de Mayagüez, Leones de Ponce, Lobos de Arecibo, Vaqueros de Bayamón. Queda aún por investigarse este tópico en el marco de la historia de la cultura popular puertorriqueña.

[44] Este grupo de haitianos indocumentados fue detenido en la Florida y trasladado a Puerto Rico el 12 de agosto de 1981, lo que generó protestas de diversos sectores del país en solidaridad con sus hermanos antillanos (Quiñones Calderón 92).

nuevos críticos culturales. En el terreno puertorriqueño, el tópico ha sido poco discutido a pesar de que hay momentos que bien se prestan para explorar el tema. La cuestión toca directamente el problema de la conciencia en Rodríguez Torres. Por ejemplo, uno podría relacionar el peso que tiene el destino de la patria —Vieques o Puerto Rico— en la psiquis afroviequense con las exigencias de valor y sacrificio impuestas a los descendientes de los africanos como precondición a la libertad, la ciudadanía y la igualdad. Aparte de la formación racial que hemos examinado, sería pertinente considerar otros instantes e instancias históricas. Sabemos, por ejemplo, que desde antes de las guerras de independencia y la fundación de los estados nacionales —metas nunca alcanzadas en Puerto Rico— la compra de la libertad, el heroísmo, el servicio gratuito al país y el mantenimiento de una moral especial fueron requisitos para la admisión de los negros dentro de la sociedad libre.[45] En Puerto Rico, uno puede ver que desde los negros y mulatos que en el siglo XVIII lucharon para repeler a las invasiones enemigas, pasando por el trabajo "desinteresado" del simbólico maestro Rafael Cordero y por la participación afroboricua en el Grito de Lares, hasta la heroicidad de los afroniuyoricans incluidos en la selección nacional de baloncesto en la década de los setenta y ochenta del siglo XX (Santiago-Díaz 513-16), la actitud de los negros confirma esa regla. En los tiempos de la colonia española, mientras a los inmigrantes blancos de las potencias enemigas se les ofrecían incentivos para que se establecieran en la isla (siglo XIX), a los negros que llegaban escapando de la esclavitud sólo se les otorgaba la libertad y la residencia después de años de trabajo gratuito en obras públicas (siglo XVII).

En la metáfora de la plaga que domina las tramas de Rodríguez Torres, la instancia subjetiva del sacrificio ritual rememora los movimientos de retorno a África. Como en los pioneros del nacionalismo negro, cuya trayectoria política fluctúa entre el reclamo de ciudadanía e igualdad en la sociedad occidental y el diseño de un proyecto de éxodo y repatriación, en el escritor viequense el *double*

---

[45] Asímismo, los orígenes de este tipo de conciencia habría que buscarlos en la mitología popular e institucional que estereotipan a la persona negra para luego imponerle una moral fija. Allí donde se censura una conducta desviada de la norma, es común que los guardianes de la moral sean más severos con los negros que no se ciñen a ella que con cualquier otro infractor de la ley. Una variante de la exigencia ético-moral que la sociedad le asigna al negro se detecta, por ejemplo, en los estereotipos relativos a la sexualidad. Lo que hace más abominable la homosexualidad en el cuerpo del hombre negro es el hecho de que tradicionalmente ese cuerpo ha estado regido por unas exigencias de virilidad impuestas a través de estereotipos. La homosexualidad del hombre negro no es el tema de los textos que venimos estudiando, pero precisamente esa asociación de lo africano con una masculinidad superior es el otro estigma que trabaja sobre la conciencia del personaje esterilizado e impotente de Rodríguez Torres.

consciousness tiene una proyección similar. Por un lado, se le puede ver participando dentro de la versión periférica de la modernidad de su país; y por otro, se le encuentra huyendo de ella, buscando recuperar los vínculos más esenciales de una cultura originaria.

El caso de Martin Robison Delany: un modelo para la interpretación del éxodo y la relocalización

En tanto instancia del *double consciousness*, el éxodo hacia África, ya sea real o simbólico, ciertamente ayuda a poner en perspectiva el segundo movimiento que tiene lugar en Rodríguez Torres. Dado que muy a menudo los intelectuales de la diáspora africana modelan sus discursos a partir de la experiencia del pueblo israelita codificada en la Biblia –intertexto que también actúa en la narrativa del viequense– no sería desacertado examinar, a la luz de la teoría de Girard, el valor que tienen en la autorreflexión de la diáspora africana nociones tales como culpa, expulsión, autoexpulsión, éxodo y relocalización.[46] Tal vez la mejor manera de hacerlo sea examinando el caso paradigmático de Martin Robison Delany, considerado por algunos como el progenitor del nacionalismo negro y del afrocentrismo. A riesgo de extendernos un poco, nos detendremos brevemente en su biografía (Gilroy, *Black Atlantic* 19-29; Sterling).

A Martin Robison Delany su genealogía lo conecta con África de manera fácil. Nace en Virginia en 1812, hijo de un esclavo negro y de una mujer libre que supuestamente descendía de realezas africanas. Su abuelo fue un mandinga que después de ganar su manumisión regresó a África. En una época en la que la esclavitud se imponía como factor determinante del atraso de su gente, Delany se destaca como periodista, editor, doctor, científico, juez, soldado, inventor, inspector de aduanas, orador, político y novelista. Un incidente crucial en su vida ocurre hacia 1850 cuando él y otros dos jóvenes negros son admitidos en el programa de medicina de la Universidad de Harvard con la condición de que, una vez graduados, no ejerzan su práctica en los Estados Unidos, sino en Liberia. El ingreso de los tres

---

[46] A propósito de la novela *El reino de este mundo*, Malary ve la esclavitud como origen de la plaga en Hispanoamérica. De otro ángulo, el escritor afro-colombiano Zapata Olivella figura la condición del hombre negro en occidente a través de un mito en el que "Changó desterró a sus desagradecidos súbditos, exigiéndoles que se liberaran a sí mismos en la descendencia de sus hijos nacidos en un continente extraño, América" (*Changó* 10-11). Visto así, para los africanos y sus descendientes los conceptos de diáspora y éxodo hacia Africa implicarían un entendimiento y una crítica de la modernidad como plaga, ya que es dentro de su marco histórico y programa general que se efectúan las expulsiones que conducen a la diáspora y el retorno.

pioneros suscita fuertes protestas de los estudiantes blancos y pronto se convence a Delany y los otros para que abandonen la universidad. Después de esta expulsión y de la denegación de una herencia que exigía, Delany levanta su voz en reclamo de una ciudadanía para los negros y en favor de una iniciativa de emigración de la comunidad afroamericana hacia América Central para formar allí un estado negro. A sus decepciones se suma además la denegación de la patente de un invento para transportar locomotoras a través de zonas montañosas por no ser ciudadano americano. Delany acaba, en 1856, exiliándose en Canadá donde establece su residencia y desde donde viaja a África. Su encuentro con su "patria" (la que insistió en llamar *fatherland* en oposición a *motherland*) es significativo tanto por las emociones que le provoca como por lo que añade a su compromiso con un plan de modernización de la tierra de sus antepasados y con un proyecto de regeneración panafricanista.

Siguiendo estas notas biográficas, se puede afirmar que el líder negro Martin Delany constituye un chivo expiatorio en la crisis social que afecta a los Estados Unidos a mediados de siglo XIX. En su caso, no es difícil distinguir los rasgos definitorios de la plaga sistematizados por Girard, incluyendo lo concerniente a los estereotipos de la persecución: a) la presencia de una crisis social y cultural caracterizada por una indiferenciación generalizada, b) la existencia de crímenes indiferenciadores, c) la designación estereotipada de los autores de esos crímenes, d) una virulencia generalizada ("The Plague" 136-49, *El chivo* 21-34). En concordancia con la primera línea definitoria, la violencia ejercida en contra de Delany (por vía de los procesos seguidos en su contra) señala la crisis de un sistema social basado en la esclavitud y en los privilegios de una ciudadanía blanca. Lo que tiende a borrar las diferencias y a instaurar la crisis es la transgresión de los códigos sociales y legales que salvaguardan las diferencias jerárquicas y funcionales del sistema vigente. El ingreso a Harvard de los estudiantes negros es un atentado contra la norma diferenciadora, lo cual, de acuerdo con la segunda línea, se toma como un crimen indiferenciador. Inmediatamente encontramos la tercera línea en la selección de los culpables a partir de una marginalidad que en el caso de estos jóvenes es doble. Los signos que los transforman en víctimas típicas provienen no únicamente de la diferencia que les impone su negritud con respecto al poder blanco, sino también de su formación académica –y en el caso de Delany, de la supuesta sangre real africana– que los hace inusuales dentro de la comunidad negra. Hay que puntualizar que lo que nos permite hablar de Delany como un chivo expiatorio es el entendimiento del proceso que marca su sacrificio, esto es de los pleitos que conducen a su expulsión de Harvard, a su exclusión de una ciudadanía americana, a su autoexpulsión al Canadá, a un éxodo (nunca realizado) a América Central o del Sur, y a un encuentro y compromiso con el África de la que habían sido robados y expulsados sus antepasados. Lo importante aquí es entender que en su calidad de víctima, Delany significa mucho más que una persona individual, que el sacrificio del que es objeto es un intento por sanear un orden social ya deteriorado que se ve amenazado por unos reclamos de libertad y de igualdad que van mucho más allá de Harvard. La guerra civil, en la que Delany tiene la distinción de ser el primer oficial de campo negro, puede ser citada como el brote de virulencia más evidente de la crisis que afecta a los Estados Unidos.

La vida de Martin Delany resulta iluminadora porque, situada al inicio de uno de los procesos de reclamo de libertad y ciudadanía más decisivos de la modernidad, dibuja un mapa de trayectorias cruciales para la diáspora africana. Entre tantas cosas, se puede decir que su experiencia activa, para las narrativas afrooccidentales, nociones tales como expulsión, éxodo y regeneración racial. En los próximos capítulos, particularmente en el último, veremos cómo en la obra de Rodríguez Torres estas nociones se ponen de manifiesto a medida que se va operando a nivel simbólico una reconstitución subjetiva. En especial, la proyección ortopédica de una nación africana en América Central que hace Delany en *The Condition* puede tomarse como modelo para teorizar la reconstitución que tiene lugar en Rodríguez Torres. A fin de cuentas, el gesto del escritor viequense viene a ser también un desplazamiento simbólico del Caribe a África, un intento de recuperación de los pasos perdidos por la ruta de una genealogía de personajes caribeños que apunta hacia el continente negro. De la urbanización en Puerto Rico a Vieques, de Vieques a Santa Cruz, y de ahí a Haití: como en el caso de Delany, la expulsión de los espacios modernos en Rodríguez Torres constituye el reverso de la diáspora pues representa la ordenación figurativa de un retorno que aspira a revertir el disloque originado con el tráfico de esclavos africanos.

Introducción a la Segunda Parte

En las antípodas de la modernidad

Carmelo Rodríguez Torres inscribe su nombre en la tradición de escritores que representan a la sociedad puertorriqueña en estado de crisis y, sin embargo, la crisis que él simboliza es de signo opuesto al de la literatura canónica que le antecede. Ya sabemos que esa tradición que inauguran las novelas de Manuel Zeno Gandía y que culmina en su vertiente criolla en la narrativa de René Marqués porta el sello de distinción de la antigua clase hacendada caída en desgracia a raíz de la invasión norteamericana de 1898 (Gelpí, *Literatura* 9-10). Pedreira es, sin duda, el representante más memorable de la intelectualidad heredera de dicha clase. Su *Insularismo*, como se vio en el capítulo anterior, no sólo codifica una crisis, sino que también es seminal en la reformulación de la ideología criollo-autonomista del Partido Popular Democrático y el proyecto desarrollista que el mismo implementa. Blanco también asume la retórica de la crisis y al igual que Pedreira escribe desde la misma bancarrota de clase. Si su gestión es la de reconciliar sectores sociales históricamente encontrados es porque ve en esto una medida necesaria para alcanzar las mismas finalidades que su compañero de generación. Ambos autores son, pues, instrumentales en la elaboración de la ideología que llevó al triunfo del PPD a partir de la década de los cuarenta y a la consolidación de su hegemonía. En cambio, la escritura de Rodríguez Torres se sitúa al otro extremo de este proceso. Por un lado, sus páginas se producen como una comprobación del fracaso de las políticas económicas y sociales del PPD y del desgaste de la fórmula colonial del Estado Libre Asociado, y por otro, como un desafío al paternalismo estético de corte criollista que al alborear la década del setenta también probaba estar agotado.

El hecho de que Rodríguez Torres asuma la identidad doblemente marginal de afroviequense ya de por sí marca una distancia con respecto a la escritura céntrica de la generación del 30. Vieques está en las antípodas del proyecto modernizador porque geográficamente la isla está ubicada en el extremo opuesto del centro administrativo de la colonia y porque su insularidad tradicionalmente le ha acarreado desigualdades significativas con respecto a los otros municipios de Puerto Rico.[1]

---

[1] En *Vieques antiguo y moderno*, Pastor Ruiz documenta con suficiente extensión y especificidad las condiciones históricas y culturales que demuestran —y a la vez explican— el trato distinto. Desde 1493 hasta que se establece el municipio en 1843, Vieques parece haber sido un territorio abandonado y a la vez en constante disputa. Los

En términos étnicos, su contacto humano y comercial con las poblaciones afrocaribeñas de las Islas Vírgenes ha sido clave en los procesos de formación de su pueblo y su gente. Vieques, en consecuencia, es marginal también porque su africanía está demasiado cerca de la del Caribe oriental. Diríamos que está tendiendo un puente, señalando una de las rutas más constantes de la africanía de Puerto Rico.[2] Finalmente, Vieques está en las antípodas de la modernización porque la crisis de esta isla es un precio que el país paga en el tránsito hacia el desarrollo económico y la reestructuración de su relación colonial con los Estados Unidos.

A pesar de estas diferencias radicales, hay que señalar que en los textos de Rodríguez Torres no se efectúa una cancelación absoluta de los paradigmas anteriores. Más bien, es en las zonas de incorporación y crítica de los viejos esquemas donde el autor mejor testifica su decepción con las promesas del estado moderno. Además, es en la confrontación con el imaginario nacional sobre raza y africanía consignado por la literatura canónica donde mejor se trasluce el drama ontológico del sujeto afropuertorriqueño que él nos ofrece. Si Pedreira veía la crisis colonial de Puerto Rico como la pérdida de una gracia original, pronto veremos que en la representación de Rodríguez Torres prevalece un esquema mítico análogo aun con

---

primeros pobladores fueron franceses. Estos fueron expulsados por los ingleses, quienes a su vez fueron desalojados por los españoles. Se presume que para 1647, en Vieques existía una colonia mixta de ingleses y franceses. Pastor Ruiz menciona por lo menos tres expediciones militares españolas que fueron de San Juan (1668, 1718, 1752) para lidiar con los asentamientos de colonos enemigos (franceses, ingleses y daneses) y con la presencia de piratas en la isla. Aún después de la fundación del municipio, la isla mantuvo cierta independencia administrativa y gubernamental. Se mantenían consulados con Inglaterra, Francia, Dinamarca y Santo Domingo (27-47). Véase también la próxima nota.

[2] Rodríguez Torres asegura que, históricamente, Vieques tuvo mayor contacto humano y comercial con las Islas Vírgenes que con Puerto Rico al aludir a las migraciones de negros que llegaban a su pueblo de Saint Thomas, Santa Cruz, Saint John, Saint Kitts y Nevis ("Tres novelas" 39). En su entrevista con Gómez Cuevas, Rodríguez Torres añade: "Es que ni los negros cubanos ni los dominicanos han tenido esa múltiple fusión que se ha dado en estas islitas [Antillas Menores]. En ellas uno encuentra daneses, holandeses, ingleses, franceses, alemanes [...] en fin, que la mezcla fue mayor. Es la múltiple presencia étnica que muy bien definió Arturo Morales Carrión en el texto histórico *Puerto Rico: The Non Hispanic Caribbean*, y que es evidente en el mundo de Vieques" (29). Pastor Ruiz también insiste en esta relación humana en distintas secciones de su libro, pero sobre todo lo deja ver en "Movimiento obrero y la huelga de 1915" cuando se refiere a la abundancia de "ingleses, de color" (las llamadas "negradas") que hacían los trabajos más duros en los cañaverales de Vieques (172). Véanse también las secciones "Voces y curiosidades de Vieques" (144-52), "Nombres y apodos locales" (151-53).

mayores complejidades. Si para Pedreira el origen de la enfermedad del país estaba en la fusión con la raza africana, también veremos que la narrativa del viequense se desenvuelve a través de una pugna constante con esa idea profundamente enraizada en la conciencia enunciadora de sus relatos. En Rodríguez Torres la convivencia racial y el mulataje conllevan dificultades de orden existencial que no se resuelven fácilmente. En ese sentido, la noción de la expiación de una culpa constituye uno de los paradigmas centrales en su obra. Asimismo, de la urgencia de superar dichas dificultades surge también la necesidad de articular, mediante el habla y la escritura, nuevas versiones de la africanía y del mulataje del país.

La narrativa de Rodríguez Torres definitivamente articula una crítica de la modernidad impuesta desde los centros metropolitanos. Pero a tono con lo establecido en los estudios poscoloniales de las últimas décadas,[3] su balance de cuentas también implica que la relación entre el centro y la periferia es más compleja de lo que suponían los teóricos de la primera mitad del siglo XX.[4] De ahí que gran parte de su crítica recaiga sobre los ideólogos y los administradores locales a cargo de implementar la modernización de la colonia, los cuales junto al poder armamentista de los Estados Unidos son responsabilizados por los problemas de Vieques. Estos serán los temas del próximo capítulo en el que trataremos de esclarecer el signo apocalíptico de *Veinte siglos después del homicidio* así como las coordenadas geográficas y discursivas que van a orientar los siguientes libros. A partir de esta novela, "aquí" será el locus de enunciación y "allá", el lugar donde el

---

[3] Se puede ver, por ejemplo, el artículo de Parry "Problems in current theories of colonial discourse".

[4] Después de todo, el retrato del colonizador que hace Memmi en *Retrato del colonizado* le serviría también de espejo a muchos de los miembros de los sectores intermedios y de las elites criollas como Pedreira y Marqués: "Casi siempre el colonialista se libra igualmente a la desvalorización sistemática del colonizado [....] 'Todo sería perfecto ... si no hubiera allí indígenas'. Pero el colonialista se da cuenta de que, sin el colonizado, la colonia no tendría sentido alguno. Esta contradicción insoportable lo llena de furor, de un odio siempre presto a desencadenarse sobre el colonizado, ocasión inocente pero fatal de su drama [....] He visto estupefacto cómo apacibles funcionarios, docentes, corteses y bien hablados por lo demás, se convertían en monstruos vociferantes con pretextos fútiles. Se acusa al colonizado de las cosas más absurdas. Un viejo médico me confió, con una mezcla de regaño y gravedad, que 'el colonizado no sabe respirar'; un profesor me explicó doctamente que 'aquí no se sabe caminar, se dan unos pasitos que no hacen avanzar' [....] La devaluación del colonizado se extiende de este modo a todo lo que le concierne. A su país, que es feo, demasiado cálido, asombrosamente frío, maloliente, al clima vicioso, a la geografía tan desesperada que lo condena al menosprecio y a la pobreza, a la dependencia eterna" (82-83).

yo aspira a subvertir la historia para reivindicarse. Proyectando hacia el análisis que se hará en el quinto y sexto capítulo, en el Capítulo IV nos interesa establecer que, en el fondo, la plaga que domina *Veinte siglos* es la expresión de una crisis gestada en el interior de la conciencia del sujeto enunciador. Seguidamente, el Capítulo V lo dedicaremos al análisis de los textos que tratan la conflictividad racial escenificada en los espacios urbanos de los años setenta. Ya ahí se podrá ver con mayor claridad el tipo de diálogo que entabla Rodríguez Torres con los ensayistas discutidos en el Capítulo III. El diálogo con la literatura canónica va además implícito en el Capítulo VI, en el análisis del gesto de reconstitución de una subjetividad y una africanía que nunca se integran bien en el interior de una sociedad en vías de desarrollo. La lectura que hacemos en ese capítulo nos llevará, finalmente, a explorar las trampas, limitaciones y frustraciones del proyecto afrocéntrico en Rodríguez Torres.

Al final, el análisis de la segunda parte de este libro ha de desembocar en la consignación del fracaso del proyecto escritural afrocéntrico de Rodríguez Torres. Sin embargo, a tono con la teoría de la elipsis desarrollada en el Capítulo II, lo que el proceso exegético revela obliga a su vez a buscar el significado profundo de la obra en los signos del fracaso. En ese sentido, el comentario de texto de la segunda parte se relaciona con la teoría de la elipsis, no mediante un registro de cada incidencia elíptica que se pueda encontrar en las páginas, sino a través de la exposición del silencio que envuelve a la voz enunciadora —canalizada casi exclusivamente hacia el interior— y de la frustración de la iniciativa afrocéntrica como gestos definitorios de la escritura del autor afroviequense. En el fondo —como ya se ha adelantado en el segundo capítulo— la narrativa de Rodríguez Torres, al remitir elípticamente a la gramática de Nebrija como origen de la represión de la voz afrohispana en la literatura, se convierte en un corpus literario paradigmático en el delineamiento de uno de los rasgos fundamentales de las letras afropuertorriqueñas.

Capítulo IV

Cuando se eclipsa la comunidad tradicional y la luz de la modernidad no alumbra: La crisis de Vieques según Carmelo Rodríguez Torres

1. LA LLEGADA DE LA MARINA DE GUERRA NORTEAMERICANA Y EL APOCALIPSIS DE VIEQUES

Quizás convenga comenzar la lectura de *Veinte siglos después del homicidio* definiendo nuestros objetivos en relación con un artículo de Sotero Rivera Avilés que, aunque poco conocido, es hasta hoy lo más iluminador que se ha escrito sobre el libro. Publicado en 1972 bajo el mismo título de la obra, el artículo en cuestión contextualiza estéticamente el nuevo experimento que en aquel entonces representaba para la literatura insular la primera novela de Carmelo Rodríguez Torres. Rivera Avilés, un escritor y crítico allegado al novelista, comenta los procedimientos estilísticos del libro a la luz de la obra de Alain Robbe-Grillet *Para una nueva novela* y lo relaciona con la principal expresión de la nueva novela latinoamericana. Advierte que el lector no debe aproximarse al texto esperando un relato lineal porque la novela no obedece a una lógica convencional sino a un flujo de conciencia azaroso. Esta observación también la hace extensiva a los personajes, los cuales, dice él, no tienen historias ni identidades fijas sino que funcionan más como configuraciones inestables de símbolos o como simples menciones. Rivera Avilés apunta además que otra de las dificultades que presenta la novela estriba en que escamotea sus contextos históricos dejando al lector sin guías en medio de un laberinto.

La lectura de *Veinte siglos* que hacemos a continuación intenta hasta donde es posible clarificar algunas de las coordenadas históricas y de identidad eclipsadas por la fragmentación caótica subrayada por Rivera Avilés. Nuestro interés no es hacer una hermenéutica de la novela, sino abrir una incisión en su textura con dos objetivos específicos: primero, demarcar las instancias de la modernidad que son relevantes en Rodríguez Torres; y segundo, comenzar a demostrar el sentido fundamentalmente interior de toda su narrativa para exponer la identidad de su sujeto enunciador. La discusión la organizaremos alrededor de los dos emblemas de plaga que le dan sentido a la crisis de *Veinte siglos*: apocalipsis y Jonás en el estómago de la ballena. Si la aproximación al primer emblema nos sirve para iniciar la decodificación de la crítica de la modernidad contenida en Rodríguez Torres, la interrogación del segundo es un punto de partida para la elucidación de lo concerniente a la conciencia enunciadora.

Desde *Veinte siglos* hasta *Vieques es más dulce que la sangre*, la escritura de Carmelo Rodríguez Torres porta la plaga como signo permanente. Dicho signo se configura a partir del rico imaginario que da forma al mito occidental. Su punto de arranque es la emblemática judeocristiana de la Biblia. Con el epígrafe que aparece al comienzo de *Veinte siglos*, esta novela nos sitúa en un sistema de equivalencias con los libros del Viejo Testamento, particularmente con Números, donde se narra la marcha de los protegidos de Dios hacia la tierra prometida. Ante los ojos de los viequenses, los marinos de las fuerzas armadas estadounidenses instaladas en la isla son como los habitantes de Hebrón a los ojos de los jefes de tribu de Judá que fueron a explorar las tierras de Canaán. "No podemos atacar al pueblo, porque es más fuerte que nosotros", afirmaban atemorizados aquellos exploradores cuando, después de su informe, Caleb los insta a apoderarse del país que han espiado. Y de inmediato se pronuncian en los siguientes términos:

> La tierra que hemos cruzado y explorado es una tierra que devora a sus habitantes; el pueblo que hemos visto en ella es de gran estatura. Hemos visto allí a los nefileos hijos de Anac: parecíamos saltamontes a su lado, y así nos veían ellos. (*La Santa Biblia*, Núm. 13. 30-33)[1]

Con la cita parcial de este pasaje bíblico, el epígrafe de *Veinte siglos* consigna, entonces, el gran antecedente de la novela. El origen de la calamidad que asola Vieques, y Puerto Rico por extensión, es el pecado de la sumisión, la entrega de la isla a un poder extranjero. En la narración de Números, el miedo de los jefes de tribu pronto contagiará a los comunes, quienes dudando de los propósitos de Dios querrán volver al cautiverio en Egipto antes que morir peleando por la tierra prometida. La sentencia de Dios contra su pueblo es aquí más severa que nunca. "Voy a herirlo de peste y a desheredarlo", le dice a Moisés (14, 11-12), y aunque el patriarca intercede para que el exterminio no sea absoluto, ya esas palabras auguraban el final de los días de aquellas generaciones pecadoras.

A pesar de que existe una diferencia básica entre la historia de los israelitas —un pueblo en plan de invasión— y la de los viequenses —uno invadido—, la novela explota al máximo los paralelismos existentes en torno a la noción de pueblo en trance para crear un sentido de tiempo circular y presentar la encrucijada de los puertorriqueños como un lugar común en la caída del género humano. Si el autor

---

[1] En el epígrafe se lee: "La tierra por la cual pasamos para espiarla, es una tierra que se come a sus habitantes ... Y allí vimos a los nefilim ... LA BIBLIA, Números XIII, 32-33" (9).

ha preferido poner la carga del pecado de la entrega en los años de triunfo del Partido Popular Democrático (PPD) y de la constitución del Estado Libre Asociado (ELA), es porque en este periodo se escribe el episodio más impactante de la historia de Vieques.

Durante los días de la Segunda Guerra Mundial, el gobierno de los Estados Unidos se da a la tarea de aumentar el número de bases militares en Puerto Rico y la zona del Caribe. En Puerto Rico, la construcción de dos instalaciones en particular conduciría al desalojo de comunidades enteras en las municipalidades de Vieques y Aguadilla. En 1941, la marina expropia 26,000 de los 33,000 acres del territorio de Vieques, esto es, un 76% de la totalidad de la tierra. Inicialmente, la fase de construcción de la base militar y la industria azucarera producen un auge económico que amortigua el impacto del desarraigo; pero tan pronto estas actividades cesan, Vieques se abisma en una catástrofe sin precedentes (García Muñiz 55). Para 1947 se comienza a discutir en círculos gubernamentales norteamericanos la posibilidad de trasladar a toda la población viequense a la isla de Santa Cruz y así se lo hacen saber al gobernador de Puerto Rico Jesús T. Piñero.[2] La nueva relocalización nunca se hace oficial pero la grave situación económica de Vieques obliga a un elevado número de residentes al éxodo hacia la hermana Antilla. El estado de las cosas de Vieques durante estos años queda sintetizado en un recuento que hiciera J. Pastor Ruiz para la misma fecha de 1947:

> Las tierras más fértiles y ricas fueron expropiadas por la marina de guerra y desaparecieron los barrios de Tapón, Mosquito y la Llave. [...] Familias que tenían su casita, vacas, caballo y terreno de finca pasó a no tener sino una casa improvisada, un puñado de monedas y la noche y el día. Los que tenían su conuco o vivían felizmente en arrimo rodeados de finca y de árboles frutales, hoy días [sic] viven hacinados, y carecen aún del aire para respirar. (206)

Esta visión de una comunidad que se consume concentrada en una faja de tierra agreste es precisamente lo que capta *Veinte siglos*, "la novela más opresiva y aprehensiva de nuestra realidad puertorriqueña", según la apreciación de Rivera Avilés ("*Veinte siglos*" 3). Se trata de una representación perturbadora del deterioro físico y moral de esta colectividad dislocada a raíz de la llegada de la marina y de las expropiaciones de terreno. El relato mismo, en su desarticulación, en su

---

[2] García Muñiz señala: "One document says: 'My proposal is that the present population of Vieques be transported and resettled in the island of St. Croix ... I discussed this proposal with Governor Pinero [sic]. He received it with enthusiasm'" (221).

imposibilidad como ejercicio genealógico, se presenta como la mejor evidencia de la carencia de un centro esencial. Un giro en la manivela de la piedra de esmeril hace que coincidan en una primera imagen generadora el vuelco de la memoria del narrador, un rodaje cinematográfico silente, la ventana doble de par en par, y la novela que se nos abre a la realidad de un pueblo donde los sujetos han perdido los vínculos más elementales con sus normas, con su tierra, con sus familias y con su historia:

> Con un gesto grave, precedido de un bostezo, Pedro colocó las tijeras sobre la piedra de esmeril. Giró la manivela y sintió el vuelco en la memoria. De momento recordó, como en una película muda, la llegada de los nefilim. Como si despertara de un letargo, abrió la ventana doble, ensamblada con duelas de barril, e hizo más claridad. Después haló prudentemente la gaveta chamuscada de blanco y rojo. Buscó entre el polvo los tornillos y las cuerdas de guitarra. *Ciento veinte siglos corcovando y de momento se presentan en este pueblo.* Llevó las tijeras a la piedra y corrió la manivela. (11)

Se trata de gente sola y carente de esperanza, gente desocupada que vive a la intemperie, abandonada a sus más bajos instintos para la supervivencia del día a día.

Como en los textos apocalípticos de la Biblia,[3] la visión viene precedida por señales cósmicas catastróficas:

> Aquélla era la cosa más extraña del mundo. Cernían el cielo en una oleada. Masticaban el espacio bajo y cabrilleaban a la distancia dejando una neblina que duraba hasta una hora. Cimbraban las amapolas de la palizada. Contorsionados por las vibraciones, los faisanes y las gallinas abroquelaban sus cabezas en los hexágonos de la alambrada. [...] ***La noche cayó como areyto negro sobre el desbastadero. El músculo de la sombra se apretó en tremolina, desde el llaneo hasta la pendiente de las Chicharras. El buitre escanció un murmullo sideral y compacto. Se bañó en sangre la soledad estrangulada por las estrellas. (12)

---

[3] Aunque comúnmente se entiende que el apocalipsis es el libro Revelación, la noción toca a toda una literatura judía y cristiana de aproximadamente dos siglos a.C. y dos d.C. que profetiza la destrucción del mundo y la salvación de los justos. Estrictamente hablando, el Libro de Daniel se considera el primer gran texto apocalíptico de la Biblia y una clara influencia en Revelación. Fuera de la literatura bíblica, Revelación encuentra una influencia temprana en el profeta persa Zoroastro, quien se estima que vivió entre 600 años y un milenio a.C.

Signos celestes o ejercicio militar, estas imágenes anuncian el arribo de los nefilim a la isla, esos seres que Rivera Avilés ha comparado con la bestia bíblica por el miedo y la admiración que suscitan en los pobladores (*"Veinte siglos"* 4). También desde esta perspectiva del libro Revelación, el pecado de la entrega es el generador de las plagas de la novela. La falta que el epígrafe insinuaba como antecedente de aquí en adelante quedará expuesta en el texto a diferentes niveles. Quedará codificada en la entrega corporal de Realidad, una mujer pública que por metonimia señala la prostitución general de la isla, en la que la putería con los nefilim no es necesariamente lo más ominoso aunque, por la naturalidad con que se practica, sí uno de los signos más constantes de la decadencia del pueblo:

> Ya él no escuchaba. Estaba lejos de su madre, muy lejos. "¿Y doña Colaza?" "Está de puta" –dijo la anciana. "Tan vieja." "Yo también lo estuve. Aquí ya es costumbre [....]" Llegó de nuevo a la plaza. Recordaba a Rosa, a Realidad, a Carmen ... Los nefilim seguramente estarían gozándolas. [...] ***Eres una mala hembra, Realidad. No puedes resistir diez hombres en una noche. Tú resistías veinte. [...] Es el tiempo, el orden del tiempo. Nacer, vivir, morir. Ya estás muerta. Por eso han llegado otras. (51, 56-57)[4]

Luego, la entrega aparecerá especificada en casos concretos de sumisión y resignación.[5] Así se expresa de forma directa en la rogativa a Lalo:

> ***Canta, oh Lalo, la desgracia de esta isla que por haber olvidado el amor a la libertad, se ha sumido en la más hermosa de las injusticias. Canta su desgracia que a fuerza de ser insoportable es dichosa, porque esconde en su tierra al más codiciado de los frutos terrenales: la sumisión. (61)

---

[4] Esta metonimia encuentra su antecedente principal en Revelación, donde la tinta del profeta transforma el cuerpo de una ramera en el locus de los pecados y la perversión de la ciudad de Babilonia. El procedimiento del Apocalipsis ya ha sido criticado desde una perspectiva feminista, particularmente por Mary Wilson Carpenter (116-18). El propio Rodríguez Torres parece estar consciente del problema de su representación ya que en su siguiente novela hace que la misma Realidad emita su queja contra el narrador.

[5] Véase por ejemplo el siguiente diálogo: "'Mañana hay desfile.' '¿Militar?' 'No, de hambre. Siempre que llegan vamos a verlos. Pedro dice que le recuerdan el desembarco de Colón. Siempre nos regalan algo. El año pasado repartieron comida. Fuimos al otro día pero nos pusieron a limpiar los barcos. Entonces nos dieron chavos.' '¿Y los cogieron?' 'Aquí vivimos de eso.' '¿De qué?' 'De los nefilim. [...]' Entonces pasaron las voces. '¿A dónde van?' 'A los barcos. Salen a esta hora y a veces se confunden con los que regresan. Es un orden de trabajo.' '¿Qué buscan?' 'Comida, lo que botan los barcos en la orilla.' '¿Y traen?' 'De eso vivimos'" (52-53).

Pero, ante todo, el pecado de la entrega quedará codificado en la traición de Pedro, un personaje corrupto que administra las miserias de la colonia en nombre de los nefilim y que, según el decir de la gente, no es tan distinto de ellos:

> "¿Qué es eso?" "La lancha de las tres. Le cambiaron el horario. Ahora sale cuando le da la gana a Pedro." "Será a los nefilim." "Es lo mismo, comen en el mismo plato." "Parece que estamos en patronales." "¿Por qué?" "Porque Pedro vino ayer aquí. Estaba repartiendo chavos. Me dio dos pesos, pero como le debía cinco me los abonó a la cuenta." (27)

Es evidente que en algunos de los momentos de mayor especificidad, este personaje no es otra cosa que un funcionario político del PPD (o del ELA) comprado por el capital extranjero. Pedro sabe de la maldad y de las operaciones de los nefilim; es obvio que ha pactado con ellos y por eso calla (37-38). De ahí que sea la única persona que dispone de abundancia de bienes en medio de la escasez (34). Es él quien, en un momento determinado, aparece representado como la "la bestia" del Apocalipsis (41), aunque por su carácter servil y por sus discursos engañosos, más se parece al falso profeta apocalíptico que a la bestia:

> [...] Pedro hablaba a una muchedumbre de mi pueblo [....] Todo estaba en el sueño de la noche anterior. "Pedro, tú te pareces al villano de la pasta dental, siempre cultivando la caries social." Porque tenía el pelo ralo, las orejas de burro clásico, la mirada dulce, y el bigote cansado como una vagina tres días después de una menstruación. Me crecieron alas poderosas, y sobre la multitud me acerqué al ángel guardián de la muerte; y, contra los testículos de Pedro. Lo maté hasta los genes. (38-39)

Con este boceto en mano, uno podría incluso pensar que el referente más específico que se persigue no es otro que el líder máximo del PPD, Luis Muñoz Marín. A esa conjetura abonaría el gran duelo nacional que en un sueño provoca la muerte de este "*alcahuete*" del "*imperio*" (45-46), un duelo que afecta hasta a sus enemigos políticos, entre ellos el padre del propio ejecutor (41-42). Es lógico además pensar que las quejas que provoca en el narrador el monopolio del nombre de Luis Muñoz Rivera en la nominación de calles, escuelas, parques y otros lugares públicos y privados, sean más una reacción en contra de la omnipresencia del PPD y de las dinámicas entre el caudillo y el pueblo, que una crítica a la figura de su padre, el prócer autonomista Muñoz Rivera (45-46).

En una novela tan polivalente, no obstante esta identificación con Muñoz Marín y el PPD, Pedro puede ser cualquiera: un artesano de la barbería, uno de los primeros pobladores de la nueva comunidad o el propio narrador. Incluso, en un momento de la segunda parte de la novela, se perfila como el héroe nacionalista Albizu Campos (Rivera Avilés, "*Veinte siglos*" 9-10). Dicho detalle acentúa el clima de corrupción general y el sentimiento de culpa entre personajes y figuras. En el contexto de la teoría de la plaga de René Girard, este desdoblamiento mimético correspondería a lo que el teórico denomina "a process of undifferentiation", uno de los síntomas definitorios del trauma social en tiempos de pestilencia ("The Plague" 136-37).

2. EN VIEQUES NI LO TRADICIONAL NI LO MODERNO: LA CRISIS EXISTENCIAL DE UN SUJETO AUSENTE

Es curioso que, más allá de la traición de Pedro, la novela no documente con más detalles la participación del gobierno colonial en la crisis de Vieques. Al contrario de lo que sucede con los nefilim, que remiten de manera casi directa a la ocupación de la marina, la administración colonial es más una presencia elíptica que un registro de datos específicos. Pero sucede que uno de los crímenes que *Veinte siglos* acusa, además del consentimiento del gobierno estatal con las expropiaciones, es la ausencia de un programa de rehabilitación económica, social y residencial que compense lo que se ha perdido.[6] En un momento en que el discurso dominante de la modernización se nutre de conceptos como libertad, democracia, industria y progreso, en el Vieques de la novela lo que se observa es la desarticulación de comunidades relativamente autónomas y el abandono del pueblo en un completo caos.[7]

---

[6] Previo a la industrialización, el programa de acción modernizadora y rehabilitación más notable en Puerto Rico fue el de la Puerto Rican Reconstruction Administration (PRRA) y su subdivisión, la Puerto Rican Emergency Relief Administration (PRERA). La PRRA, sin embargo, alcanzó sus mayores efectos antes de la década de los cuarenta. Además, la PRRA tuvo sus manos muy atadas frente al problema del monopolio de la tierra por el capital azucarero absentista y no pudo hacer cumplir la ley que limitaba la tenencia de tierra por parte de las corporaciones a 500 acres, objetivo principal para el que había sido creada (Dietz 154-158).

[7] La literatura que signa y estudia las áreas de énfasis del discurso populista del PPD es voluminosa. Referiremos al lector al artículo de Rodríguez Castro "Foro de 1940", y al discurso "Tres pilares básicos de nuestra civilización" pronunciado por Luis Muñoz Marín en la Universidad de Harvard en 1955 y reproducido por el Partido Popular Democrático en *Compilación de Programas*.

Por supuesto, no creemos que el interés aquí sea tanto la defensa de una visión arcádica de la comunidad tradicional.[8] Vale la pena recordar que aunque a partir de 1898 Puerto Rico es incorporado a los circuitos de producción y circulación de los Estados Unidos, en gran medida sobrevivían en la isla los rasgos de unas estructuras sociales autónomas y de unas prácticas culturales asociadas, en los primeros cuatro siglos de la colonia, con el campesinado libre y su agricultura de subsistencia, la actividad artesanal y el contrabando; y del otro lado del Atlántico, con poblaciones del norte y sur del Mediterráneo y del norte y sur del Sahara. Estas formas socioeconómicas y culturales, que fueron suficientemente fuertes como para reproducirse al "margen" de sistemas precapitalistas relativamente dominantes (las plantaciones esclavistas y las haciendas basadas en trabajo servil) persisten hasta mediados del siglo XX a través de relaciones de familia y de compadrazgo, y de asociaciones para la ayuda mutua y el intercambio de servicios entre vecinos. El engranaje de estas instituciones afectaba substancialmente la manera en que la comunidad proporcionaba medios de subsistencia, distribuía bienes de uso, se reproducía biológicamente, proveía servicios de salud y cuidado de niños, expresaba afecto, desarrollaba actividades recreativas, llevaba a cabo servicios religiosos y generaba otras estructuras de significado (símbolos, mitos, leyendas, cuentos y demás) que le daban sentido a todas estas prácticas (Santiago-Valles 38-39).

En *Veinte siglos*, entonces, la fragmentación del texto y su falta de orden corresponden con el disloque de los elementos de la antigua entidad y con la anulación de sus funciones. Como ha observado Girard, desde la antigüedad representada en los libros del Viejo Testamento y en los mitos griegos, la ruina de la naturaleza, la disolución de los principios más básicos de convivencia y la esterilidad humana han sido signos recurrentes de las plagas: "The Greek mythical plague not only kills men but provokes a total interruption of all cultural and natural activities; it causes the sterility of women and cattle and prevents the fields from yielding crops" ("The Plague" 137-38).

En la novela, los primeros que se arruinan son los recursos naturales: la tierra, por la ocupación de la marina; el mar, por sus prácticas militares, la contaminación (52, 53) y la pesca a gran escala (34); el aire, por el hacinamiento, la polución y el calor (53, 79). Encima de esto, las vacas se encuentran raquíticas y completamente estériles (47) y la gente se acoge a la idea de Pedro de comerles el corazón a los árboles jóvenes (35). Estamos, en definitiva, ante un verdadero colapso ecológico. Al

---

[8] En la narrativa de Rodríguez Torres sí se respira un aire de nostalgia, pero contrariado por un gesto literario antiarcádico. Sobre este drama se puede ver el Capítulo VI, particularmente la conclusión al mismo.

mismo tiempo, el principio de la ayuda mutua entre vecinos y la cooperación en el trabajo se ve corrompido por el oportunismo, el robo, el chantaje, el mal manejo de los recursos, y por otros vicios. Lo que experimenta la sociedad es un descuadre total. La impresión que da la novela es que, en este escenario de escasez absoluta y como resultado del cese de roles y tareas, ha ocurrido un extrañamiento en la subjetividad de las personas: se les encuentra deterioradas física y moralmente, desquiciadas o con cambios en sus identidades. En la teoría de Girard, desde luego, este estado social es parte integral de la plaga. Específicamente, está relacionado con el proceso de eliminación de diferencias y la emergencia de dobles miméticos: "The plague is universally presented as a process of undifferentiation, a destruction of specificities. This destruction is often preceded by a reversal. The plague will turn the honest man into a thief, the virtuous man into a lecher, the prostitute into a saint" ("The Plague" 136).[9]

Dentro de *Veinte siglos* abundan los trastornos: la vieja doña Colaza anda de puta (51), cientos de vecinos se transforman en pillos y criminales (21-22), Lalo se desajusta y se pasa el tiempo escondido detrás de una piedra (60), el loco Grandiablos no muestra el mismo afán por monologar y conversar con los parroquianos (55), la anciana se ha vuelto "un saco de huesos" (55) y don Carlos, el predicador ambulante, se halla incapacitado para llevar a cabo sus labores espirituales y eventualmente se muere de lepra en una pierna, corrompido por un afán de contar los chavos negros (los centavos) que había guardado (33, 58, 87-88).

Debido a la naturaleza de la crisis, ahora la comunidad tampoco es capaz de proveer adecuadamente alimento, seguridad, salud o apoyo moral a sus miembros. Virtudes como la fe y la piedad se van haciendo raras. Las oraciones no son escuchadas, las rogativas empeoran la situación (85) y la gente no cumple con el deber de asistir a los velorios (29). De la resignación se pasa a la desesperación y de ahí a la autoaniquilación. El suicidio se convierte entonces en el síntoma más alarmante de la enfermedad colectiva: "Rafael se cortó las venas, porque perdió la fe", "Dominga se ahorcó, porque estaba loca", "Ciprián se quemó, porque era un mal familiar", "Angelito se tiró por el farallón, porque tenía la pata mala" (34), "la familia de Concho Pérez se envenenó toda" (78). De diez en diez, día tras día, los hombres se van inmolando de todas las formas imaginables en protesta contra su pobre suerte. Se matan con cuchillos (58), con veneno (78), con fuego (85), o se cuelgan de los palos de los barcos (77). Pedro, en su cargo de autoridad, contrarresta los suicidios con medidas drásticas. Primero ordena sitiar la plaza, después manda a fusilar a diez –"La gente le tiene miedo a las balas", dice él (78)– pero aun así el

---

[9]   Véase también *El chivo* 24.

autoexterminio continúa. El mar se hace aliado de los rituales de la muerte: se hunde una lancha cerca de Caballo Blanco y se ahogan ciento tres personas (59). El calor se hace violento (76). "Aire es lo que hace falta" (79), se oye decir, "agua y aire" (76). Luego el fuego empieza a consumir la isla: "[...] se echaron a las playas esperando el amago de fuego. *Si es necesario echarnos a la mar para evitarlo, lo haremos. Esta isla está condená, lo que falta es que nos hundamos*" (85). Al final, el mar se empieza a meter por Punta Arenas (88-89).

Todo tiende a indicar que el cataclismo que azota a Vieques tiene un carácter radical. Las continuas alusiones a la corrupción sexual, a la esterilidad y a la castración de los personajes ponen de manifiesto que ya la comunidad ni siquiera es capaz de garantizar su propia reproducción biológica. Si las mujeres andan convertidas en las prostitutas de los nefilim, en los hombres se acentúa la impotencia sexual y se advierte una inclinación hacia la cópula con animales (42, 54). Es de notar, además, cómo las imágenes que indican la decadencia del pueblo ponen un énfasis especial en la degradación de los órganos reproductivos: "Ya la anciana era un mazo de verijas sobre la butaca", se lee en algún momento (55). Y más adelante: "Senos enormes, flácidos senos. Senos puros, hambrientos senos. Testículos caídos, ennegrecidos, abandonados. Vientres raquíticos, chochas como hamacas. Hombres, mujeres, niños" (80). Y a propósito de los niños, no se deben pasar por alto las circunstancias críticas en que estos aparecen en la obra. Apenas se les menciona en dos ocasiones y en ambas para aludir a cuerpos marchitos y sexo mutilado. Entre los varios casos de castración de la novela, el de Usmaíl es particularmente significativo ya que se trata de un bebé, marcado en su nombre por "la bestia" (US), al que los ratones le comen "los güevitos" (47).[10] Con ese gesto simbólico, el texto codifica de forma definitiva la ruina de la semilla del pueblo viequense.[11]

---

[10] Obviamente, el personaje es homónimo de aquél que le da título a la conocida novela de Pedro Juan Soto *Usmaíl*, un intertexto primario de *Veinte siglos* que también se desarrolla en Vieques y que denuncia los efectos de la presencia de la marina, el colonialismo y el racismo.

[11] Las ratas son uno de los signos más constantes y clásicos de la literatura universal de plaga. ¿Quién no las recuerda en el famoso cuento "El flautista de Hamelín" o en la novela de Albert Camus *La peste*? Como demuestra Malary, en los estudios de la peste las ratas comúnmente se asocian con la propagación de la enfermedad (2-3). En *Veinte siglos*, la relación entre los ratones, la figura de Pedro y la idea de la castración parece ser bastante estrecha. Si los ratones castran a Usmaíl, Pedro, quien de por sí es un castrado, es a su vez el castrador de las masas (41). Ambas entidades son además responsables de la destrucción de los libros, un elemento potencialmente liberador. Más aún, si se toma en cuenta que en Puerto Rico un traidor es considerado un ratón, entonces Pedro sería la mayor de las ratas.

A través de un procedimiento similar, la obra da cuenta de la erradicación de la comunidad de los anales de la historia. Cuando la anciana quema los dos tomos que recogen el pasado de Vieques para hacer café, en ese acto iguala las cenizas de los libros a las borras del café (49). Así, Vieques queda borrado de la historia y ya ni aun la novela logrará recuperarlo. Repetidas veces el texto intentará fijar orígenes sin que ninguno de estos ensayos dé lugar a una genealogía feliz. Los informes de la época del descubrimiento y la conquista (80-82), las incursiones de los franceses y de los ingleses en la isla, la llegada de los nefilim, el recuento de los primeros que arribaron a las nuevas tierras (18): todos estos comienzos frustrados, dispersos en las páginas del libro, no remiten sino a "la irracional búsqueda de bedelio y ónice" (11), a la opresión del hombre por el hombre, a la carencia de una historia anterior.

En ese sentido, *Veinte siglos* viene a ser el reverso de otro libro que ya hemos citado, *Vieques antiguo y moderno* del padre anglicano J. Pastor Ruiz, un activista que en la década de los cuarenta, con una agenda política similar a la de Rodríguez Torres, se da a la tarea de "poner en blanco y negro la historia de un pueblo que tiene ya más de un siglo de existencia", pero que en aquella actualidad se veía amenazado por la presencia de la marina y por la dejadez del gobierno estatal (3, 205-14). A falta de documentos oficiales, el eclesiástico e historiador apela a los relatos de los octogenarios, de funcionarios retirados y del pueblo en general. Recurre a recortes de periódicos, al contacto inmediato con la isla, a la observación directa y a todo aquello que pudiera darle sentido y contenido a lo que parece haber sido la primera historia de Vieques. Partiendo de un "ligero estudio geográfico" y de una reconstrucción precaria de los primeros tres siglos hasta desembocar en la crisis de los años cuarenta, el libro abarca una amplia gama de temas de la vida de Vieques desde su fundación en 1843: organización social y vida cultural, diversidad étnica y tolerancia religiosa, edificios históricos y arquitectura, actividades económicas, el movimiento obrero y la huelga de 1915, adelantos modernos, salud, educación, frutas, plantas medicinales y flora en general, personalidades y tipos del pueblo, poesía, leyendas y muchas otras cosas más. A riesgo de proyectar una visión romántica del pasado, el cronista hace constar que "hubo tiempos mejores" que el "actual" (84). Con una clara convicción de su existencia, esta obra relata de una manera coherente la genealogía de la comunidad semiautónoma que se pierde en la novela de Rodríguez Torres.

Sorprende que dos libros que comparten un mismo propósito y tanto material de fondo exhiban a la vez texturas tan disímiles. Desde escenarios, acontecimientos históricos y leyendas, hasta perfiles de por lo menos media docena de personas reales, mucho de lo que documenta el anglicano luego circula desnaturalizado y sin sostén por las páginas de Rodríguez Torres. Y es que, como a menudo pasa con el arte barroco, *Veinte siglos* es un texto que tiende a escamotear sus referentes más necesarios, que son precisamente la cultura tradicional y la moderna. Se puede decir que tanto una como la otra son polos oscuros del caos deslumbrante que es la obra. La cultura vernácula está ahí pero desmantelada, prácticamente irreconocible, eclipsada por la corrupción y el desconcierto que domina la novela y que, paradójicamente, es lo único que nos remite a ella. Los signos de lo moderno son todavía más escasos y tienen un sentido estrictamente negativo porque en la obra lo moderno destruye sin compensar con nada. De ahí que el autor sólo los convoque con una actitud escéptica: "*Esto me tocó por herencia*", afirma en una de esas pocas menciones, "*Vivir entre hombres que creen en un mito, en las ofertas radiales, la prensa, el voto. A la puñeta todo, carajo*" (64). Más adelante se vuelve a quejar de modo similar, "Esto es una cárcel. Libre es la *Coca Cola*, la cerveza, las salchichas ... Estallan: lift tab, plap" (70). Por supuesto, en la obra esta falsa abundancia de artículos de consumo no está localizada en Vieques que, como ya se ha dicho, es un espacio de carencia absoluta, sino en la zona metropolitana de Puerto Rico, ese otro lugar donde al escritor viequense los presupuestos de la modernidad (democracia y desarrollo) se le revelan como engañosos y discriminatorios:

> Allá está el pueblo desnudo. "Tres vueltas." Acá están los hombres que pasean los perros, las mujeres que venden la crica, los evasores contributivos, los pensionados, los que viajan en helicópteros, vapores, aviones privados; doña Fulana, don Extraordinario Come Ñoña, los pulpos comerciales, las secretarias, la prensa, la radio, la televisión. Allá está Fidelito, Quintín, Pura, Colaza, Jacinta, Lalo, Matilde, Realidad, (allá y aquí). "Tres vueltas." Acá un santo lay away, un american way of life, la terraza al aire libre, el viernes social, el scotch blended whisky; Legislatura, Fortaleza; legislar, tomar. Allá, la corrientita de agua (seca), la colita de bacalao, polvo, sol, arena, sangre. (101)

Esta oposición entre "allá y aquí", que sólo se hace explícita hacia las últimas páginas de la novela, cumple, para nuestros propósitos, dos funciones principales. En primer lugar, a través de ella se abre todo un sistema de dicotomías que se va a ampliar en los otros libros de Rodríguez Torres y que es clave en toda su narrativa. En este cuadro de choques y correspondencias, Vieques se opone a San Juan (o al área metropolitana), la ruralía a la zona urbana, la escasez a la abundancia, la tradición a la modernización, los mitos premodernos a las narrativas del desarrollo, la africanía a la cultura de las clases dominantes. En segundo lugar, a través de la fisura que se dibuja entre "allá y aquí" accedemos a la identidad escindida de un sujeto que escribe desde las zonas de connotación del paisaje urbano en que habita, pero habitado y habilitado a su vez por la isla que ha dejado atrás. Dicho de otro modo, el lugar de enunciación de la novela no es Vieques sino esa modernidad defectuosa a la que los viequenses de allá ningún acceso tienen. Por eso la noción de culpa pesa tanto en Rodríguez Torres. Si bien *Veinte siglos* señala la responsabilidad de la marina estadounidense y del gobierno colonial en la crisis de Vieques, el chivo expiatorio lo encontramos en la propia persona del escritor, quien se autocastiga porque siente que no está cumpliendo con el compromiso que tiene con su pueblo. De hecho, la crisis de Vieques tal y como la leemos en la novela es, en gran medida, la expresión de una crisis de conciencia del que escribe. De ahí que el otro emblema instrumental de la obra sea *"Jonás en el vientre de la ballena"*, precisamente por el peso que tienen en la producción del texto el desarraigo, el incumplimiento del deber y el cargo de conciencia (17, 12, 51-52, 108, 109).

Artificiosamente relatado en tercera persona, el Libro de Jonás es uno de los modelos superiores dentro de la literatura universal de plaga. Jonás es el profeta que se empeña en hacer lo opuesto a lo que Dios le ordena. "Levántate y vete a Nínive, la gran metrópoli, y proclama en ella que su maldad ha llegado hasta mí", le dice Dios a Jonás, y por desobedecer el mandato, el profeta tiene que pasar tres días de turbulencia en el estómago de la ballena. Jonás es también un desarraigado. Contrario a los otros narradores bíblicos firmemente atados a un lugar o una situación política y social, él no tiene arraigo en tierra ni mar. Al Libro de Jonás volveremos en breve, antes de cerrar el capítulo; por ahora, debemos retomar nuestro argumento para precisar un poco más lo concerniente a la identidad del sujeto enunciador de Rodríguez Torres y la factura de su texto.

Que *Veinte siglos* es en realidad una sucesión caótica de saltos y recurrencias en la psiquis del artista en el difícil proceso de gestación de un relato, eso lo podemos constatar –a partir de la página 63– en las ocasiones en que aflora la primera persona en el personaje del escritor enfermo con fiebre y con un "conflicto poderoso entre la realidad y la fantasía" (93-94). La opresión del calor, la sed, el fuego, o la violencia del mar, bien podrían ser expresiones de la fiebre que lo aqueja. Todo el concurso de voces entrecortadas que se entrecruzan en la textura de la obra sólo tiene actualidad en el recuerdo del delirante. Lo cierto es que podemos reconocer la figura literaria del escritor-narrador en varios momentos claves de la producción del texto. En el primero, codificado en tercera persona, su conciencia coincide con la de Pedro, el barbero cuyo ejercicio de memoria genera la narración. En esta instancia inicial, el gesto cinematográfico desplazado a la piedra de esmeril es a su vez un desplazamiento de la actividad escritural.[12] En un segundo momento, el narrador

---

[12] Referimos al lector a las primeras líneas de la novela, previamente citadas en este capítulo. Esto lo han observado ya varios críticos. Por ejemplo, García Ramis ha

se vale capciosamente de la tercera persona para insertarse camuflado dentro del recuento retrospectivo. Lo identificamos en el viequense ausente que ha vuelto de visita a la isla para encontrarse con todo cambiado.[13] Parece ser él quien oye el desahogo maquinal de la anciana, preguntándole continuamente a su interlocutora por esto y por aquello, y quien camina por las calles y por la plaza reconociendo a las personas y las cosas y documentando la debacle (46-59). A veces también su voz emerge como una superconciencia que se coloca por encima de la narración, al estilo del coro de la tragedia griega, para interpelar a los personajes o simplemente para desahogarse:

> ***Canta, oh Lalo, la desgracia de esta isla [....] ***Eres una mala hembra, Realidad. [...] ****Y Bruto dándole una herida fue herido de sus propios compañeros en una mano, y todos quedaron manchados de la sangre de César, y César de alguna de ellos.* (61, 56, 74-75)

Por último, lo encontramos en la primera persona del escritor-narrador –instalado en San Juan– que hacia el final nos va entregando las claves para entender los artificios de la novela: "Vivo en una constante calentura" (107), "***La fiebre me asa" (108), "*Es difícil escribir cuando es torrente de sangre la tinta –y el papel un ejército de pupilas– que llena de perforaciones la verdad.* [...] No puedo escribir" (67-68). "No puedo crear hasta no encontrarme en un plano de vida directa" (70). Y en la antepenúltima y penúltima oración: "****Hay que crear un mundo de locura. No puedo recrear la realidad*" (109).

Todas estas instancias del narrador en su conjunto permiten ver cuán poderoso es su sentido de culpa en *Veinte siglos*. Como se ha visto, la novela continuamente plantea una elección en la que la estética a seguir (i.e. compromiso vanguardista versus postestructuralismo, objetividad versus subjetivismo, apocalipsis versus Jonás, etc.) debe estar en íntima relación con las zonas de connotación de la identidad que se escoja. "[...] me dispongo a continuar en el vientre de la ballena", es lo último que dice él, demostrando con eso que sus dicotomías no se acaban de

---

comentado: "El autor parece advertir desde el primer párrafo: Voy a pasar una película muda donde los personajes los confundirán" (51).

[13] El concepto de los "hijos ausentes" se usaba tradicionalmente para designar a los nativos de los pueblos de Puerto Rico que residían en otro lugar. Era común en muchos municipios reservar un día de las fiestas patronales para agasajar a los "compueblanos ausentes" que volvían de visita. Recordemos que en la novela el narrador no reside en Vieques sino en la zona metropolitana de Puerto Rico. Esto se hace evidente en su diálogo con la anciana registrado en las páginas 51-54.

resolver (109). Y así es, porque en realidad, en *Veinte siglos* sólo hay asomos de un problema de identidad que es mucho más complejo. Debido a que la novela privilegia esquemas y categorías sociológicas de énfasis documental (colonialismo, pobreza, aquí y allá, entre otras) lo más específico del sujeto de la enunciación se tiende a diluir. Ni siquiera su desplazamiento a un espacio urbano es tan discernible dentro del caos de voces y de información que se nos ofrece. Sin embargo, los temas obsesivos que nos permiten hablar de un sujeto escindido en la escritura de Rodríguez Torres están, en su mayoría, inaugurados en esta primera novela.

El narrador tiene un color y busca un Relato

En torno a lo negro o a la discriminación racial, la novela registra tres momentos de interés especial. Apenas son menciones pero ya están ahí, señalando una continuidad, pavimentando las rutas de los otros libros. La primera incisión de lo negro en *Veinte siglos* (29-30), comentada ya por Rafael Abreu en "La extraña presencia de un negro en la novela *Veinte siglos después del homicidio*", apunta fundamentalmente hacia la mitología central de los *Cinco cuentos* (11). Ocurre durante el encuentro sexual de Realidad con un nefilim negro en el "*Reservado*", un encuentro que resulta ser cualitativamente distinto de las entregas de la prostituta a los nefilim blancos. El episodio se sustenta en un código esencialista europeo. Se enfatiza la potencia sexual y la naturalidad (este nefilim no usa contraceptivos) que el pensamiento occidental le ha atribuido al hombre africano para transformar lo que pudo haber sido otra entrega superficial más, en una relación deleitable, en una experiencia que altera significativamente la forma en que Realidad percibe las cosas. "Ahora fundes la realidad con la fantasía", le dice el narrador a la mujer y ella piensa: "*Yo nunca creí que la belleza pudiera ser negra. Qué lindas las composiciones de Rafael Hernández; qué nítidas las de Morell; qué profunda la magia de Martín de Porres; qué inteligencia musical en el calypso*" (30).

Abreu ha visto en este incidente la posibilidad de un reconocimiento y una alianza entre dos víctimas del colonialismo de los Estados Unidos –el infante de marina negro, del colonialismo interno; y la prostituta, del periférico– lo cual nos parecería legítimo si el texto registrara cambios en la conciencia del hombre. Pero lo cierto es que el nefilim se limita a responder a un estereotipo generalizado en la sociedad occidental. En todo caso, en lo que Abreu sí acierta es en contraponer la virilidad del nefilim negro a la esterilidad de los hombres del pueblo y a la artificialidad de los nefilim blancos y, especialmente, en señalar la relación de dobles que en efecto existe entre el autor y el personaje de Realidad. Ambos son chivos expiatorios que navegan en el vientre de la ballena, con un conflicto entre la realidad y la fantasía y en ambos recae la culpa por la crisis de Vieques. Las observaciones de Abreu son de mucho valor porque permiten vincular el episodio al problema de la escritura en *Veinte siglos*. En una novela plagada de esterilidad y artificialidad, encontramos al narrador insistiendo en su propia impotencia y superficialidad artística. Esas condiciones son ante todo la expresión de sus luchas infructuosas por producir una escritura satisfactoria, es decir, una escritura auténtica, nueva y a la vez comprometida con sus causas.[14] En ese sentido, es significativo que la epifanía de Realidad se produzca a raíz del coito con un hombre negro y que se haga efectiva mediante una validación del arte y de la magia de los descendientes de los africanos. Aprovechando la simbiosis parcial que existe entre el autor y Realidad, la novela busca abrir esta brecha para explorar las posibilidades de un arte escrito, potenciado por, o fundamentado en, la experiencia africana en la región. Claro está, como pasa con Realidad, el narrador tampoco es capaz de explotar la epifanía más allá del incidente.

Las otras dos incidencias de lo negro en *Veinte siglos* son casi imperceptibles, pero tan relevantes como la primera porque inauguran algunos de los temas más candentes de sus próximos dos libros. "Pasó su lengua rosada y limpia sobre mi carne prieta y empolvada" (65), señala el narrador hacia la mitad de la novela, asumiendo por primera y única vez una identidad racial en un pasaje que luego se ha de repetir con mayor elaboración en el cuento "Paraíso". Su amante aquí todavía no presenta rasgos claros, pero la frase ya insinúa una diferencia racial fundamental entre ambos. El fragmento también sirve para introducir en la narrativa de Rodríguez Torres otra historia que se hará recurrente: la del escritor negro que reflexiona sobre su esterilidad en el marco de una relación matrimonial tempestuosa.

La tercera y última incidencia se produce en el contexto de una crítica del narrador en contra de las instituciones cívicas del país (en este caso los círculos literarios) por lo poco propensas que son a reconocer y bregar con problemas sociales como el prejuicio y la discriminación:

---

[14] Por supuesto, la conciliación del compromiso con la novedad no es algo fácil. Como el mismo autor ha señalado en otros foros, en Puerto Rico los años setenta se caracterizan por un fervor patriota. El reclamo de los terrenos ocupados por la marina en las islas de Culebra y de Vieques era una prioridad no sólo del independentismo sino también de un sector amplio –que iba más allá– del país. Por otro lado, en esos mismos años, se está produciendo una transformación formal en la literatura latinoamericana capitaneada por la figura de Julio Cortázar. Para Rodríguez Torres, la poesía de Juan Antonio Corretjer sigue siendo el mejor ejemplo del compromiso social pero al mismo tiempo intuye su distancia de ese modelo (Rodríguez Torres "Tres novelas" 22, 39 y *Veinte siglos* 68; Melendes "Escribir" 21-24).

***El domingo, al almuerzo mensual. Cada día estoy menos dispuesto a tomar parte en estos chubascos de porquería. Una reunión se resume: bebelatas, recitación, alabanzas, bla, bla, bla ... Nada por lo justo y noble. Cerveza, coñac, whisky. El traje negro, gris, violeta. El sombrero, los zapatos, la cartera. La corbata, las yuntas, el prendedor. La puñeta, el polvo, el virgo. Me joden estas cursilerías. Nada del hambre, del abuso, del discrimen ... O del prejuicio, las castas, la caculería. (73-74)

Una vez más, nos encontramos ante una de las historias centrales de la narrativa de Rodríguez Torres, la del intelectual afroviequense atrapado por un espacio urbano que impide, más de lo que ayuda, la realización de sus aspiraciones de artista vanguardista. Por supuesto, en esto consiste la crisis existencial de *Veinte siglos* que hemos venido explicando, sólo que en esta cita se le ha añadido de forma explícita una dimensión racial. El hambre, el abuso, la discriminación y el prejuicio no son experiencias exclusivas de la diáspora africana, pero en la historia moderna pocos grupos se han visto tan perjudicados por estas plagas como los descendientes de los africanos. Aunque aquí tampoco haya que pensar en dichos males como privativos de ninguna comunidad en particular, la identidad asumida por el sujeto enunciador indica que no sería prudente dejar fuera de estos registros ni a Vieques ni a las comunidades afroboricuas y afrocaribeñas.

La africanía ciertamente no se desborda en *Veinte siglos*, pero no por eso sus momentos dejan de ser seminales. Se podría incluso afirmar que, ya desde esta novela, lo negro empieza a reclamar un lugar privilegiado en la novelística experimental de Rodríguez Torres puesto que en gran medida aparece explicando la crisis del sujeto de la escritura en el espacio defectuosamente moderno.

Por lo demás, *Veinte siglos* remite al contexto más amplio de las discusiones que han de aflorar en los otros libros del escritor viequense. Parece paradójico que un texto que tiende a escamotear sus propias coordenadas termine sirviendo para enmarcar la discusión de los otros libros. Sin embargo, no cabe la menor duda de que, en esa visión de conjunto a que aspira la novela, las categorías de ordenación más amplias y necesarias son las de modernidad y tradición. En el próximo capítulo veremos cómo estas categorías confirman su pertinencia a medida que la discusión de los problemas relativos al sujeto afropuertorriqueño ganan especificidad en los libros de Rodríguez Torres.

3. Apocalipsis y Jonás en perspectiva: conclusión

Una tesis muy llamativa adelantada por Antonio Benítez Rojo en su ingeniosa obra *La isla que se repite* es aquella de que *"el Caribe no es un mundo apocalíptico"*, o que *"la noción de apocalipsis no ocupa un espacio importante de su cultura"* (xxv). Esta es una idea que habría que examinar más a fondo en vista de la acentuada proliferación en la zona de sectas religiosas que proclaman la proximidad del fin de los tiempos, de las reapropiaciones de las narrativas bíblicas efectuadas por los *rastafari* y el *reggae* ("Amagideon [Armagedon]", en el disco *Blackheart Man* de Bunny Wailer, es una muestra contundente), de los cataclismos volcánicos en las islas de Monserrate (1996) y Martinica (1902), y de otras experiencias como la del suicidio en masa en la comuna religiosa de Jim Jones en Guyana (1978).[15] Por su concepción antiapocalíptica, la tesis de Benítez Rojo chocaría con perspectivas como la elaborada por Paul Gilroy en *The Black Atlantic*. Recordemos que para Gilroy, el apocalipsis es uno de los paradigmas que media la elección de la muerte que hace el esclavo africano (y sus descendientes) como alternativa a la falta de libertad. En cambio, en la obra del crítico cubano son precisamente dos ancianas negras las que, en medio de la crisis de los misiles (1962), suscitan la epifanía que da pie al razonamiento. La epifanía de Benítez Rojo nos hace pensar además en el libro *Playing in the Dark* de Toni Morrison y en lo revelador que resultaría un estudio en América Latina sobre el rol de las figuras negras en la iniciación de momentos de descubrimiento, cambio o énfasis en la imaginación literaria de escritores que no se identifican como negros.

En todo caso, el optimismo de Benítez Rojo encontraría también un importante foco de resistencia en el discurso milenario de Rodríguez Torres. El signo apocalíptico se encuentra en toda la narrativa del escritor afroviequense, desde su primera novela hasta *Vieques es más dulce que la sangre*. Pero es en *Veinte siglos* donde figura prominentemente. Se trata de una novela plenamente inscrita dentro de una tendencia artística generalizada que durante los años de la guerra fría anticipa la promesa milenaria haciéndola coincidir con el desarrollo armamentístico y la experiencia de una gran conflagración bélica. Después del ataque atómico a

---

[15] Aunque la tragedia de Jonestown oficialmente se archiva como suicidio en masa, dicha versión no está exenta de cuestionamientos. De cualquier modo, lo que el debate sobre el caso saca a relucir es que desde sus inicios en 1954, en la secta de Jones la cual siempre contó con una feligresía negra considerable– el apocalipsis parece configurarse a partir no sólo de un discurso religioso, sino también de una postura política que denuncia al imperialismo y al capitalismo estadounidense, su programa nuclear durante la Guerra Fría y su orden social racista.

Hiroshima y Nagasaki y del escalamiento de las tensiones entre los Estados Unidos y la Unión Soviética, la bomba nuclear se convierte en el símbolo más constante del arte apocalíptico, aunque a menudo su presencia en los textos se exprese de forma elíptica (Robson 67).

El apocalipsis del arte contemporáneo indudablemente se postula como crítica de la modernidad, de una (I)logicidad que en nombre de los valores ilustrados pone al género humano y al planeta al borde del exterminio. Sin embargo, en el caso de los escritores de la diáspora africana la crítica adquiere un carácter especial. Dada la marcada relación entre desarrollo nuclear y racismo en los Estados Unidos de la guerra fría (Cooper 79-82, 99-101), es interesante ver cómo muchos de los principales artistas e intelectuales afroamericanos enfrascados con la política de su país (W. E. B. Du Bois, Langhton Hughes, Ralph Ellison, Paul Robeson, Ishmael Reed, entre otros) metaforizan o discuten la amenaza atómica como un problema local, es decir, como una nueva expresión del racismo institucionalizado, y en otras instancias, como manifestación del colonialismo en los países de las zonas pobres.[16] El apocalipsis en ellos frecuentemente viene a minar un orden nuclear cultural que tiene a la bomba atómica como su modelo y símbolo. En un caso como el de Reed, por ejemplo, el apocalipsis se arma como una deconstrucción de ese orden social planificado en función de la proximidad al centro nuclear exclusivo donde sólo el dedo del poder blanco accede al control del detonador de la bomba (Cooper 84-100).

En Rodríguez Torres, el emblema apocalíptico también desacredita a la modernidad a través de la denuncia del militarismo, del colonialismo y del discrimen racial: en *Veinte siglos* ésta sería la constatación más fácil. A pesar de la desarticulación del texto y el oscurecimiento del referente histórico, en la novela el discurso

---

[16] Robeson, en *Here I Stand*, es ejemplar: "At Paris in 1949, I was convinced —and time has only served to deepen that conviction— that a war with the Soviet Union, a Third World War, was unthinkable for *anybody* who is not out of his mind". Robeson cita el mensaje que enviara a la Conferencia de Bandung en 1955, a la cual no pudo asistir debido a que el Departamento de Estado norteamericano no le permitía viajar en un esfuerzo por estrangular su voz política y artística: "If other nations of the world follow the example set by the Asian-African nations, there can be developed an alternative to the policy of force and an end to the threat of the H-Bomb war. The people of Asia and Africa have a direct interest in such a development since it is a well known fact that atomic weapons have been used only against the peoples of Asia. There is at present a threat to use them once more against an Asian people. I fully endorse the objectives of the Conference to prevent any such catastrophe, which would inevitably bring about suffering and annihilation to all the peoples of the world" (44-46).

apocalíptico parece tener un interés documental objetivo. Por eso hemos sugerido que una manera de clarificar el referente de la novela sería haciendo un cotejo con textos de historia de Vieques y Puerto Rico como el de Pastor Ruiz.

Claro, de ninguna manera este ejercicio sería suficiente en una novela en la que el apocalipsis es (además) textual. De acuerdo con Jacques Derrida, el apocalipsis es fabulosamente textual ("No Apocalypse" 23). Lo es en la medida en que la guerra nuclear y la erradicación del mundo todavía no han tenido lugar. Por eso, nota David Robson, en una teoría como la de Derrida, en la que el propio referente es un efecto de la estructura diferencial del lenguaje, el apocalipsis es tan radicalmente "otro" que la misma textualidad –superficie del juego de la significación del "otro"– no puede contenerla (72). En ese sentido, para Derrida el apocalipsis nuclear es el referente absoluto, el horizonte y condición de todos los referentes, un cetro vacío que supone "the destruction of the archive if not of the human habitat" ("No Apocalypse" 28-30).

Quiere decir entonces que, como discurso al fin, el apocalipsis nunca es absoluto. En alguna medida siempre estaría marcado por lo que Frank Kermode llama "literal disconfirmation" o la posibilidad de ajustes en el cálculo histórico sin que se desacredite la profecía (8-9). Además, siempre quedaría abierto a lecturas porque el apocalipsis es también revelación.[17] Como observa Robson, es una revelación en claves que siempre apunta hacia la "otredad": si el discurso apocalíptico suele ser hostil al *status quo* es porque sus significados y referentes siempre exceden lo que "es" para remitir a lo "otro" (63).

El apocalipsis de *Veintes siglos* ciertamente es revelador. En el poder de la revelación radica el eros de la novela. ¿Qué sería lo que se revela? Entre otras cosas, el fin de la literatura social-didáctica y el comienzo de otra de signos abiertos y elípticos. Se atisba además que el eros se halla en la negritud, que la regeneración subjetivo-escritural sólo es posible retomando a esa raíz esencial (esencializada). Se trata, sin embargo, de evidencias demasiado frescas como para ser aceptadas a la ligera, la primera, por el narrador y la segunda, por nosotros. Nada es completamente claro en esta novela. El narrador de *Veinte siglos* es como un sobreviviente de la guerra nuclear que encerrado en su refugio subterráneo todavía mira con desconfianza los escombros y duda que la fundación que le ha tocado iniciar a partir del caos y la fragmentación valga la pena. Abrumado por la culpa, se lamenta de no estar con las víctimas del apocalipsis que se quedaron atrás. Le angustia el no estar en Vieques tal vez porque "allá" es el lugar donde está figurada la negritud.

---

[17] Del latín tardío *Apocalypsis*, del griego *apokalupsis*, revelación; *Apocalypse* (en inglés) del griego *apokaluptein*, descubrir. En *The American Heritage Dictionary of the English Language*, 1996 ed.

Pero ésta ya es una evidencia que se desprende más de los libros posteriores que de *Veinte siglos*. Habría que ir a ellos para ver qué otras señales ofrecen.

A nuestro entender, la revelación más trascendental de la novela nos llega a través del emblema de Jonás. El Libro de Jonás es el lugar donde el apocalipsis se subordina al relato de la subjetividad. En este texto bíblico, la destrucción de Nínive se suspende en beneficio de la relación de la plaga del profeta, la cual, ya lo hemos dicho, se lee como una metáfora de la crisis de conciencia causada por el desarraigo y el incumplimiento del deber. Más aún, el Libro de Jonás constituye un intertexto en el que la figura del autor coincide con la del héroe. Esto nos situaría ante uno de los problemas básicos de la creación literaria: el de la autonomía estética de la obra. De acuerdo con Bajtín, el desplazamiento del autor al mundo creado destruye la estabilidad estética (*Estética* 167). Tanto para él como para Wayne Booth (321) siempre es posible determinar la posición del autor con respecto al mundo creado, pero mientras más se define su persona en la obra, más se erosiona la aureola del universo ficticio. Claro, lo que Bajtín discute como problema, en el Libro de Jonás y en Rodríguez Torres pasa a formar parte del drama del libro.[18] En *Veinte siglos*, el emblema de Jonás domina —especialmente— a medida que se avanza hacia las últimas páginas para permitirle al lector descubrir el artificio de la novela. Con ese gesto, la superficie de *Veinte siglos* se transforma en el escenario donde el apocalipsis revela su textualidad, en un espacio donde la temporalidad de la conciencia derrota la impermeabilidad de la anécdota.

El narrador de Rodríguez Torres, al igual que Jonás, es un emisario de mal agüero. Como en el caso del profeta, a él también le toca la mala suerte que anuncia. ¿Cuál sería esta suerte? Lo que la novela augura no debe ser otra cosa que la pérdida del aura de la literatura. El problema del descrédito de la autoridad social del escritor ha pasado a ocupar el centro de los estudios culturales sobre América Latina, sobre todo después de *Desencuentros de la modernidad en América Latina*

---

[18] Esto tiende a suceder en la literatura de marca autobiográfica. Más allá del problema del dialogismo que preocupa a Bajtín, la diferencia entre la presencia del autor como falla estética y como extensión del drama se podría ilustrar comparando las dos modalidades dominantes de la novela del barroco, la bizantina y la picaresca. Mientras en la primera la presencia del autor en el "mundo ajeno en el tiempo de la aventura" (cronotopo heredado de la novela griega) arruinaría la obra, en la segunda dicha proyección es parte esencial del teatro de la obra. Como en otros géneros autobiográficos, en la picaresca el tiempo es familiar e irreversible con respecto a los acontecimientos de la vida, que son inseparables de los acontecimientos históricos. Los géneros de marca autobiográfica orientan la atención hacia un carácter que debe completarse. Lo anecdótico pierde importancia frente al drama del sujeto que se construye y deconstruye en el discurso. Ver Bajtín en *Teoría* (237-409).

(1989) de Julio Ramos y otros trabajos seminales como los artículos de George Yúdice y *Against Literature* de John Beverley (1992). Posteriormente, Idelber Avelar ha añadido luz al problema con *Alegorías de la derrota* (2000). Entre otras cosas, Avelar ha expuesto cómo los escritores del boom restituyen el aura al compensar el atraso social de América Latina con la modernización de su literatura. Ese aura, precisamente, es lo que parece disiparse en la obra del autor puertorriqueño.

Conviene cerrar este capítulo consignando que Jonás es además un emblema del *double consciousness*. No sólo se trata de un profeta figurado por la internalización problemática de la mirada del Padre, sino también de un sujeto dislocado geográficamente. Algunos escritores afroamericanos que examinan la condición del hombre negro, como Richard Wright (*The Man Who Lived Underground*) y Ralph Ellison (*Invisible Man*), han hecho un desplazamiento del emblema a la metáfora del hombre que vive *underground*. Significativamente, los comentaristas de la Biblia también insisten en que Jonás representa una postura opuesta al nacionalismo estrecho de otros profetas. Todos estos datos adquieren mucho sentido en la obra de Rodríguez Torres si se toma en cuenta que la conciencia fragmentada de su sujeto literario a menudo está penetrada por las versiones dominantes de lo nacional —y de lo latinoamericano— de lo racial y de lo social. Dichas narrativas de distintos modos determinan o informan el concepto del deber, la culpa, el sacrificio y, finalmente, la crisis del sujeto. Desde luego, como la conciencia contradictoria y resistente de Jonás, la del afroviequense no se conforma con facilidad al ojo del poder. Tanto a nivel táctico como estratégico, su discurso paralelamente va postulando un cuestionamiento de las mismas versiones dominantes de nación y raza que procesa.

En sus próximos libros Rodríguez Torres no insistirá en la relación con Jonás, pero no por eso el emblema dejará de seguir informando la crisis de su sujeto enunciador. Resulta curioso que Girard no se ocupe de la dimensión subjetiva de la plaga aun cuando en su teoría están todos los elementos para ello. Tal vez eso se deba a su renuencia al psicoanálisis y a que su óptica antropológica todavía funciona con bastante apego al estructuralismo. El Libro de Jonás ciertamente proporciona un excelente modelo para hacer extensiva su óptica a los problemas de la modernidad de finales del siglo XX. Y aunque, tanto en sus creaciones como en su "Autolectura", en Rodríguez Torres se nota una resistencia a la asociación con las corrientes estéticas y de pensamiento más recientes, no debemos olvidar que Jonás es un profeta que adelanta causas a pesar de su voluntad. No únicamente las de Dios: su escritura avanza exponiendo la tensión que existe entre la voluntad divina —la cual no sólo prueba ser autoritaria, sino también contradictoria— y la humana. Si como dice Derrida, la deconstrucción no es una crítica, ni un método, ni una operación, sino algo que ocurre sin aguardar por una organización consciente ("Letter" 273), entonces hay que decir que en la obra de Rodríguez Torres está teniendo lugar una deconstrucción de paradigmas que signa el paso hacia la conciencia asociada con la posmodernidad. *Veinte siglos* sólo representa el primer capítulo.

Capítulo V

Del lado de "acá" de la modernización: la experiencia afropuertorriqueña y la deconstrucción del mito de la gran familia

1. INTRODUCCIÓN:
   CARMELO RODRÍGUEZ TORRES FRENTE A LA FICCIÓN HISTÓRICA DE LA GRAN FAMILIA

Si un mito fundacional se desvanece ante la perspectiva literaria de Carmelo Rodríguez Torres, ese mito es el de la gran familia puertorriqueña. Desde uno de sus ángulos más específicos, el trabajo del autor afroviequense viene a poner en entredicho la tesis elaborada por Tomás Blanco en *El prejuicio racial en Puerto Rico* que fue, como ya se ha dicho, uno de los pilares de la postura ideológica de la intelectualidad criolla del país. Visto en retrospectiva, la articulación del mito de la gran familia implica una activación selectiva, por parte de una elite criolla, de prácticas y símbolos de la antigua sociedad de haciendas en el escenario colonial del siglo XX como una operación necesaria para devolverle a su propia clase el poder que como herederos de los antiguos hacendados reclamaban.[1] La imagen emblemática que posibilita dicha ficción histórica es la de la casa patriarcal, una imagen que supone tanto la unidad armoniosa de un feudo como su jerarquización sostenido todo por los privilegios y la "benevolencia" del caudillo.[2] Cuando Blanco establece que el

---

[1] Sobre el desarrollo histórico de este sector de clase, Rodríguez Castro apunta en "Tradición y modernidad": "Compuesto mayoritariamente por profesionales, intelectuales, maestros y otros sectores medios, ese sector, o al menos su capa dirigente, nutre su visión de mundo de las ideas y valores de los descendientes de hacendados arruinados o de estratos inferiores del mundo de hacienda. Es aquí donde ubicamos a los letrados que se conocerían como la generación del treinta y para los cuales el modelo de las 'viejas familias' desempeñaría un papel fundamental. Este sector todavía se visualizaba en el rol paternal que dicho modelo viabilizaba y para ellos el recorte de su antigua posición hegemónica era percibido como una acometida contra una zona poseída por derecho natural. En ese sentido se explica, tal como se refleja en las acciones y los escritos de esa fracción, cómo su proyecto nacional no era la adquisición de una posición de predominancia como lo era efectivamente el de otros grupos alternativos. La tarea histórica que se asignaban era la readquisición de esa posición, que ellos entendían sus padres habían perdido" (59).

[2] Rodríguez Castro añade: "Los antagonismos visibles de la 'Gran Familia' debían ser superados y las diferencias eliminadas. La tarea no era de oposición, sino de dirigencia. Era necesario asumir nuevamente la conducción del proceso nacional y modernizar simultáneamente las estructuras tradicionales que ahogaban tanto al país como a los nuevos letrados" ("Tradición y modernidad" 60).

prejuicio racial en Puerto Rico es un juego infantil y cuando sugiere que la cultura negra del país ha pasado ya por el crisol de la hispanidad, lo que busca en concreto es atenuar las diferencias y los resentimientos existentes entre uno de los sectores más aquejados de la sociedad, los descendientes más obvios de esclavos africanos, y sus enemigos históricos, los descendientes de los antiguos amos de las plantaciones (entre otros), diferencias y resentimientos que la misma efervescencia social de los años veinte y treinta venía haciendo evidente de múltiples maneras. En ese sentido, hay que ver las propuestas de *El prejuicio racial* como parte del esfuerzo de una elite insular por crear cierta apertura discursiva que dé lugar al reconocimiento de cada grupo como parte integrante de la comunidad nacional para hacer posible la normalización de un país que anda convulsionado. Esto, a su vez, debía garantizar la marcha hacia el progreso bajo la dirección del liderato criollo. La narrativa de la gran familia es, entonces, una ficción histórica reactivada por Blanco y el sector criollo, es un relato virtual que se institucionalizará con el advenimiento al poder del PPD y la consolidación de su hegemonía durante las décadas de los cuarenta y los cincuenta.[3]

Los textos de Rodríguez Torres actúan directamente sobre los presupuestos instaurados por Blanco a partir de sus memorables ensayos. La casa, la familia, el prejuicio racial y la diferencia de la experiencia afroboricua son zonas discursivas que cada uno de sus libros, en mayor o menor medida, privilegia. Si *Veinte siglos después del homicidio* (1971) representa un cuestionamiento contundente a la representación de Puerto Rico como una nación unida, los otros textos de Rodríguez Torres ponen al descubierto la ausencia de armonía en colectividades tan básicas como la familia nuclear o las comunidades de vecinos en zonas urbanas y rurales, haciendo siempre énfasis en los conflictos motivados por diferencias en el color de la piel. Algunos de los títulos de los libros ya de por sí van subvirtiendo el imaginario tradicional oficial: *La casa y la llama fiera*, *Este pueblo no es un manto de sonrisas*, y aún el título "Paraíso" parecen parodiar la propaganda de la Administración de Fomento Económico de Puerto Rico, una división del gobierno que a fuerza de vender el país como un edén para inversionistas y turistas contribuye a la creación del mito paradisíaco.[4]

---

[3] En "Tomás Blanco: racismo", Arcadio Díaz Quiñones señala: "Éstas son las tesis centrales de *El prejuicio racial*: un paradigma de armonía bajo la supremacía altruista de la hispanidad, una versión de la historia que borra los conflictos y postula la convivencia pacífica, borrando también la historia misma de los subordinados" (36).

[4] La industria turística fue un área clave de inversión dentro del programa de industrialización implementado a partir de 1947 y conocido como Operación Manos a la Obra. La atracción de inversión privada norteamericana fue la estrategia desarrollista

2. Tras las huellas del abuelo Solimán: hacia una caracterización de la crisis de un sujeto sin relato en "Paraíso"

El cuento "Paraíso" y la novela *La casa* ofrecen un terreno sumamente fértil para examinar particularidades de la experiencia afropuertorriqueña tres décadas después de iniciada la modernización del país. El relato que ambos textos ofrecen es básicamente el mismo pero en estadios de desarrollo diferentes.[5] El cuento adelanta la historia de un escritor y profesor negro oriundo de Vieques que reside con su esposa, Beatriz, y sus dos hijos, María y Juan, en una urbanización de clase media de la zona metropolitana de San Juan. Dentro del criterio convencional de la sociedad isleña que mira desde fuera, ésta sería una familia exitosa, un producto del esfuerzo democrático del ELA, una fábula feliz que confirma el triunfo de la política estatal del PPD: él ha "superado" sus orígenes humildes, ha asistido a la universidad y ahora es profesor universitario con algún reconocimiento como escritor; ella ha encontrado un marido que le garantiza seguridad económica y cierto estatus social; los niños se dan el lujo de asistir a colegios privados y codearse con los hijos de los ricos. Cualquiera aseguraría la felicidad del hogar. Vistas desde dentro, sin embargo, las cosas son muy distintas. Se trata de una familia disfuncional, de un hogar aquejado por un perenne conflicto matrimonial que muestra, tanto en las ramas como en sus raíces, los efectos catastróficos que los prejuicios raciales suelen tener en la psiquis del sujeto afropuertorriqueño y en las relaciones humanas en general.

"Paraíso" es un cuento que revela el artificio de su factura a la vez que arroja luz sobre la factura de los otros cuentos del volumen. En ese sentido, el relato se inserta dentro del gran *performance* que va armando toda la obra de Rodríguez Torres. En "Paraíso", la superficie textual misma es un espacio en disputa. El texto ofrece los indicios necesarios para que en primera instancia las páginas se lean como el fluir de la conciencia del escritor-protagonista o, más bien, como la puesta en papel de los procesos psicológicos que dan lugar a la creación de la conciencia de los personajes. Pero éste no es un ejercicio que se dé sin tropiezos. Sucede que la frágil

---

[5] privilegiada por los líderes del PPD. Con ese fin, el gobierno insular se dio a la tarea de promover la imagen de la isla como un "paraíso" por medio de agresivas campañas de publicidad tanto en Puerto Rico como en Estados Unidos (Sánchez Tarniella 2: 121). El diario de María Amador nos proporciona una fecha que sirve para situar el desarrollo de la trama de ambos textos. Las páginas del diario reproducidas en *La casa* llevan la fecha del 23 de agosto de 1977, así que, más o menos, ésta debe ser la fecha de la acción de la novela (92). En *La casa* los hijos del escritor son tres años mayor que en "Paraíso", de manera que la acción del cuento debe estar ocurriendo alrededor de 1974.

identidad de este sujeto que escribe se convierte en un serio impedimento para el desarrollo de una voz autónoma y autorial. Lo que acaba por pasar es que, en el acto de escribir, el personaje de Beatriz termina disputándole –y finalmente usurpándole– el control de su conciencia, su voz y su pluma.

Desde las primeras líneas, "Paraíso" empieza a revelar el valor atribuido a la "escritura" como reclamo de poder dentro del escenario familiar. Al principio, el texto se nos propone como un plan para la articulación del relato y simultáneamente como una resolución para el control de la situación del hogar. No obstante, el hecho de que el autor opte por trazar un croquis a base de tiempos verbales sin historia ni consistencia, el presente futuro y el futuro, en vez de optar por la solidez que garantiza el tiempo clásico del Relato, el pretérito indefinido, demuestra cuán frágil es ese alarde de autoridad:[6]

> Asunto concluido, Beatriz se va al cine y yo cruzo las escalinatas de granito y sin temor a las abejas de las trinitarias me sumerjo en el parque. Juan llevará su bola amarilla de día de reyes y María –siempre vestida de rojo por las tardes–, su Teresita. Juan –ojos de mar sin olas: pasadas de Pelé echará a rodar su amarilla tan pronto llegue. Tiene que ser un golazo [....] Teresita dormirá [....] Beatriz abrirá su cartera [....] (*Cinco cuentos* 19)

Por supuesto, desde la óptica de las teorías posestructuralistas críticas del autoritarismo literario, esta selección de tiempos verbales sin consistencia es uno de los signos más positivos de "Paraíso" ya que propicia la apertura del texto como un espacio dialógico en el que concurren conciencias más o menos antagónicas y en el que el lector se convierte en un colaborador activo. Sin embargo, dentro de la lógica interna de *Cinco cuentos* lo que la elección podría señalar es cuán vulnerable resulta ser cualquier forma de autoridad del sujeto afropuertorriqueño, precisamente por la ausencia en el país de una historia cultural en favor de lo negro, por la falta de una tradición oral equiparable a la de otras comunidades del *black Atlantic* y por la carencia de una mitología y de una épica escrita que valide la herencia africana en el

---

[6] "Piedra angular del Relato", "instrumento ideal de todas las construcciones del universo", refugio de "un dios o recitante", "tiempo facticio de las cosmologías, de los mitos, de las Historias y de las Novelas", "expresión de un orden", unidad rápida entre "una causa y un fin": con éstas y otras designaciones define Barthes a ese pretérito indefinido que elude la pluma de Rodríguez Torres en "Paraíso". Tanto en esta nota como en nuestro texto, el uso de la mayúscula en Relato se hace siguiendo a Barthes. En consonancia con su teoría, también la narración en primera persona –en oposición al Relato en tercera persona– se puede interpretar como otro signo de la falta de autoridad del escritor de "Paraíso" (Barthes, *El grado cero* 35-44).

territorio nacional. Si Rodríguez Torres se ve inclinado a evitar el pretérito indefinido, es posible que se deba a que en el momento en que escribe en Puerto Rico no existe un Relato positivo de la experiencia africana y afropuertorriqueña.[7] Por eso, es significativo que el autor de "Paraíso" vaya a buscar el apoyo que no encuentra en las letras puertorriqueñas en un texto como *El reino de este mundo*. Esperaba él encontrar solaz y solidaridad en la épica haitiana, pero paradójicamente la versión de Alejo Carpentier lo devuelve al infierno cotidiano de su hogar. Su lectura, en vez de evocar las virtudes libertadoras de Mackandal o la guerra de emancipación, lo que convoca son escenas de la esclavitud. Específicamente, esos "horizontes de carbón y lagunas de estigas rosadas al compás de Oh Honey" (21), hacen pensar en la tragedia de Solimán, el esclavo doméstico que por no perder el privilegio de un cierto acceso al cuerpo de Paulina Bonaparte se ve obligado a reprimir su sexualidad.

La historia de Paulina Bonaparte y Solimán está actuando de distintas maneras en el esquema general de los *Cinco cuentos*, pero su pertinencia en "Paraíso" se expresa a través de interesantes paralelos.[8] En el nombre Solimán se puede leer la unión de la raíz latina *solus* con el sustantivo inglés *man* para significar "hombre solo". En la acepción del diccionario (Moliner), el solimán (posiblemente del mozárabe) es un sublimado corrosivo, un veneno que ocasionalmente se usa en la medicina como desinfectante. Simbólicamente, el personaje es una especie de castrado,[9] un sujeto que al entregarse en cuerpo y espíritu a los caprichos de su ama blanca codifica una de las formas de atraso de la emancipación de los esclavos africanos y del hombre negro en la sociedad occidental.[10] En el esquema de *El reino*,

---

[7] Hay que tener en cuenta que este problema está definido en la obra de Rodríguez Torres desde bien temprano en los setenta. Es decir, Rodríguez Torres no tiene acceso a revisiones historiográficas importantes como las de Guillermo Baralt, Benjamín Nistal Moret, Jalil Sued Badillo y Angel López Cantos, entre otros. Ni siquiera estaban publicadas para el momento en que empieza a despuntar el tema de lo negro en su obra las perspectivas sociológicas de Isabelo Zenón Cruz y José Luis González.

[8] Nótese, por ejemplo, que en *Cinco cuentos* el epígrafe de "La última cara del espejo" está sacado de la sección seis del capítulo dos de *El reino*, "La nave de los perros". La influencia de Carpentier en la obra de Rodríguez Torres ha sido señalada por Zoraida Barreto quien, en el prólogo a la primera edición de los *Cinco cuentos*, menciona al escritor cubano como un estímulo vivificador del libro que le presenta al lector (9).

[9] A la similitud de Solimán con un eunuco por sus roles, Fanon añadiría: "We know historically that the Negro guilty of lying with a white woman is castrated" (72).

[10] Por supuesto, nuestra lectura no niega la posibilidad de interpretaciones más positivas de estos personajes, como la de Cue Fernández, quien encuentra en la relación de Paulina con su esclavo momentos de sincretismo religioso, de la constitución de lo real maravilloso y del influjo de lo americano sobre lo europeo. Acabamos de decir

este personaje servil es el reverso de Mackandal, el cimarrón rebelde que fecunda con su sangre la Revolución Haitiana.[11] Mackandal es el narrador rutilante de las maravillas del "Gran Allá", el mejor puente entre Africa y el *black Atlantic*, el guardián de la épica africana y el origen de la haitiana.[12] Por supuesto, es también la más pura expresión de las religiones africanas en el territorio americano. Hablar de la magia libertadora de Mackandal es ya un lugar común entre la crítica de *El reino*, lo que nunca se matiza es que esa magia fecunda comienza en la voz del mandinga, en sus dotes de narrador: "Era fama que su voz grave y sorda le conseguía todo de las negras. Y que sus artes de narrador, caracterizando los personajes con muecas terribles, imponía el silencio a los hombres [...]" (17). Con Solimán ocurre todo lo contrario. Como antítesis de Mackandal, Solimán está desprovisto de un relato "auténtico" y de una voz autorizada. De ahí que acabe contando mentiras inconsecuentes y haciendo bufonadas en el centro de la civilización occidental. En definitiva, se trata de un sujeto atrapado entre su realidad de hombre negro y el deseo de lo blanco. Su final trágico se debe, precisamente, a la elusividad de lo blanco y a la pérdida irreparable de los vínculos con su cultura originaria. Con su alma escindida y su magia prostituida, al final, sus rituales ni le permiten revivir a Paulina Bonaparte, el objeto que alienta el deseo de lo blanco, ni mucho menos le valen el regreso a la isla de Santo Domingo. Así, Solimán termina desarraigado y enloquecido y su tragedia instaura un mito que está resumido en el dicho típicamente caribeño "mujer blanca, perdición del hombre negro".[13]

---

que el solimán es un *pharmakon* en el sentido derridariano (*Dissemination*). Sin embargo, no parece ser éste el esquema que le aporta Carpentier al narrador de "Paraíso", quien aspira a una escritura afrocéntrica. En Rodríguez Torres, la figura de Solimán no va a ser validada hasta *Este pueblo*, pero aún en esa novela el mito también actuará con un sentido trágico.

[11] Contrario a Solimán, Mackandal está asociado con la fecundidad de varias maneras. En el momento mágico de "El gran vuelo", la virilidad de Mackandal se desplaza a la persona del joven Ti Noel quien esa misma noche embaraza "de jimaguas a una de las fámulas de la cocina" poseyéndola tres veces (41).

[12] Hay que advertir que una de las mayores fallas de Carpentier radica en su énfasis desmedido en Mckandal y el vodú para explicar la gestación de la Revolución Haitiana. Si bien *El reino* es efectivo en fijar un origen para la relación histórica entre el vodú y la política, sorprende que una trama que se apega casi obsesivamente a fuentes históricas (ver Vázquez) pase por alto la dimensión ilustrada de la independencia haitiana. Así, *El reino* escamotea de la épica haitiana la razón moderna que representan protagonistas de primer orden como Toussant L´Ouverture para transformar una revolución netamente moderna en una sucesión de levantamientos primitivistas.

[13] Como anticipa la nota 9 de este capítulo, en la literatura social científica del Caribe de habla francesa este dicho está ondulando en el libro de Fanon *Black Skin, White Masks*;

Aunque lleve su contrapeso en otros discursos y mitologías, en la obra de Rodríguez Torres el dicho "mujer blanca, perdición del hombre negro" tiene un valor estructural incuestionable.[14] En "Paraíso", es significativo que la alusión a *El reino* le abra un espacio en el discurso a la voz de Beatriz y aún más, que la entrada de esa voz hecha de pasados inmediatos venga a minar lo que hasta el momento se nos había propuesto como un relato monológico –"[...] Oh Honey por favor coteja el Cosmopolitan para que veas que las Nina Ricci no tienen que envidiarle nada a las Madame Rochas que me regalaste el sábado pasado" (21).[15] Al igual que Paulina Bonaparte, Beatriz es una mujer de apariencia blanca, superficial, caprichosa y muy diestra en el combate de baja intensidad en el hogar. Por eso, desde su posición de desventaja relativa, va a ser capaz de desestabilizar el poder masculino negro para la consecución de un balance de fuerzas en la casa:

> [...] le dije [a Beatriz]: Usted al cine, Juan y María al parque y Beatriz sonrió la angustia de los trabajos cotidianos, las asignaciones de los niños en el colegio del Santo Espíritu y la agonía de tú estás siempre en los libros y te olvidas que yo soy un ser humano con veintisiete años de cuerpo, ninguno de amor y unas noches de soledad en la cama pensando que a un negro de treinta le cuesta trabajo asomarse al sexo. [...] Levantó un muslo rosado y se pasó la piedra pómez en los talones de ya ves Negro como el trabajo de la casa estropea a las mujeres. (21-22)

El narrador tiene sus flancos débiles justamente en la masculinidad y en el color de la piel.[16] Por un lado, vive acomplejado por su herencia africana, buscando

---

específicamente alienta la discusión del capítulo "The Man of Color and the White Woman".

[14] Es decir, el esquema biologista de Carpentier marca la obra del viequense en su estructura profunda. Para una crítica del concepto biologista de raza, véase el artículo de Appiah. De los contradiscursos de este mito hablaremos más adelante en este capítulo.

[15] El sabotaje efectuado por la voz de Beatriz es análogo al que impone en *El reino* la perspectiva de Paulina Bonaparte. Federico Acevedo nota cómo en la novela de Carpentier el cambio de punto de vista narrativo de Ti Noel a Bonaparte, durante el sexto y séptimo capítulo de la segunda parte, abre una digresión que impide que el triunfo de los haitianos pueda ser contado desde una óptica negra (xxxv).

[16] El esencialismo biologista –popular y tabú a la vez– que permea la obra de Rodríguez Torres podría ser una de las razones por las que la crítica no se ha acercado a ella con mayor entusiasmo. En una reseña temprana de aspectos básicos de *Cinco cuentos*, Barradas se fija acertadamente en el problema pero despacha los relatos sin explorar sus avenidas, contextos e implicaciones. A veces da la impresión de que la crítica es mucho más

maneras de compensar lo que asume como un defecto; y por otro, se siente físicamente "impotente" como resultado de una vasectomía que se practicara para el control de la natalidad (30).[17] Los indicios de su necesidad de blanquearse son varios, pero lo más significativo es que haya rechazado a Gloria, una novia negra que tenía, y que se haya casado con Beatriz con el pretexto característicamente caribeño de "mejorar la raza" (26, 28). En el cuento, esa elección es una especie de pecado original que determina el infierno por el que transita el protagonista junto a su familia. Ya Gloria le había prefigurado su suerte (33). Por eso ahora su visión del pasado se le presenta como una acusación traumática del presente. Lo que la visión le revela es la cancelación de su propia subjetividad, la huida de sí mismo y, en medio de todo, el fantasma de Gloria que siempre amenaza con levantarse para acusarlo (31-32). Por eso, tiene razón María C. Zielina cuando en su análisis del cuento se fija en el odio que este individuo siente hacia sí mismo (131). Pero habría que precisar que dicho odio es ambivalente. Si bien se expresa como una represión de su subjetividad de hombre negro, también se manifiesta como un sentimiento de culpa por la misma autocensura.

Aunque no se pueda minimizar el peso de otros factores en las aspiraciones del intelectual y de su familia dentro de la sociedad colonial moderna —como por ejemplo, el poder seductor de los mercados y la cultura de masas, o el papel de la mujer dentro de la sociedad de consumo— no cabe duda de que sus esfuerzos por desplazarse a través de la escala social se derivan de la necesidad de compensar la falta o insuficiencia de blancura. Sintomático de esto son, entre otras cosas, los comentarios de Beatriz sobre los clubes privados o sus juegos de asociación y fantasías con Paul Newman y el mundo de la farándula; comentarios y asociaciones que al ser recreados por el esposo ponen en evidencia los sentimientos de inferioridad de éste:

---

[17] severa cuestionando el esencialismo biológico que el esencialismo cultural (si cabe el oxímoron) tan generalizado en la literatura orientada hacia la celebración y el carnaval.
La esterilización de este personaje negro también puede leerse dentro del contexto de la modernización de Puerto Rico. El crecimiento poblacional nunca fue percibido como problema en la sociedad agraria del siglo XIX. Es después de la invasión norteamericana, y en particular durante la promoción del proyecto modernizador del PPD a partir de 1940, que la sobrepoblación se convierte en problema. En la retórica oficial de los arquitectos del modelo desarrollista, la industrialización y el control de la natalidad fueron planteadas como única solución al crecimiento poblacional "desaforado". Para 1970, la tasa natural de crecimiento poblacional había disminuido significativamente y se aproximaba a niveles existentes en el siglo XIX (Dietz 282-87).

Honey, Mr. Parson dice que ya tú puedes dar una conferencia a los Leones porque oyeron la de los Rotarios el año pasado y pensaran que tanto monta el intelecto como la piel que llevas sobre los huesos. [...] Recordó que Beatriz cumplía años, muchos años de estar a su lado doliéndose a cada minuto de ser la esposa de un hombre que tenía que escribir todas las noches de un mes para ganarse quinientos dólares y a Newman por dos horas le depositaban un millón en el banco. [...] Beatriz llega, reclinada en una butaca repasa el mundo del cine, Sidney Poitier, ese es el nombre, lo recordé ahora, de momento, me llegó como una sombra, después ... sí, ese es el artista que se parece a ti. [...] ése es el artista, querido. (27, 28, 30)

El valor desmedido que el escritor le confiere a la educación privada de sus hijos es otro síntoma del problema. A él le enorgullecen los logros académicos y atléticos de su hijo Juan en la institución privada en tanto son reconocidos por el poder "blanco" –en este caso, las madres que lo aplauden cuando cruza la piscina de punta a punta– como indicativo de una cierta superioridad sobre las niñas de pelo rubio. Pero lo cierto es que esa racionalización del éxito de su hijo, si acaso, sólo le sirve para atenuar el "defecto" que, ante sus ojos y los de la comunidad racista, representa el triángulo oscuro que tiene el niño detrás de la oreja como marca inconfundible de su negritud. De hecho, el veredicto final de la maestra es que Juan no puede "entrar al equipo de natación hasta que no se quite el triángulo" (22-23, 26-27).

La situación de Juan en "Paraíso" capta nuestro interés porque ayuda a visualizar cómo se reproducen los prejuicios y los complejos en el seno de la familia. El padre va educando al niño y moldeándole la identidad de acuerdo con sus miedos, odios y deseos personales. No sólo le pone sobre los hombros la inmensa tarea de vencer, en unas entidades profundamente racistas, el discrimen que él mismo no ha sido capaz de derrotar, sino también la de subsanar sus actuales frustraciones de hombre esterilizado. Para el padre, no es suficiente que Juan tenga habilidades atléticas; lo importante es interpretar esas destrezas como signos prematuros de la virilidad del niño. Una virilidad que siempre está listo a contraponer –y a imponer– a las conductas del sexo opuesto: a la pasividad de María en el hogar y a los miedos de las nenas rubias en la piscina (19, 22). De ahí también que insista en crear el relato de su hijo usando a Pelé como paradigma, justamente porque ve en el rey del fútbol lo que él no alcanza a ser: el epítome del triunfo de la raza negra a través de la virilidad (19, 25). No se fija, sin embargo, en ninguno de los atletas negros que han desafiado la hegemonía blanca a través de una militancia política. No se fija, por ejemplo, en gestas como la de Jesse Owens, Jim Brown, Muhammad Ali, o como las de otros tantos atletas renombrados que participaron en el movimiento nacionalista negro y la lucha en pro de los derechos civiles en los Estados Unidos; se fija en Pelé, un héroe que a pesar de sus méritos podría ser blanco de críticas, al menos desde una perspectiva afrocéntrica, por, entre otras cosas, su acomodo dentro de la sociedad burguesa brasileña. Así que, una vez más, la selección de un modelo resulta problemática porque, de alguna manera, remite al escritor a su propia realidad. La tristeza del niño, esos "ojos de mar sin olas" o "de lago dormido", nos hace pensar que su mirada lánguida prefigura en el futuro del hijo la marca profunda de los problemas de su padre.

Ya no hay ni que decir que lo que mina la autoridad de la voz narrativa en "Paraíso" es el peso que tiene sobre ella la idea axiomática que postula una unidad infalible entre el hombre negro y una potencia sexual superior; conjuntamente, claro está, con aquella otra idea que iguala el numen poético con la energía sexual masculina.[18] Esto se podría afirmar de manera general para toda la narrativa de Rodríguez Torres pero se hace mucho más cierto en "Paraíso", donde el punto de partida es la esterilidad física del personaje del escritor. A propósito de la vasectomía que, según él mismo explica, tiene como objetivo "controlar la multiplicación de la especie", no estaría de más preguntarse si en este tipo de censura biológica opera más un criterio de calidad que uno de cantidad. En otras palabras, si esa especie a la que se refiere es particularmente la de la persona negra, toda vez que se trata de un individuo que llega al matrimonio y la paternidad en pos de una "superación" de su raza y que ahora se encuentra con la situación de que los hijos que ha tenido no son lo suficientemente blancos como para ser admitidos sin reparos dentro de los espacios exclusivos de los que se denominan blancos. De ser así, la esterilidad del escritor en "Paraíso" habría que leerla como una metáfora de la narrativa del blanqueamiento, habría que verla como un tipo de trampa que subraya lo nociva que es esta forma de ideología para el adelanto de la condición social del sujeto negro dentro de la sociedad occidental.

---

[18] Esta segunda ecuación se encuentra generalizada en la poesía modernista, particularmente en la de Rubén Darío. Recuérdese el dictamen que aparece al final del prólogo de *Prosas profanas*: "Y la primera ley, creador: crear. Bufe el eunuco. Cuando una musa te dé un hijo, queden las otras ocho encinta" (*Antología* 30). Es bueno recordar también que en las culturas fon y yoruba, Esu (o Legba), la deidad que media la escritura fija del mundo (el libro de Ifa), es una representación del escritor o del escritor hermeneuta. Ésta a menudo aparece figurada como un ente hipersexual (con un falo exagerado, a pesar de que Esu es también genéricamente indeterminado) asociado con la diseminación (significación) y con la penetración y el intercambio de universos discursivos (Gates, *Signifying* 26-29).

Pero volvamos a nuestro planteamiento inicial, a la lucha que se produce por el control del relato entre el escritor-protagonista y Beatriz. Como ya se había expuesto, la Beatriz que percibimos a través del texto no es otra cosa que una instancia de la conciencia del escritor, mas no por eso deja de estar hecha de realidades "extratextuales" inmediatas. Diríamos que si el personaje es capaz de manipular la conciencia de su creador es porque seguramente está concebido a partir de las tácticas de manipulación de la Beatriz "real" del cuento. Hay, por ejemplo, en su hablar un tono que, si no es burlón, sí llega a ser fastidioso debido a que en el contexto de los conflictos existentes los vocativos de su preferencia –Honey, Negro, Querido– siempre parecen estar sujetos a un doble sentido o porque, en sí, muchos de sus comentarios van dirigidos contra los flancos débiles de su marido. Inversamente, para el escritor ella es una mujer impredecible y difícil de controlar, lo que en gran medida se debe a que la elaboración del personaje está determinada por los miedos del propio artista. Cuando él dibuja a Beatriz desarmando, con sus piernas bien torneadas, al policía negro que dirige el tráfico, revela primordialmente sus frustraciones personales (20). Muestra los celos que siente por una esposa a la cual es incapaz de satisfacer y la envidia que tiene de un sujeto al que, acogiéndose a un esquema racista y machista, le atribuye una masculinidad superior. Curiosamente, varias páginas más adelante la voz de Beatriz –imaginada por él– se le atraviesa en el relato con una versión distinta del incidente. Según Beatriz, lo que evita que el policía la multe es el carné de profesor, perteneciente a su marido, que ella cargaba consigo (31). Claro está, sería inútil tratar de desestimar una relación en favor de la otra. Más adecuado sería ver este otro momento de la narración como una instancia de un contradiscurso que aflora y eventualmente se impone en el texto como eco de la voz contestataria de la esposa "real". Aquella Beatriz que en la primera página sólo era el bosquejo de un personaje endeble, comienza a autogestarse a través del espacio mínimo que encuentra en un discurso indirecto libre y acaba, en las últimas tres páginas, apropiándose del relato y relegando al escritor al papel de personaje:

> Pero te has dormido, Honey; excepto tus manos que continúan proyectando el movimiento circulatorio a las páginas. [...] Ahora escucho el agua allá, lejanamente descender por las alcantarillas sin más ruidos que un ligero chas, chas y un embriagante movimiento circular, vertical, y, las manos de Honey asediando como una pluma negra sobre una página blanca e inmaculada, reviviendo todo un pasado mío (nunca ha sido suyo) en el que se confunden mariposas doradas, blancos elefantes y el ave fénix de mi infancia en la casa de los corredores cuando yo tenía seis años. Y sé que estoy despierta, sí, estoy despierta. (36-37, 38-39)

No obstante, la Beatriz de esta historia tampoco ha de ser la portavoz de un discurso feminista ni de nada que se parezca. Lejos de transformarse en una mujer mejorada por la ganancia de la voz –en el próximo libro– seguirá siendo la típica ama de casa víctima del encierro y de la rutina del hogar, del qué dirán social, del consumismo y de los traumas que arrastra desde la niñez. Peor aún, a medida que el volumen de su voz aumente, expresará con mayor claridad los prejuicios raciales que hasta ahora mantenía algo solapados. Y es que, aunque la narrativa de Rodríguez Torres se desarrolla entre las coordenadas de lo racial, del problema colonial de Puerto Rico y de los asuntos adscritos a las diferencias genéricas, el eje que orienta sus tramas es el de la raza. Que en "Paraíso" importa más el fracaso del escritor negro que la ganancia de su esposa, lo vamos a poder constatar en la novela *La casa*, donde por primera vez encontraremos algún dinamismo significativo en el personaje recurrente del escritor negro.

3. LA MARCA DEL ABUELO SOLIMÁN EN *LA CASA Y LA LLAMA FIERA*

Como secuela de "Paraíso", *La casa* retoma la historia de la familia del cuento con varios años de posterioridad. Dos sobrinas negras del escritor llegan de Vieques a pasar una temporada con la familia que vive en una urbanización de clase media de la ciudad de Mayagüez. Las niñas son un agente catalítico que viene de los orígenes a agudizar las luchas raciales internas de cada miembro del núcleo familiar y a sacar a la superficie los traumas que sufren como resultado de la discriminación imperante en la comunidad.[19] Con la visita de "las primas" se vuelven a desatar en el hogar los demonios del Vieques de *Veinte siglos*, ahora como expresión de las pesadillas de Beatriz pero nuevamente enmarcados dentro de ese relato que intenta producir el escritor, en el que se cifra su identidad de sujeto escindido entre "aquí" y "allá", entre su condición de hombre negro y su vida de intelectual aburguesado.

Prácticamente todas las tramas, los personajes, los tópicos y los mitos a los que nos hemos referido hasta aquí vuelven a asomarse por *La casa*, tanto en recuentos y referencias alocadas como en citas textuales sacadas de los libros anteriores. Desde el dicho "mujer blanca perdición del hombre negro", que está en la médula de la historia central de la novela, hasta las nociones más comprensivas de la plaga, las cuales se configuran en un espacio onírico-literario pero cuyo

---

[19] Las sobrinas vienen a ser una especie de espejo que les recuerda a los miembros de esta familia blanqueada sus orígenes negros. El hecho de que las sobrinas respondan a los nombres de Beatriz y María las convierte en dobles de Beatriz madre y de María hija. En ese sentido coincidimos con la apreciación que Otero-Krauthammer emite en "Búsqueda y encuentro de la identidad en *La casa y la llama fiera*" (180).

verdadero lugar de acción es el presente de la familia y en última instancia, del escritor, el grueso de la mitología de la narrativa de Rodríguez Torres se vierte en esta segunda novela. A fin de cuentas, *La casa* es otro metadiscurso más. Aquí, el autor viequense no sólo vuelve a dramatizar el proceso de producción del texto, sino que también se abisma en una serie de comentarios críticos sobre su escritura y en reflexiones teóricas sobre el estado de la novela moderna.

A un nivel discursivo, *La casa* retoma la lucha entre la subjetividad masculina negra y la femenina blanca en el contexto de una relación conyugal disfuncional. El texto, en tanto llega a ser reconocido por la mujer como el lugar donde se autoriza lo primero a expensas de lo segundo, tiende a convertirse, no ya en un espacio en disputa, sino en algo recusable. Sin embargo, en esta obra se advierte un movimiento contrario al de "Paraíso". Si en el cuento la perspectiva de la mujer acababa desplazando a la del hombre, en la novela será la perspectiva masculina la que se imponga.

Básicamente, el relato de *La casa* se sustenta en una narrativa tradicional que establece que en el matrimonio interracial está la ruina del sujeto negro. Como en los mitos clásicos, esta idea aparece codificada en tres momentos de la novela. Siguiendo un orden invertido, se expone primero el caso del tío Aldo, el escritor, como ejemplo aleccionador en un catálogo de consejos que las niñas viequenses le han oído a su madre allá en su isla natal:

> [...] nada de hombres blancos en esta casa, que recuerden al tío, que aunque ha llegado a donde está ustedes saben lo que le pasa, que para sufrimientos mejor se quedan en estas cuatro paredes, que reconozcamos quienes somos, que ella era verdad que un poco tarde pero escogió uno de su raza [....] (4)

Más adelante, el texto se va a articular como una comprobación de las palabras de la madre de las niñas, dándole la oportunidad al lector de constatar la validez del mito en la situación actual de Aldo y de los dos hijos que ha tenido con la mujer blanca. Por último, en un ejercicio retrospectivo, el escritor, en pos de los orígenes de su tragedia y de una rectificación de su conducta, nos remonta a su niñez: a la muerte de su madre, a sus juegos eróticos infantiles en los que compara a Carmen con su hermana Matilde y acaba escogiendo a la niña blanca, y finalmente, al rechazo violento por parte del padre de Carmen —"tú a tu casa, desgraciado, negro mamalón, güelebicho" (153)— que lo hace despertar al racismo de la sociedad y lo deja atrapado en un vínculo con lo blanco donde se confunden el deseo y el odio.

Es así como en esta historia el cuerpo de la mujer blanca pasa a ser objeto de sentimientos ambivalentes. A partir de ese momento, Aldo va a sentir una necesidad constante de vengar los agravios del racismo en el cuerpo de la mujer blanca, pero siempre dentro de las redes del erotismo que ese mismo cuerpo le tiende:

> [...] llegaron los primeros recuerdos, los recuerdos de un día de primer grado en una escuelita de Monte Santo cuando el maestro dijo no vengas más hasta que no tengas zapatos –hoy juro por mi madre que lo odio–; el día que pasó frente a la tienda de José y él y su mujer de ojos azules se rieron porque llevaba un pantalón hecho de tela de saco de harina de trigo, roto por el culo y le dijeron está roto por donde te lo ganaste y lo último que observó fueron las piernas torneadas de la mujer de José y sus intensos ojos azules y el reflejo de sus tetas blancas y esa noche no durmió, costó mucho decirle a papá que no iría más a la escuela, pero su padre dijo que iría aunque fuera desnudo [....] (145)

En el esquema de la obra, el matrimonio de Aldo con Beatriz nace de rencores y deseos ancestrales, de las ansias de venganza de un sujeto cuyo cuerpo e imagen han sido por siglos mancillados y a la vez, de una infatuación –también antiquísima según la narrativa esencialista– con la mujer de piel clara. Se trata, pues, de una caída cíclica. Como señala el propio escritor, primero fue su padre, ahora él y luego le pasará lo mismo a José:[20]

> [...] cuando pensó debajo del árbol de muñeco de Pura que vengaría toda una vida destronando la imagen de una –de muchas– mujer blanca para destruir el mito del negro y me voy a hacer maestro para enseñarles lo que vale un negro. Eran situaciones paralelas a las de papá semejantes a las de José que ayer me dijo papi, cuando yo sea grande me caso con la hija del doctor Pinto (Soñar con pajaritos preñados, perro flaco soñando con longanizas, mujer blanca perdición del negro, sueños de una tarde de verano que rectifica mi posición de escritor y pienso no seas pendejo, Beatriz no te quiere, vive a costa de tu posición de escritor que le da realce como a la vecina del Redondel de Los Olivos que no sabe hacer la o con el culo de un vaso pero su esposo es arquitecto). (145)

Asimismo, los prejuicios raciales y la vanidad de Beatriz contribuyen a darle forma al esquema. Desde las primeras páginas, es ella quien con más ahínco expresa una terrible repulsión por las sobrinas negras cuya presencia en el hogar resulta

---

[20] El cambio de nombre en el niño –de Juan, en "Paraíso", a José, en *La casa*– no altera en lo fundamental la identidad del personaje. En la novela, el niño hace alusión a incidentes que le ocurrieran en el cuento y básicamente el lunar negro detrás de la oreja sigue siendo la marca que lo identifica.

perturbadora porque a la vez que les recuerda a los protagonistas su procedencia étnica, los pone en mayor evidencia ante los jueces de los asuntos relativos al estatus social y a la "pureza racial" en el vecindario exclusivista. En fin, que ateniéndose a esta narrativa, parecería que ha sido Beatriz la que ha alejado al escritor de sus orígenes y la que ahora evita que él se acerque a ellos.

Pero a pesar del valor negativo adscrito a la figura de Beatriz y a la consolidación del esquema esencialista, el desarrollo de la novela no ocurre sin que se produzcan tensiones con ese discurso tradicional que domina en *La casa*. No podía ocurrir de otra forma tratándose de un texto que viene a alterar el balance de fuerzas de "Paraíso" para corregir las elecciones del escritor y aliviar su sentimiento de culpa. No podía ser de otro modo ya que Rodríguez Torres parece tener un atisbo de que el mito se perpetúa en detrimento de la mujer, otra víctima de la hegemonía masculina blanca (nacional y occidental), y de que, en gran medida, su narrativa es incongruente con las aspiraciones de este otro sujeto dentro de la sociedad puertorriqueña. Por eso, llegará un momento en la novela en que el escritor reconozca que, por más que la justifique como denuncia de una realidad objetiva, su representación de Beatriz es contraproducente para la imagen de la mujer. Llegará un instante en que tenga que reconocer que hablar por esa otra persona subalterna siempre implica un riesgo. Veamos brevemente cómo está codificado ese atisbo de conciencia dentro del texto.

La novela se inicia como queriendo reafirmar el final de "Paraíso". La voz de Beatriz preside el discurso y comienza con una objetivación del escritor quien por primera vez en la narrativa de Rodríguez Torres aparece designado con un nombre, escribiendo lo que seguramente es la historia que leemos.[21] Pero de "Paraíso" a *La casa* van algunos años y Beatriz ahora intuye como una trampa la representación de su voz en el marco de la escritura de su esposo. Se podría decir inclusive que esa voz le pesa. Como mujer, sospecha que es tan víctima de la actividad creativa de Aldo como del trabajo doméstico:

> Los minutos transcurrían lentamente y me fui a la biblioteca de Aldo; quité un poco de polvo, ordené algunos libros que estaban sobre el escritorio y trabajé en algunas fichas tal como él me lo había indicado. Empecé a pensar que en quince años de casados habíamos vivido para ordenar aquella biblioteca [....] Pero eran las doce y cincuenta, así que decidí continuar mi trabajo en la

---

[21] "Aldo estuvo tecleando en su maquinilla toda la noche, apenas advirtió mi presencia cuando me levanté a buscar una tableta de aspirina, pero sentí esa rara sensación que domina cuando una entiende que le han ocupado los sentidos. [...] Aldo continuaba en su tarea de escritor, ciego frente a las teclas de la maquinilla" (1).

biblioteca, imaginando las posiciones de los libros, contando los balaustres, las tablillas y sintiendo –a veces– que yo estaba allí, en lo que él escribía, en lo que él pensaba o en un libro cualquiera. (2)

Por otro lado, Beatriz ha perdido la chispa verbal que le permitía desestabilizar el poder del escritor en "Paraíso". Se trata ahora de una mujer que además de arrastrar sus propios traumas también vive abrumada por los problemas de sus hijos y por el desvarío que en *Veinte siglos* era privativo de su marido. Aún así, en uno de los innumerables momentos del subconsciente de esta mujer sometida, la novela busca contrapesar la narrativa central del texto. Por los laberintos de una isla cárcel –figuración onírica de la casa, del libro y de matrimonio– Beatriz encuentra a Realidad, la prostituta de *Veinte siglos*, y ahí, en la encrucijada de sus voces, el relato masculino tropieza con el contradiscurso de la mujer:

> ¿En qué círculo estoy?, preguntas. Que círculos ni que mierda, te contesta Realidad, abra los ojos, señora, no sea pendeja; si las mujeres determináramos nuestra dimensión a la luz de lo que valemos moralmente y no por lo que proyecta la atracción del sexo, la vida fuera otra cosa. Pero si Aldo, precisamente lo que ha hecho es criticar esas cosas que usted señala. Sí, pero a costa de nosotras, señora. Entonces ¿cómo puede decir él que en este país nos estamos pudriendo? Mira, y perdona que te tutee, pero estamos hablando de mujer a mujer, aquí lo mejor es no escribir, que mande para el mismísimo carajo toda esa porquería. (84)

Efectivamente, en el contrapunto que le hace Realidad a la voz degradada de Beatriz es detectable un discurso contestatario del relato sobre la raza. Mas lo cierto es que esta contestación nunca llega a ser lo suficientemente enfática como para desestimar la narrativa tradicional que domina la historia. De hecho, el espectro de la narrativa sobre la raza es mayor aún de lo que hemos indicado hasta ahora puesto que también por ella se explica el problema del intelectual negro ubicado dentro de la cultura occidental moderna. Algunos de los pasajes anteriormente citados demuestran que el drama de la pareja mixta y el del escritor aburguesado se originan en un mismo lugar: en el odio y las ansias que despiertan las prohibiciones de la sociedad racista. Aldo se hace profesor universitario como respuesta a los obstáculos que le impone su maestro de escuela elemental y como dice él, para demostrarle a todos lo que vale un negro. Ésa era su posición en el pasado y lo sigue siendo en el presente de la novela. Esto se hace evidente cuando se empeña en que su esposa le inculque ciertas actitudes a sus hijos, especialmente a José:

> [...] hay que irlos enseñando, Beatriz, que contesten como lo que son, carajo, a la mierda toda esa pila de burgueses, date entera a sus tareas escolares, trabaja junto a ellos, que cada ofensa de prejuicio la contesten con una calificación de sobresaliente. Beatriz, el piano de María; que María sea la niña mejor vestida, que sea la única capaz de resolver un pitágoras, que sus dedos dominen magistralmente los pinceles, que su meta sea un libro todos los días; que José practique dos horas de ajedrez, que los textos de José estén todos al día, que cumpla con sus tareas, que ... y se rió; la primera niña de nalgas blancas que se le ponga de frente, la derribe. (37)

Una vez más, se puede ver cómo se perpetúan los complejos y los odios raciales en la sociedad puertorriqueña. Si Aldo fue forzado por su padre a regresar a una escuela que lo discriminaba por negro y por pobre, ahora es él quien lanza a sus hijos a competir dentro de un sistema educativo privado y racista donde constantemente son humillados y rechazados. Ni ellos eligen ese tipo de educación, ni su madre la aprueba. Como afirma José, no vale tener notas sobresalientes para acabar con las ofensas de compañeros, curas y maestras (51-52). En "Paraíso", Beatriz insistía en lo perjudicial que era este tipo de crianza para sus hijos. Le preocupaba el que estuvieran todo el tiempo metidos entre libros sin procurarse amigos y, ante el racismo del colegio católico, abogaba por matricularlos en la escuela pública (32); la situación de *La casa* le da la razón. Por esta elección se comienzan a ver en María y José grietas emocionales análogas a las de su padre. Se percibe en ellos un marcado menosprecio por las primas de Vieques y por algunos aspectos de la cultura vernácula que Aldo les ha querido transmitir desde su ideología nacionalista. Paralelamente, expresan una cierta ambivalencia ante la cultura burguesa que los circunda. Por un lado, les obsesionan los valores del mercado metropolitano y de la clase media que los promueve localmente; y por otro, comienzan a expresar decepciones y rencores hacia ese mundo de difícil acceso. Es así como coinciden de nuevo en el personaje del escritor la imagen del hombre negro castrado por la cultura occidental y la del padre castrador. En esta obra, el tema de la castración vuelve a ser recurrente, pero a diferencia de *Veinte siglos*, lo que mejor acusa la situación freudiana de la novela es la recurrencia onírica y emblemática del fresco de Goya en el que Saturno está devorando a su hijo.[22]

---

[22] Aparentemente, buscando acceder al misterio común que hay entre Aldo y José, Beatriz se mete en la pintura –que no dudamos que sea la de Goya porque es la que ha venido obsesionándola– estableciendo así la ecuación de igualdad entre los componentes de los dos cuadros, el de la novela y el de la pintura: "¿Qué le comentaba, Beatriz, dime? Se trata del asunto de la última novela. Decía Aldo que estaba escribiendo una obra que giraba en torno a un tema femenino. Una mujer, casada con un escritor

En *La casa*, como en "Paraíso", encontramos cuatro personajes trágicamente marcados por el signo de la soledad.[23] El diario de María tal vez sea el mejor testimonio de esto: "Tanto él [José] como yo hemos vivido sorprendentes momentos de soledad debido a las constantes reuniones literarias de papi y el aislado mundo en que vive mami" (93). En efecto, si la soledad de Beatriz es un encierro permanente, la de Aldo se expresa como una ausencia (139). Aldo, al sentirse odiado por su esposa y sus hijos, busca refugio en su mundo de escritor burgués, el cual de por sí le resulta detestable (98). Beatriz, debido a los prejuicios que le inculcaron sus progenitores (36), teme la negritud de su esposo pero, a la vez, la distancia que media entre ambos le resulta traumática pues depende de él y tiene miedo de perderlo (35, 82). En sus delirios, se ve infinitamente sola porque se da cuenta de que no ha llegado a conocer a su esposo como tampoco a su hijo (72, 77, 82). En cuanto a los menores, María arriba a sus catorce años llena de resentimientos contra aquellos que han determinado sus angustias. María resiente que su madre le haya dado por padre un hombre negro (96) y que éste no haya sido capaz de expresarle cariño (133). Su actitud ante Aldo no es menos ambivalente que la de Beatriz. Si bien le resulta problemática la negritud de su padre y lo que hay de ésta en su persona, paralelamente muestra una cierta admiración por el intelectual que desde su ideología nacionalista puede responder a los agravios de la sociedad burguesa "blanca". La soledad de José, por último, es la de un incomprendido. Lo que agrava el maltrato que este niño recibe en la escuela y el vecindario es la incapacidad de sus padres para comprender su situación. Puesto en medio de una comunidad que se rige por los valores del mercado, la cultura de masas y los rituales de la moda, José no entiende –ni sus padres le explican– por qué se le exige que anteponga a todo esto unas costumbres locales más austeras (los reyes, los pasteles, la hospitalidad hacia el tío, etc.) que esa comunidad tiene relegadas a un segundo plano (135-40).

---

y madre de dos hijos, cela hasta el extremo a su marido, pierde la memoria y después de una larga e intensa búsqueda, por recodos y laberintos de una isla que se hace cada vez más pequeña y atávica, entiende que no sabe si busca a su marido o a su hijo, mientras los dos yacen a su lado. Decide entonces meterse en la escena de una pintura [....]" (82).

[23] Las palabras soledad, solo y sola se registran en la novela por lo menos veintitrés veces (20, 35, 43, 44, 65, 77, 82, 93, 119, 132, 136, 137, 143) en frases como las siguientes: "... y yo sola, Dios mío, sola, completamente sola pensando que Aldo no llegará" (35); "Bajo este cielo pesado hemos empezado a sentirnos solos" (44); "En un principio el hombre buscó la soledad para saberse más hombre, hoy la busca para suicidarse, pienso" (77); "Calculo que estoy en medio de la soledad humana" (119).

En resumen, la crisis de la familia de los dos textos que hemos visto en esta sección se manifiesta principalmente como un sentido de soledad determinado desde fuera por el racismo de la sociedad; y desde dentro por complejos raciales que dificultan la comunicación entre los miembros del núcleo familiar.[24] Una mitología que censura el matrimonio interracial y las aspiraciones de blanqueamiento del sujeto negro organiza la trama imponiéndose sobre la obra. A nivel discursivo, la resistencia que le ofrecen las voces femeninas a la perspectiva masculina negra que media el relato esencialista contribuye a la codificación del problema familiar. Sin embargo, en la novela esa resistencia no se sostiene y al final el mito –mujer blanca perdición del hombre negro– prevalece. Las reflexiones del escritor sobre su niñez en Vieques, la aceptación de las sobrinas como parte de la familia y la decisión de que se queden en la casa a pesar de Beatriz, de sus hijos y del qué dirán: todo contribuye a perpetuar el mito. En efecto, al final, ninguno de estos gestos dramáticos conduce al mejoramiento de las relaciones entre los miembros de la familia, sino que representan un intento de revertir lo que el relato postula como una degeneración racial.

Al igual que en los otros textos de Rodríguez Torres, en *La casa* la actividad escritural está orientada por un poderoso sentimiento de culpa. La novela no es otra cosa que el aplazamiento de una decisión en la que de algún modo se vuelve a cifrar la identidad escindida del escritor afroviequense. La postura asumida por Aldo con respecto a sus sobrinas constituye un movimiento de orden existencial y estético hacia Vieques, hacia los orígenes y hacia la africanía (tal como la entiende el autor). Las sobrinas se quedan en la urbanización pero no para agilizar una integración saludable y demostrar con ello que la convivencia armoniosa entre gente de distintos tonos de piel, poder económico y experiencias culturales es posible: eso hubiera sido destronar el mito de la novela en favor del de la gran familia. Se quedan para propiciar un intento de retorno a los orígenes –literario al fin– que ayude a exorcizar la culpa y sanear la crisis existencial del que escribe.

---

[24] Esta ausencia de comunicación perceptible en *La casa* es uno de los rasgos más sobresalientes de la narrativa de Rodríguez Torres. No es sólo el hecho de que en los textos no existan diálogos –que no sean los que ocurren en el interior de los personajes– sino que aún cuando hay un interlocutor virtual, éste se encuentra demasiado distante. De ahí el tono maquinal y de desahogo de las voces. En *La casa*, Aldo escribe una novela psicológica (interior), lo de Beatriz es un soliloquio onírico, José habla con una madre que no atiende sus quejas y María escribe un diario para sí y una carta para una amiga ausente.

4. El prejuicio racial en la sociedad civil puertorriqueña: representación artística y bases sociológicas

En la narrativa de Rodríguez Torres, el dominio de lo que se denomina "acá" se nos ofrece como una radiografía en blanco y negro del estado de la sociedad civil aproximadamente tres décadas y media después del inicio del proyecto de modernización de Puerto Rico. En su análisis, Rodríguez Torres ve en la emergencia de la sociedad industrial burguesa la otra cara de un proceso que implica la quiebra de las organizaciones de la vieja sociedad rural, especialmente de las estructuras que garantizaban algún grado de autonomía a comunidades situadas al margen de los modos de producción dominantes y de los grupos de poder. En ese sentido, el cuadro de los procesos de la sociedad puertorriqueña que ofrece el autor viequense se puede leer a la luz de la conceptualización marxista de la sociedad civil. Dicho cuadro coincide con el análisis de Marx por el valor atribuido al materialismo craso, al interés personal y a las luchas descarnadas entre los individuos como elementos definidores del orden social que caracteriza la modernidad periférica.[25] Sin embargo, es la noción gramsciana de la sociedad civil la que mejor ayuda a entender la configuración y las dinámicas sociales en Rodríguez Torres. Al igual que Marx, Gramsci utiliza el término para designar la esfera de lo privado y de sectores fuera del aparato estatal, pero en su percepción la sociedad civil no se circunscribe a los intereses individuales, sino que también incluye las organizaciones con potencial para la regulación propia y la adquisición de autonomía. Él caracteriza a la sociedad civil como una red compleja de organismos predominantemente privados desde donde la hegemonía se organiza. El teórico italiano identifica al estado y a las corporaciones como entidades que promueven los intereses de clase de una minoría dominante como el sentir general de la sociedad; y a la burocracia y al sistema legal, como organismos que regulan la sociedad civil y la conectan al estado (290-92). Su definición se hace más compleja que la de Marx y la de otros pensadores anteriores porque en ella la distinción entre el estado y la sociedad civil se vuelve puramente metodológica: aún una política como la de *laissez-faire* está formulada desde el ámbito estatal. De hecho, Gramsci se refiere al estado como una forma corporativo-económica, lo define como una suma –o confusión– de sociedad civil más sociedad política (aparato coercitivo). Mas, pese a que las líneas de demarcación entre estas

---

[25] Dentro de la teoría del filósofo alemán, la sociedad civil constituye una medida de la transición del feudalismo a la sociedad burguesa. Para él, esta entidad es una consecuencia de la destrucción de un orden en el que los individuos eran parte de distintas sociedades (familia, gremios, estados, etc.) con diversos roles políticos que impedían el desarrollo de lo civil como un dominio separado (Sassoon 72-74).

dos esferas se confunden, él insiste en que hay diferencias básicas entre ambas. En su teoría, lo que explica el proceso de agotamiento del estado como sociedad política no es otra cosa que el desarrollo pleno de las propiedades autorreguladoras de la sociedad civil.

Como bien ha observado A.S. Sassoon, lo fundamental de las teorías en torno al concepto de sociedad civil es que conducen a la revisión de la relación entre los individuos y la comunidad, del delineamiento de lo público y lo privado y de la organización de la sociedad en general (74). En la presente investigación, el concepto facilita el acercamiento a la visión que tiene el autor afroviequense de un espacio público situado entre el poder gubernamental y una actividad privada que incluye tanto la iniciativa económica empresarial como las relaciones personales y de familia. En el caso de Rodríguez Torres, la sociedad civil se presenta como el escenario donde tienen lugar los procesos de estratificación social y racial.

Topografía del racismo de la sociedad civil en "Paraíso" y *La casa y la llama fiera*

En alguna medida, ya hemos visto cómo queda señalada la sociedad civil dentro de la obra de Rodríguez Torres. El florecimiento de una sociedad burguesa en las áreas urbanas de Puerto Rico coincide con el desmantelamiento en Vieques de la comunidad rural y con un brote de individualismo que acusa, en esta ruralía de bases materiales precarias, el nacimiento de un egoísmo similar al reinante en la ciudad. A pesar de su economía de escamoteos, *Veinte siglos* compendia con claridad el espectro de la sociedad civil metropolitana. Allí, esta esfera queda retratada en un largo catálogo que ya citamos en el capítulo anterior: "[...] los que viajan en helicópteros, vapores, aviones privados; doña Fulana, don Extraordinario Come Ñoña [...] la prensa, la radio, la televisión. [...] un american way of life, la terraza al aire libre, el viernes social, el scotch blended whisky [....]" (101).[26] De ella forma parte también el escritor aburguesado en su escritura y en los círculos cívico-literarios; y, por supuesto, la familia nuclear, cuya fundación se da sobre la base del interés personal de sus miembros, de odios raciales, del consumismo y de la competencia social.

---

[26] *La casa* parece confirmar la necesidad de señalar al PPD como responsable de la crisis representada en la obra de Rodríguez Torres. Véase el siguiente ejemplo: "Dentro de diez años el país no tendrá abastos suficientes para sostener a cuatro millones de habitantes. La culpa, dijo una fuente muy cercana a la gobernación, la tiene el partido que por tantos años ha estado en el poder" (78).

En el retrato que hace Rodríguez Torres de la sociedad civil hay además una serie de instituciones que no pueden pasarse por alto ya que representan uno de los principales bastiones del racismo. Se trata de instituciones donde confluyen prejuicios de toda índole y donde cotidianamente se escenifica un choque entre aquellos grupos que buscan salvaguardar sus privilegios y los que van ganando acceso a la sociedad burguesa aprovechando las transformaciones económicas que ocurren en el país. Nos referimos a entidades tales como la escuela privada, los colegios de órdenes religiosas, los clubes cívicos y las asociaciones profesionales. Hablamos además de los correspondientes espacios urbanos donde a diario se libra esa misma batalla: la urbanización, las canchas y los parques de recreo, los salones de belleza, el cine, etc. A continuación identificaremos en la obra una serie de situaciones de discrimen o conflictividad racial que se registran en estos espacios.

La urbanización, ya hemos dicho, es el escenario más amplio donde se desarrollan las tramas de "Paraíso" y *La casa*. La novela documenta con sutileza, pero a la vez con suficiente especificidad, el maltrato del que son víctima los miembros de la familia quienes, como negros (o mulatos) y como inmigrantes del campo (o hijos de inmigrantes), representan el creciente sector medio del país que invade los dominios de aquéllos que reclaman exclusividad social y racial. Tal vez el indicio más claro del racismo que se practica en este lugar sea el miedo que le causa a Beatriz el que sus vecinas puedan ver el color de la piel de las sobrinas de Aldo cuando éstas salen a la acera o cuando alguna de aquéllas se asoma al interior de su casa (1, 7, 10). Claro que esa actitud dice mucho de Beatriz, pero es evidente que aquí su comportamiento está condicionado por las presiones que ejercen sobre ella los vecinos que se dedican a censurar todo aquello que "contamine" su pretendido estado de pureza. Como en la obra decimonónica de Eleuterio Derkes –donde se critica la costumbre de esconder a la abuela negra en la parte trasera de la casa para encubrir la ascendencia de la familia–, el acoso de los vecinos y los complejos raciales conducen, entre estos descendientes de africanos, al rechazo de los miembros de la familia extendida. Quiere decir, entonces, que en lo que a conductas sociales se refiere, de Derkes a Rodríguez Torres poco se ha avanzado en Puerto Rico, a pesar de las promesas democráticas del proyecto de modernización articuladas durante el período que separa a ambos autores.

Otras situaciones de conflicto donde opera un claro elemento racial las encontramos en los recuentos que hacen María y José de sus casos. El niño, por ejemplo, tropieza con el típico problema de que los padres de sus compañeros de juego le cierran las puertas y les prohíben a sus hijos (a York y Phillip) que compartan con él (40-41). Tiene que lidiar además con las actitudes egoístas de aquellos jovencitos (Carlitos, el hijo del doctor Barajas) que, reproduciendo los prejuicios (raciales y de clase) de sus padres, lo tratan con menosprecio (41-42); y todavía en ese ambiente de urbanización se ve obligado a soportar el humor racista de los adultos más presuntuosos. En ese espacio donde incomoda tanto la presencia de cualquier pariente de tez oscura, resulta curioso que haya lugar para una abuela con presunciones de española que se encargue de transmitir los relatos taxonómicos que perpetúan la ideología biologista, echándoselos en cara a una criatura de nueve años de edad.[27]

El prejuicio que estos dos jóvenes experimentan en el colegio privado tiene matices similares al que sufren en la urbanización. La humillación a la que la maestra de ciencias somete a José cuando simula un experimento que le permite –a ella y a los otros alumnos– burlarse de él haciendo analogías entre la fuerza de gravedad física y la fuerza de gravedad social es una versión institucional de las bromas racistas de la abuela de Carlitos (51-52). Igualmente, su exclusión del equipo de natación por razones de raza ("Paraíso" 26-27) y el incidente en el que el director del colegio –el padre Benito– le niega un sandwich guardan equivalencia con el rechazo que sufre por parte de los padres de York y Phillip y con el incidente en el que Carlitos le niega un pedazo de sandwich. Las experiencias de María dentro del mismo tipo de institución no son tan distintas. La joven todavía lleva consigo recuerdos de su segregación en una guardería infantil en Río Piedras y del desprecio con el que fue tratada en un *kindergarten* donde los directores incluso le comunican a sus padres que no quieren "saber de negros" (133). De adolescente, María sigue confrontando dificultades dentro del sistema educativo privado aunque los problemas que se registran en *La casa* tienen que ver mayormente con las actitudes racistas y clasistas de varios de sus compañeros y compañeras de colegio, algunos de los cuales son también sus vecinos.

Los textos de María documentan con especificidad otras situaciones del racismo prevaleciente en el Puerto Rico del ELA. La carta que le escribe a Jenny proporciona un excelente ejemplo del tipo de interacción que ocurre entre la comunidad y la

---

[27] "Quiero terminar, no quiero molestarte más que parece que estás dormida; pero el otro día cuando fui a casa de Carlitos la abuela que es española y tú lo sabes, estuvo todo el tiempo cantando un sonsonete de negros y cantaba: español con india sale mestizo, mestizo, con española sale castizo, castizo con española sale español; español con negro sale mulato; mulato con española, sale morisco; morisco con española, sale salte –atrás; salte– atrás con india, sale chino; chino con mulata, sale lobo; lobo con mulata, sale jíbaro; jíbaro con india, sale albarrazado; albarrazado con negro, sale cambujo; cambujo con india, sale sambaigo; sambaigo con mulata, sale calpan-mulato; calpan-mulato con sambaigo, sale tente en el aire; tente en el aire con mulata, sale no te entiendo; no te entiendo con india, sale ahí estás ... y se reía y enseñaba su dentadura de oro mucho rato y con un dedo arrugado me señalaba y continuaba riéndose" (52).

escuela para establecer los límites de tolerancia racial dentro de la sociedad civil. María le relata a su amiga cómo un grupo de madres obliga a suspender la escenificación de un drama sobre el hambre en África en el que, a falta de caras suficientemente oscuras, sus hijas iban a actuar pintadas de negro:

> Pero al otro día se formó la pelotera. Era la mamá de Gertrudis, la mamá de Josefina, de Jane y yo diría que casi todas. Primero a Mr. Alicea, después a las monjas; que cómo era aquello que a sus nenas que ni pagándoles, que eso estaba bien para Mona Marti, pero con sus hijas, no. ¿Y sabes lo que pasó? Pues nada, que adiós drama, pusieron unos potes a la entrada del Cole, con unas fotos de niñitos flacos y se acabó la Semana de la Paz. (131-32)

En el diario de María, el salón de belleza queda identificado como otro de los espacios donde se producen agresiones gratuitas contra los descendientes más obvios de los africanos. Allí, alguien se toma la confianza de agredir a la joven con una observación que provoca la siguiente reflexión:

> [...] tu papá debe tener el pelo bien rizo porque tu mamá lo tiene bien lacio. Después yo lo comenté con mi vecina y mami y papi salió del baño y dijo: rizo no, lo tiene malo y afro y mándalas para el carajo para que entiendan de una vez y para siempre que no valen nada, que todas son una pila de pendejas. Así dijo papi y la vecina se fue, se fue y no sé lo que piensa ahora de papi, que lo dijo yo creo que sin pensarlo, porque él nunca habla de esas cosas. (96)

El comentario, ofensivo tanto por el juicio de valor como por la intención, hiere de tal manera a María que a partir de entonces comienza a preguntarse por qué a su madre se le ocurrió casarse con su padre (96).

Los parques de recreación y deportes son otro lugar codificado en los libros como sitio de hostilidad racial. En "Paraíso", la soledad que experimentan el escritor y sus hijos cuando van al parque ya de por sí es indicio de que no son bien recibidos allí. Si en el cuento la agresividad deportiva de los tenistas se presenta como un desplazamiento del odio que sienten hacia el escritor y sus hijos (32-33), en la novela se ratifica este hecho cuando José le refiere a su madre otro incidente acontecido durante el mismo día de la visita al parque:

> Por favor, dime que estás despierta, mami, que te cuento algo de la vez que te fuiste al cine y María y yo corrimos al parque con papi. Mira, un señor grueso, de piel rosada, enseñaba a sus hijos un juego extraño, pateaba la pelota con una fuerza enorme y nos decía quítense del medio, pendejos, que el espacio es libre. (41)

El cine también aparece señalado en las páginas de Rodríguez Torres como un espacio de hostilidad para el sujeto afroboricua. En este caso, no se alude a agresiones físicas ni verbales. Se trata más bien del reconocimiento de la industria cinematográfica como una institución que le inyecta nuevos contenidos al imaginario sobre la raza existente en el país. Ya hemos hecho referencia a la infatuación de Beatriz con la figura de Paul Newman, a una comparación implícita entre éste y el actor negro Sidney Poitier, a la semejanza que encuentra ella entre su marido y Poitier, y al peso que tienen sus comentarios en la conciencia del escritor ("Paraíso" 28, 30).

La pugna racial en las zonas de lo simbólico se hace además extensiva a otras áreas de la comunicación de masas. En sus libros, el autor viequense se refiere, por ejemplo, a la industria discográfica y a la radio como medios a través de los cuales se puede sondear el grado de promoción o de resistencia de que es objeto la producción cultural de compositores y artistas descendientes de africanos. En *La casa* se encuentran buenos ejemplos:

> [...] Rubinstein was the only pianist (other than Liszt's short-time rival, Thalberg) who was seriously mentioned in the same breath with Liszt, although ... A mí no me dice un carajo, pienso. [...] Prende la radio, te dijo Aldo. Tú giraste el botón hacia la derecha y salió una canción de Plácido Acevedo. Después se oyeron tres de Agustín Lara y cuatro de Pedro Flores. El negro va ganando, dijo. (53)

Para cerrar este muestrario, nos referiremos al club social como una de las organizaciones de la sociedad civil que mejor queda retratada en la obra de Rodríguez Torres. El lente del viequense tiene la ventaja de captar el ambiente de estos clubes en un momento crucial de su evolución: en un instante en el que estos organismos que tradicionalmente habían sido sinónimo de exclusividad pierden su prestigio como resultado de la incursión en ellos de los miembros de un sector medio en constante crecimiento, dando lugar al surgimiento de nuevos clubes que garantizan la distinción social. Esto se desprende de las voces que se entrecruzan en la conciencia de Beatriz:

> [...] el náutico, señor William, es hoy por hoy, el más auténtico símbolo de estatus; no estamos en tiempos de casinos, ya eso pasó a la historia; lleno de gentuza está el casino de este pueblo. No, lo de ahora es el Club Náutico, cualquier pelagatos no puede comprarse un yate. No, señor William, no, ¿quién habla de los Leones o los Rotarios? Uy, si eso es la zahorria, la chusma; ya no es como antes, no, no y no; los maestros de escuela y los vendedores ambulantes han invadido con su vulgaridad de pueblo pequeño y su tufo de

> aldea a la sociedad que antes tenía prestigio [...] ¿A cuál de nosotras se le ocurre ahora ingresar en la antes Magna Orden Social de las Cívicas o en la históricamente paralela sociedad de las Altrusas? Corren otros tiempos, señor William, fíjese usted, la semana pasada, por ejemplo, compartió con nosotras el gobernador [....] Sí, señor William, inteligente que es y tiene un yate y una esposa extranjera y todo. Tenemos que establecer diferencias, es más, eso de juntos pero no revueltos, no; ni siquiera juntos. [...] Pero está triste usted, señor William, plant manager de la General Electric William, ingeniero aclimatado llegado de Washington, William [....] (45-46)

No habría ni que decir que estos comentarios discriminatorios conciernen a la comunidad afropuertorriqueña tanto o más que a cualquier otra pues los miembros de este grupo son los que más oscurecen con su color y "contaminan" con su cultura las organizaciones desprestigiadas en las afirmaciones que la cita reproduce.

El cuadro que ofrece Rodríguez Torres de las dinámicas sociales y raciales dentro de los clubes cívicos y de la sociedad civil en general adquiere una relevancia particular cuando se examina en el contexto de las transformaciones de clase que propició el programa de industrialización del PPD desde la década de los cincuenta. En Puerto Rico, la estrategia desarrollista causó la expansión acelerada de la actividad industrial, del aparato gubernamental y del sector de servicios.[28] Este crecimiento rápido benefició principalmente a la tecnoburocracia dirigente del PPD, a capas de la burguesía nacional que se acomodaron a la expansión del capital norteamericano y a las clases medias y profesionales.[29] Debido a que el partido les aseguraba su ascenso social y el acceso al "sueño" de la modernización, estos sectores de clase pasan a asumir el liderato dentro del proyecto hegemónico del PPD. En este panorama, los clubes cívicos no solamente han de cumplir la sagrada función de salvaguardar la exclusividad social y racial: adquieren prominencia como uno de los lugares desde donde se organiza la hegemonía de las clases dirigentes del proyecto moderno.

---

[28] La producción nacional bruta (GNP) registró una tasa promedio de crecimiento anual de 8.3% entre 1950 y 1960, y de 10.8% entre 1960 y 1970 (Dietz 244).

[29] Mientras el desempleo entre la clase trabajadora se mantuvo como una constante durante este periodo, y la tasa global de empleo se redujo en un 8.8% entre 1950 y 1960, el empleo en los sectores de la banca y las finanzas, el comercio, las comunicaciones, los bienes raíces, los seguros, el transporte y los servicios públicos aumentó en un 45.1%. En el sector estatal el aumento fue de 37.8%. Asimismo, un estudio sobre los patrones ocupacionales en Puerto Rico durante las décadas de 1950 y 1960 registró entre las ocupaciones de mayor crecimiento a profesionales de todas las categorías y a técnicos, capataces y personal de oficina y de servicios (Pantojas García 82-86).

Como revela un análisis de la cobertura periodística del programa de desarrollo Operación Manos a la Obra, durante la década de los cincuenta los clubes privados (Leones, Rotarios, Exchange, Náutico, etc.) y las asociaciones de profesionales se convirtieron en foros de discusión pública sobre la orientación de la política industrial (I. Rodríguez 82). Junto a los inversionistas norteamericanos y a los funcionarios gubernamentales, los miembros de estos organismos se transforman en "líderes industriales" y en interlocutores públicos claves en el diálogo nacional sobre la industrialización. Dicho diálogo estuvo marcado, precisamente, por la exclusión de voces y grupos cuyo acceso a la modernización se dificultaba por razones de clase y raza. De estos, los trabajadores no calificados y los obreros agrícolas fueron los más afectados. En gran medida, la modernización insular fue incapaz de incorporar a numerosos obreros y campesinos que por falta de oportunidades se vieron forzados a emigrar en oleadas hacia los Estados Unidos.[30] Aunque las investigaciones sobre la demografía de la migración no presentan desgloses por categorías raciales, sí confirman el carácter clasista del proyecto desarrollista y sirven para iluminar la conjunción de estas variables en la sociedad civil puertorriqueña.

Según demuestra un estudio sobre el prejuicio racial que hiciera Edwin Seda Bonilla para el Comité de Derechos Civiles durante el período que estamos examinando (las décadas de los sesenta y setenta), en Puerto Rico existe una correlación entre identidad racial y posición social. Para la fecha de 1963, el 92% de la población negra se identificaba como clase baja y sólo un 6% como clase media (76). De modo que en los años sesenta la comunidad afropuertorriqueña apenas comenzaba a reclamar un difícil acceso a los espacios de los que tradicionalmente había estado excluida, apoyándose para ello en el Artículo 11 de la Carta de Derechos de la Constitución de Puerto Rico.[31]

---

[30] Del casi medio millón de personas que emigran a los Estados Unidos entre 1950 y 1960, 48.4% eran obreros no calificados y semidiestros, 18.6% laboraban en el sector de servicios, 7.5% eran artesanos y capataces, y 4.3% eran técnicos y profesionales. Para 1960, las cifras registradas en cada categoría eran 51.8%, 15.2%, 8% y .8%, respectivamente (Pantojas García 82-84).

[31] La sección 11 de la Carta de Derechos es una copia de la Declaración Universal de Derechos Humanos: "La dignidad del ser humano es inviolable; no podrá establecerse discriminación alguna por motivos de raza, sexo, nacimiento, origen o condición social, ni ideas políticas o religiosas" (Seda Bonilla, Edwin 75).

Documentación del prejuicio y la discriminación racial: el informe del Comité de Derechos Civiles y el estudio del Centro de Investigaciones Sociales

El capítulo que Seda Bonilla le dedica al prejuicio racial en su libro *Los derechos civiles en la cultura puertorriqueña* es de gran valor para el desarrollo de los estudios sobre raza en la historia y las ciencias sociales del país a partir de la década de los sesenta. Aunque su investigación se efectúa en 1963, esto es siete años antes de la aparición de la primera novela de Rodríguez Torres, el material es inmensamente útil porque nos aproxima al sentir de la comunidad nacional en lo que atañe a las relaciones intrerraciales cuando ya está cerca el fin de la hegemonía política del PPD.[32] Como veremos a continuación, las encuestas de Seda Bonilla no hacen otra cosa que establecer a nivel estadístico lo que Rodríguez Torres dramatiza algunos años después: que el proyecto de modernización no había hecho lo suficiente para erradicar el prejuicio racial de la realidad insular. Significativamente, si se comparan los hallazgos de esta investigación y los planteamientos del novelista con los estudios del período anterior al proyecto de modernización, se puede ver que las actitudes y conflictos raciales siguen siendo esencialmente los mismos que identificaron en la década de los cuarenta Colombán Rosario y Carrión e, incluso, los autores que minimizaban el prejuicio racial como Blanco y Sereno.

Básicamente, las preguntas del Comité de Libertades Civiles indagan en las zonas de la vida civil que ya hemos visto en los textos de Rodríguez Torres. Al tratar el problema de la convivencia interracial en la familia, se les formula a los seleccionados dos preguntas que tocan puntos neurálgicos de la sociedad burguesa: "Si su hija estuviera enamorada y decidida a casarse con un hombre de color, ¿cómo se sentiría [usted]?, ¿cómo actuaría?" A la primera pregunta, el 24.2% de los 540 entrevistados respondió que se sentiría bien, el 55.4% que se sentiría mal, el 16.25% indiferente y el 3.65 % afirmó que no sabía. Ante la segunda, un 26.2% dijo que actuaría a favor del matrimonio, un 33.7% señaló que actuaría en contra, el 38.3%, indiferente y un 1.3% no supo decir qué haría. Las razones que adujo el 55.4% de los informantes blancos que se opusieron al matrimonio fueron que se les "dañaría la raza", que les "perjudicaría con las amistades" y que sus nietos quedarían en una posición de desventaja social. Al preguntársele a una muestra de personas "de color" si se opondría al matrimonio de una hija con un hombre de "piel blanca", un 21.1% de los entrevistados afirmó que sí se opondría por temor al maltrato y abandono (79-80).

---

[32] Para el año 1964, el caudillo del PPD, Luis Muñoz Marín, decide dejar la gobernación y en 1968 el partido sufre su primera derrota electoral en 28 años.

Al explorar otras áreas de convivencia social análogas, el Comité les pregunta a 109 entrevistados "de color", ¿cómo se sentiría en un baile donde la mayoría de las parejas fueran "blancas"? El 63.6% de la muestra afirmó que se sentiría mal, el 23.6% dijo que se sentiría bien y el 10%, que indiferente. De esta misma muestra, el 49.5% consideró que no sería bien recibido en ese ambiente social (76).

Los datos del estudio en lo concerniente a la segregación racial también son sumamente reveladores. El Comité encontró que entre sus entrevistados "de color" el 38% opinaba que no sería bienvenido en los vecindarios de personas "blancas", una apreciación que parecía contrastar dramáticamente con la de los informantes "blancos", de los cuales un 70.3% decía no objetar que una familia "de color" se mudara a su vecindario. La discrepancia, sin embargo, se hizo más tenue cuando se les preguntó a estos últimos si pensaban que sus vecinos aprobarían que una familia "de color" se mudara al vecindario. En este caso solamente un 36.3% de los informantes consideraron que los otros vecinos aprobarían la presencia de dicha familia en su comunidad (77-78). En aquel entonces el antropólogo vio en la doble actitud de estos entrevistados un posible signo de hipocresía social. Sospechó que estos debían ser más abiertos a revelar los prejuicios ajenos que los propios.

Una situación similar se hizo notar al formularse las mismas preguntas en relación con las fraternidades universitarias, los clubes sociales, las asociaciones exclusivas y los casinos. Mientras un 35% de la muestra "de color" estimó que, de aspirar a ingresar en estos espacios, se les negaría la condición de miembros, el 86.5% de los informantes "blancos" dijo que ellos personalmente no se la negarían, pero de esa misma muestra, un 53.4% aseguró que otros miembros sí lo harían (78-79).

El Comité de Libertades Civiles también sondeó la discriminación racial en las instituciones educativas públicas y privadas así como en el mundo de las profesiones y del trabajo. El estudio hizo clara la existencia de prácticas discriminatorias sobre la base del color dentro de las escuelas privadas. También reveló que para el momento de la encuesta el número de personas "negras" que se había beneficiado de una educación universitaria era todavía demasiado reducido (2%) en comparación con otros grupos (8.4% "blanco", 4.8% "intermedio") (81). En el ámbito laboral, Seda Bonilla destaca el bajo número de personas "de color" empleadas en bancos y tiendas de ropa del área metropolitana. De la muestra representativa de personas "negras" utilizada por el Comité, 32% eran trabajadores no calificados; 28%, diestros; 6%, de cuello blanco; y ninguno, profesional. En la muestra de gente "blanca", 15.1% eran no calificados; 8.5%, diestros; 12%, de cuello blanco; y 7%, profesionales (82).

De acuerdo con Seda Bonilla, el factor que más influye en el prejuicio racial es el rango en la escala social. Todos y cada uno de los entrevistados que pertenecían a la clase alta hubieran desaprobado el matrimonio de una hija suya con un hombre "de color" mientras que en la clase media, el 12.5% hubiera dado el visto bueno y el 77.9% se lo hubiera negado. Entre los de la clase baja la tolerancia probó ser mayor: el 31.6% hubiera dado su aprobación, el 44.5% lo hubiera desaprobado y el 23.7% dijo que hubiera actuado indiferente (83). En un baile donde la mayoría de los participantes fueran "de color", el 44.4% de los de clase alta afirmó que se hubiera sentido mal; el 22.2%, bien; y el 33.3%, indiferente. En idéntica situación, los de clase media se manifestaron positivamente en un 32%, negativamente en un 48.2% e indiferente en un 19.6%. Una vez más, la flexibilidad fue mayor en el grupo de clase baja donde el 61.4% contestó que se sentiría bien; 21.9%, mal; y 16.5%, indiferente (84).

Otros factores identificados como determinantes del prejuicio racial fueron la ocupación y el nivel educativo. Seda Bonilla encontró que la influencia liberal de la escuela tendía a ser neutralizada por la posición social que ésta otorgaba dentro del escalafón social. Por eso, la proporción de informantes sin escolaridad y dentro de la escala del primer al séptimo grado que estaba dispuesta a votar por un candidato político "de color" era mayor que la de los ubicados entre los niveles ocho y doce y la de aquéllos que habían asistido a la universidad (85).[33] Mucho más se diluía la influencia liberal de la academia cuando lo que se planteaba era el matrimonio de una hija con un hombre negro. En esa situación, el 47.3% de la gente sin educación aparece desaprobando el casamiento en comparación con el 76.5% en la muestra de los que han asistido a la universidad (86). Los números demostraron además que eran los profesionales (78%), los empresarios y los terratenientes (65%) quienes más se resistían al matrimonio interracial. Le seguían en orden las amas de casa (57%), los trabajadores de cuello blanco (52%), los maestros (50%) y finalmente los obreros (41%). Un dato subrayado por el investigador, y de interés para nosotros, es el alto porcentaje de maestros (28%) que dijo que actuaría con indiferencia ante la "eventualidad" (87). Dicho dato da un indicio del clima interracial en las instituciones educativas durante la década de los sesenta.

Los resultados de estas encuestas de 1963 no pueden considerarse como datos aislados puesto que no sólo validan estudios anteriores sobre el racismo en Puerto Rico, sino que se confirman en investigaciones posteriores. El estudio

---

[33] En esta pregunta los porcentajes de respuestas a favor fácilmente podrían ser tomados como indicadores de liberalidad, pero resulta curioso que el PPD se divida y pierda sus primeras elecciones en treinta años (1968) precisamente cuando postula para gobernador al candidato negro Luis Negrón López.

llevado a cabo en 1974 por un grupo de intelectuales del Centro de Investigaciones Sociales de la Universidad de Puerto Rico ratifica de manera categórica la institucionalización de la discriminación racial dentro de la esfera privada en un momento histórico completamente afín con la obra de Rodríguez Torres.[34] Al concluir su informe, los investigadores del CIS sintetizan sus hallazgos en los siguientes términos:

> Nuestro estudio, aunque muy amplio en su alcance, presenta suficiente evidencia para destruir el mito de que no hay discriminación en la empresa privada en Puerto Rico. [...] Casi todos los empleados que tratan con el público son de tez clara. De hecho, mientras más importante y exitosa es la firma o el negocio, menos empleados de tez oscura parece haber. Los puertorriqueños negros tienden a estar en el nivel más bajo de la escala económica, social y educacional. (169)

Es significativo que en este documento sean los hoteles, los bancos, las fábricas y las escuelas privadas, es decir, las empresas que más promoviera la Administración de Fomento Económico de Puerto Rico a partir de 1950, las más acusadas de practicar la discriminación racial en la selección de su personal (174). Por ejemplo, en la investigación de 42 corporaciones principales se encontró que los negros y los mulatos estaban "excluidos o casi excluidos" de los establecimientos bancarios donde conjuntamente representaban sólo un 4% del empleo total. Una institución como el First National City Bank solamente contaba con 34 negros y mulatos en una nómina de más de mil empleados; y de estos 34, solamente uno ocupaba una posición de alto nivel. Los otros 33 estaban fuera de la vista del público, en posiciones clericales y de oficina. De modo similar, el Banco Economías únicamente tenía dos oficiales negros en su cuerpo de 106 oficiales y gerentes. No se contabilizó ningún negro ni mulato que desempeñara el cargo de jefe de departamento o que fuera miembro del comité ejecutivo del banco (175-76).

Tampoco era difícil advertir en los patrones de contratación de extranjeros tendencias que perpetúan la posición desventajosa de la gente de piel más oscura. Mientras más del 80% de los norteamericanos en la muestra desempeñaba posiciones gerenciales, profesionales y técnicas, y mientras el porcentaje de cubanos localizados en dichas posiciones ascendía a 44%, los dominicanos aparecían laborando como operarios en áreas de servicios y en otras categorías de bajos salarios. De hecho, el análisis de la empleomanía en empresas como bancos y

---

[34] Ver el estudio de Isabel Picó de Hernández, Marcia Rivera, Carmen Parrilla, Jeannette Ramos de Sánchez Vilella e Isabelo Zenón Cruz.

petroquímicas demuestra que durante las décadas de los sesenta y setenta, los propios puertorriqueños se veían afectados adversamente por la contratación de inmigrantes que llegaban de los Estados Unidos, Cuba y Sudamérica. Hay que decir que, por lo general, estos grupos de inmigrantes tendían a ser de tez más clara que los puertorriqueños, los dominicanos y otros inmigrantes del Caribe.

Al analizar los procedimientos de reclutamiento en la empresa privada, los investigadores del CIS únicamente registraron un caso de discrimen abierto por razones de raza, pero advirtieron que algunas de las prácticas de selección más normalizadas eran discriminatorias o se prestaban para que el discrimen ocurriera. Requisitos de orden subjetivo como "pulcritud", "buena apariencia", "sociabilidad" y "madurez" fueron señalados como criterios propicios para la discriminación, precisamente, por la carga racial que tradicionalmente muchas de estas categorías han tenido en Puerto Rico. Asimismo, criticaron la costumbre de requerirle al peticionario que acompañara su solicitud con una fotografía, una práctica todavía puesta en efecto por el 25% de las compañías incluidas en el estudio.

Los datos aquí reseñados confirman el carácter conflictivo de la modernización para la población afroboricua y afrocaribeña. Las estadísticas presentadas por Seda Bonilla y el Centro de Investigaciones Sociales complementan de manera empírica los textos de Rodríguez Torres, donde el énfasis está puesto en la dimensión subjetiva.

5. MUERTOS O RETIRADOS LOS PATRIARCAS CRIOLLOS: CONCLUSIÓN

¿Desde dónde habla el sujeto de la escritura en Rodríguez Torres? Antes de cerrar el capítulo, intentaremos resumir nuestra respuesta a esta pregunta y, a la vez, contrastar el *locus* de enunciación en cuestión con el de los escritores de la generación del 30. Lo más básico que cabría afirmar es que este sujeto habla desde su experiencia de afropuertorriqueño, una experiencia que en su sentido más específico es afroviequense y marcadamente masculina. Como determinante de la identidad del enunciador está también su extracción de clase trabajadora. Al unirse este segundo factor con el primero, se subraya la relación entre raza y clase social. La conjunción de ambos factores sirve entonces para caracterizar una conflictividad subjetiva que aflora en un proceso en el cual los afropuertorriqueños intentan acceder a los espacios controlados por los grupos dominantes aprovechando las transformaciones que se van operando en el país con la industrialización, el desarrollo urbano y el crecimiento económico. Quien habla en la actualidad de los textos de Rodríguez Torres no es ya el sujeto marginado que residía en Vieques, sino un escritor y profesor universitario en conflicto con su entorno moderno. De esta manera, quedan definidos los parámetros más amplios de la enunciación en el autor viequense. El *locus* de enunciación de sus obras es la zona urbana de Puerto Rico, un espacio donde la modernidad se revela como falsa y discriminatoria.

Hablar de la modernización de Puerto Rico como contexto de la crisis codificada por Rodríguez Torres permite precisar aún más la posición del emisor de los textos. Así, podemos decir que, en un primer plano, este sujeto habla desde una crisis interna causada por la presencia de la marina de guerra norteamericana en Vieques. Sus traumas y conflictos remiten insistentemente a los problemas socioeconómicos, políticos y ecológicos generados por las expropiaciones que efectúa la marina y la subsiguiente construcción de instalaciones militares. El testimonio del escritor afroviequense articula, de tal forma, una denuncia de la ocupación de Vieques y una crítica de la modernidad periférica por sus efectos desarticuladores, desplazantes y marginadores. En ese sentido, las tramas de Rodríguez Torres ponen en evidencia el carácter contradictorio de los discursos oficiales sobre la defensa del mundo libre, el progreso y la libertad, es decir: los supuestos que justifican la militarización de Vieques.

En el ámbito local, la crítica del relato de la modernidad encuentra su referente más inmediato en el proyecto modernizador implementado por el liderato del PPD entre 1940 y 1968; y en los discursos de algunos de los escritores de la generación del 30 que fueron claves en la formulación de las políticas pepedeístas. Rodríguez Torres emerge como narrador en la década de los setenta cuando ya se ha desvanecido la hegemonía del PPD y cuando la estrategia desarrollista ha demostrado tener serias limitaciones. Así pues, con respecto a intelectuales como Blanco y Pedreira, sus textos están enunciados desde el final del proceso al que los pensadores del 30 habían contribuido a dar vida; y con respecto al sector criollo autonomista acomodado en el liderato PPD, desde la bancarrota del proyecto de clase que aquéllos fundaran.

Cuando uno compara los escritos de Rodríguez Torres con los de Pedreira y Blanco, el primer contraste lo establecen los géneros literarios escogidos por los autores. Mientras los intelectuales criollos articulan sus tesis mediante ensayos marcadamente autoritarios, Rodríguez Torres expresa su visión a través de novelas y cuentos. Opta, además, por asignarle la narración a una primera persona discriminada, acomplejada e insegura, una primera persona que para despistar al lector y proteger su identidad problemática, se va desplazando —como en los juegos de cajas chinas de Jorge Luis Borges— del texto a una cadena de subtextos, de un autor que le sirve de alterego a otros alteregos que se suceden en una proyección infinita.

Del repertorio discursivo instituido por los escritores de la generación del 30, el mito que con más vigor se impugna es el de la gran familia puertorriqueña. Si algo queda en evidencia ante la producción cultural de Rodríguez Torres es el carácter racista y clasista de este discurso. Durante la era muñocista, la retórica de la nación como una gran familia se sustenta en unas jerarquías sociales, raciales y genéricas que garantizan la hegemonía del sector criollo. En los años setenta, sin embargo, muchas de estas jerarquías están siendo retadas en los diversos frentes de la sociedad industrial. Las narraciones del autor afroviequense son una excelente muestra del tipo de confrontación que se va dando cuando los grupos subalternos, en este caso los negros y mulatos, comienzan a reclamar participación e igualdad real.

Se podría decir, pues, que la obra de Rodríguez Torres está enunciada desde la pérdida de la "gracia" de la "gran familia". La imagen emblemática de la casa patriarcal ya no sirve para darle cohesión al mito nacional y mantener el orden vertical antiguo. La antítesis de la casa viene a ser la urbanización, un espacio residencial suburbano donde la comunidad "orgánica" se fragmenta y pierde su centro para entrar en una especie de caos. Muertas o retiradas las figuras patriarcales de más renombre, se produce una crisis de autoridad. En el nuevo escenario de la urbanización, los miembros de la "familia" que antes ocupaban distintos estratos del feudo acogidos a la autoridad y "protección" de una figura central, ahora van a residir en viviendas que son réplicas unas de otras y que se organizan horizontalmente. La confrontación entre aquellos que intentan acceder a las estratos intermedios de la sociedad civil y los que se resisten a abrir sus zonas de privilegio se da sobre las bases de prejuicios raciales y vicios de otra índole: el consumismo, la codicia, la vanidad y la envidia. De esta manera, la urbanización se convierte en el escenario donde se destruye la "armonía" heredada del antiguo orden social.

Sin embargo, la narrativa de Rodríguez Torres es el testimonio de un miembro de la comunidad afropuertorriqueña que nos dice que tampoco en el pasado existió tal armonía racial. A fin de cuentas, lo que el narrador y su familia experimentan en los espacios actuales de la sociedad civil no es algo nuevo. De hecho, su desplazamiento a través de la escala social y su interés en "blanquearse" responden a la discriminación que él y los suyos han experimentado en el pasado. En todo caso, lo nuevo sería que, en una sociedad que ahora se precia de moderna y democrática, su recién adquirida posición social no le sirva para borrar el estigma que implica el color de su piel y, más aún, que su matrimonio con una mujer de tez clara tampoco le ayude a borrar dicho estigma en su descendencia.

El hecho de que la narrativa de la gran familia se subvierta justamente en la institución que le da arreglo a la metáfora es significativo por demás. Si el resultado del matrimonio interracial es un núcleo familiar disfuncional –una propuesta que en primera instancia habría que tomar en un sentido literal– por metonimia, se plantea que en la comunidad nacional la convivencia racial sigue siendo un asunto problemático a pesar de las promesas del estado democrático moderno y del crecimiento económico nacional. Es precisamente en este tipo de paradoja donde el discurso oficial de la modernización queda señalado como engañoso y como causa principal de la crisis subjetiva del que escribe.

Rodríguez Torres sigue a Pedreira cuando busca expiar la crisis general de Vieques y Puerto Rico a través de la culpa y el sacrificio de un sujeto afropuertorriqueño. Pero Pedreira escribía desde su condición de criollo y patriarca intelectual del país. En su discurso, el sacrificio de la negritud tenía claros intereses de raza y clase. En cambio, en Rodríguez Torres lo que se representa es el autosacrificio de una víctima del sistema social y de las ideologías esencialistas que el mismo Pedreira contribuye a rearticular y diseminar. Como veremos en el siguiente capítulo, Rodríguez Torres no se libra de ese esencialismo pues intenta argumentar una mitología perniciosa con su reverso sin percatarse de que su opción por permanecer dentro de la eugenesia fatalmente lo dejará sin salidas.

Capítulo VI

En busca de los pasos perdidos:
¿La reconstitución de un sujeto escindido o el "fracaso" de un proyecto escritural afrocéntrico?

1. INTRODUCCIÓN:
   UNA VUELTA A LA DICOTOMÍA CAMPO FRENTE A CIUDAD

Desde *Los trabajos y los días* de Hesíodo y desde la literatura bucólica antigua, las añoranzas y alabanzas de los mejores días del campo siempre han implicado la presencia desconcertante de la ciudad. En vista de que este capítulo trata de un retorno simbólico a la aldea, quizás no esté de más comenzarlo con una vuelta al trabajo ya clásico de Raymond Williams *The Country and the City*. Acaso el estudio más comprensivo sobre el tema, la obra de Williams cumple la doble tarea de registrar tanto la variación como la repetición de lo que sin duda es uno de los imaginarios primordiales en la ordenación de la experiencia social a través de las edades. En su genealogía crítica que se extiende desde la era clásica hasta la modernidad, Williams presenta la configuración del espacio neocolonial como el lugar donde las variaciones de la dicotomía tradicional aldea en oposición a corte están llevadas a sus extremos:

> In the most general sense, underlying the description of the imperialist nations as "metropolitan", the image of the country penetrated, transformed and subjugated by the city, learning to fight back in old and new ways, can be seen to hold. But one of the effects of imperialist dominance was the initiation, within the dominated societies, of processes which then follow, internally, the lines of the alien development. An internal history of country and city occurs, often very dramatically, within the colonial and neo-colonial societies. [...] Within this now vast mobility, which is the daily history of our world, literature continues to embody the almost infinitely varied experiences and interpretations. (286, 288)

Por otro lado, su puesta en perspectiva del vasto *corpus* de la literatura en torno al tema demuestra que hasta cierto punto toda esa reflexión literaria es parte de un proceso continuo y de una historia común:

> Within this vast action, the older images of city and country seem to fall away. But some are still relevant; the history and the ideas are relevant. We can still, any day, find rural literature, of the most traditional kinds, but we

> have to go farther and farther afield for it. We find stories of distant lands, but we can then recognise in them some of our own traditional experiences. The local details are different, as is natural among different people, but many of the historical experiences are essentially similar. [...] We can remember our own early literature of mobility and of the corrupting process of cities, and see many of its themes reappearing in African, Asian and West Indian literature, itself written, characteristically, in the metropolitan languages which are themselves among the consequences of mobility. (284, 288)

Los libros de Rodríguez Torres se inscriben en la literatura del campo y la ciudad producida en las zonas periféricas a las que alude Williams. Nos referimos a una obra que sigue la tradición pero problematizándola. Primero, se acoge a los conceptos implicados en la dicotomía para luego mostrar la complejidad de su uso en el espacio colonial en que se manejan. Así pues, se trata de una metanarrativa del discurso del campo y de la ciudad, de una obra que reflexiona no únicamente sobre la transfiguración de la aldea tradicional, sino sobre el eterno retorno como un imposible. Si hay una arcadia en Rodríguez Torres, ésta viene a ser un lugar tan problemático y lleno de discriminación racial como la ciudad moderna que propicia el regreso, viene a ser una vuelta a la plantación cañera sin la posibilidad de alterar en lo más mínimo las relaciones sociales e interraciales. En ese sentido, en lo que toca a la regla general de que en la reflexión sobre el campo siempre gravita el signo espectral de la ciudad, los relatos que discutimos a continuación la confirman con creces: son incursiones en la aldea que al intentar borrar todo rastro de la vida urbana no hacen sino acentuar su pertinencia.

La novela *Este pueblo no es un manto de sonrisas* y las últimas cuatro historias de *Cinco cuentos negros* son textos que se explican mejor en su relación con las obras que les preceden. Vistos en oposición a *La casa y la llama fiera* y a "Paraíso", o como consecuencia de estos, sus características se hacen mucho más evidentes. Se hace obvio que en ellos ha habido una recusación absoluta de la actualidad moderna de los años setenta que se imponía en *La casa* y en "Paraíso". Lo mismo en *Este pueblo* que en los otros cuentos, el tiempo de la narración es uno anterior a la creación del Estado Libre Asociado y al auge de la modernización de Puerto Rico. Es un tiempo que a menudo hace coincidir la historia con una memoria mítica. Espacialmente, el cambio también es palpable. De la urbanización de clase media hay un desplazamiento a un Vieques rural y rústico, a unos escenarios que se distancian completamente de la cultura de masas, de la abundancia relativa de lujos y del consumismo. Es claro que con este cambio de ambiente se buscan más las afinidades y el contacto con un Caribe tradicional que con el Puerto Rico industrial. Igualmente notable es el afán por volver a un principio donde se puedan encontrar las claves que permitan subvertir el presente opresivo de los primeros textos (*La casa* y "Paraíso"). Se restituye la familia extendida para a través de ella buscar el rastro de una genealogía que ayude a restablecer lo que se siente perdido. Hay además una regresión a unos estados primigenios de la conciencia. Se retorna a la infancia y a la preadolescencia (*Este pueblo*, "El sapo de oro") y, sobre todo, a una inocencia lingüística que corresponde a estas edades.

2. EN POS DE UNA CRÓNICA AFROPUERTORRIQUEÑA: "FUENCARRAL" Y LOS OTROS CUENTOS NEGROS

Aunque no es algo evidente a primera vista, *Cinco cuentos* es un libro con una unidad bipartita. Frente a "Paraíso", que ocupa aproximadamente la mitad del volumen, los otros cuentos representan un esfuerzo por darle solución a los problemas relativos a la identidad y a la autoridad narrativa del sujeto negro que se plantean en aquella primera historia. Del infierno metropolitano moderno del primer cuento, el autor pasa a crear en los siguientes un mundo remoto y maravilloso donde los esquemas que justifican las jerarquías raciales se vuelven inoperantes ante la potencia y la magia sexual del hombre negro. La imagen mítica de Fuencarral es como una sombra que se proyecta sobre toda la obra. Este pariente de Mackandal, venerado con loores y en estatuillas por las mujeres de Vieques como "el hombre más delicioso (y brutal)" del pueblo (51-52), es el contrapunto de la impotencia física del personaje negro de "Paraíso": el escritor y profesor universitario que para no tener hijos negros rechaza a su novia negra y se casa con una mujer de apariencia blanca.

"Fuencarral" es, sin duda, el relato principal de la segunda mitad del libro. Con él se traza, mejor que en ningún otro texto de Rodríguez Torres, un linaje de figuras negras que apunta hacia el resto del Caribe negro y hacia África. Es significativo que el personaje sea descendiente de Mackandal, pues eso lo liga a Haití y al "Gran Allá" aludido en *El reino de este mundo* de Alejo Carpentier. Como ya se dijo en el capítulo anterior, dentro de este intertexto primario, Mackandal es el mejor exponente de las grandezas del continente negro en América. En su cuerpo están conjugadas de manera especial la virilidad y la fecundidad superior que estereotípicamente se le atribuye al africano –y que en un sentido metafórico es el origen de la Revolución Haitiana– junto a una magia igualmente liberadora. Estas facultades subversivas, también lo hemos dicho, comienzan en la memoria épica del mandinga y en su voz privilegiada de narrador. Todos estos detalles son relevantes porque, como referentes, marcan la transición de "Paraíso" a este segundo cuento y a los siguientes. No debemos olvidar que en el primer cuento la presencia mítica de Solimán se imponía como modelo para truncar las aspiraciones del personaje negro a constituirse en autoridad narrativa. En ese contexto delineado por "Paraíso", la escritura del mito de "Fuencarral" viene a ser un verdadero ejercicio de reconstitución subjetiva.

Los primeros cambios dramáticos que acontecen con la transición a "Fuencarral" tienen que ver, precisamente, con la tonalidad narrativa y con la instauración del mito. La voz del enunciador exhibe ahora la seguridad que le garantizan unos tiempos verbales endurecidos y consistentes. Formalmente, el mito está signado por el pretérito imperfecto que abre el segundo párrafo: "Eran las once de la mañana y el sol abría la tierra" (45). Lo que augura la efectividad del Relato es el poder connotativo de la primera frase, en la que prácticamente está implícita toda una historia. Esa escena inicial es una cifra de la experiencia del hombre negro en occidente y un lugar común en su mitología: "Ellos dijeron 'átenle la soga al cuello', y desde la sombra de mi cuerpo sentí la transformación del universo en un mediodía de muerte" (45). Se trata de la ejecución de Fuencarral referida por él mismo, no desde la muerte sino desde la vida. Fuencarral, quien había seducido a la muchacha de catorce años Rosita Urquijo (y supuestamente a otras mujeres) es colgado por la gente del lugar, pero resucita, se quita la soga del cuello y se va a caminar calle arriba seguido por un séquito de mujeres del sitio. Así se crea el mito de Fuencarral, símbolo de la virilidad y la fertilidad e –implícitamente– origen alterno del mulataje del país.

A todas luces, lo que patentiza este mito negro es su parentesco con el de Mackandal. El esclavo mandinga no sólo le ofrece el linaje de su leyenda, sino que también actúa en la ficción como aliado del nuevo predestinado. De ahí que el inicio sea una reminiscencia de "El gran vuelo" (en *El reino*). En los dos mitos, la ejecución del hombre negro da lugar a la multiplicación de los poderes mágicos del ejecutado para propiciar "la transformación del universo"; en ambos casos, existe una relación sinergética entre el deseo de una audiencia –los esclavos negros en un mito, las mujeres en el otro– y los poderes sobrenaturales de la víctima.

Los otros cambios significativos que trae el cuento ocurren con la institución del yo. Si en "Paraíso" la emergencia de la voz de la mujer "blanca" saboteaba el yo del escritor negro, en "Fuencarral" el yo del narrador va a figurar de manera prominente: "Yo soy un negro grande" (46), "Yo soy un negro fuerte" (47), "Yo tengo treinta y cinco años" (50), "Yo soy un alma noble" (51). Efectivamente, la subjetividad de Fuencarral se yergue a través de un discurso que engrandece, fortalece y ennoblece una negritud que estaba degradada en la primera historia. El personaje no sólo reclama una masculinidad superior sino que también se acredita el haber traído al pueblo la civilización, la fertilidad y la vida misma:

Escritura afropuertorriqueña y modernidad

Los primeros pozos de este pueblo, los hinqué yo. Un llamado involuntario me llevaba hasta las grutas artesianas; de allí brotaba el chorro de agua liviana que había de mitigar la sed. (La muerte es como un pozo vacío, es algo más: un dolor de ansiedades, una misa inconclusa). Pero cuando los pozos se empezaron a secar sin esperanza, me vieron como a un extraño. (47)

Por supuesto, la consolidación del yo también sirve para testimoniar la discriminación racial de que es objeto el sujeto afrocaribeño en su propio suelo. El cuento es efectivo al denunciar cómo en momentos de crisis las poblaciones del Caribe se vuelven hacia éste, el elemento más productivo de la zona, en busca de un chivo expiatorio que les permita exorcizar sus males. El ejemplo de Fuencarral dice la historia no oficial del país y de la región, toda vez que allí el racismo contra el negro comúnmente va disfrazado, o acompañado, de una xenofobia que no suele atacar con el mismo encono a los inmigrantes, o a los descendientes de inmigrantes, de otras procedencias étnicas. La selección de Fuencarral como víctima para conjurar la plaga de la sequía se hace fácil ya que además de tratarse de un hombre negro con poderes especiales, él había llegado de la isla de Santa Cruz y, encima de eso, mudo, es decir, sin acceso a la lengua del país. Vale recordar que en tiempos de plaga, las víctimas expiatorias no sólo son seleccionadas por su etnicidad diferente, por su condición de extranjeros o por su pertenencia a categorías sociales más altas o bajas, sino también por sus impedimentos físicos o mentales. En ese sentido, el personaje marginal de Fuencarral cumple cabalmente con todos los estereotipos del chivo expiatorio identificados por René Girard (*El chivo* 21-34). Aun más, se podría añadir que el crimen que se le imputa al protagonista –la seducción de la catorceañera Urquijo– más que otra cosa, constituye la violación de un código racial.[1]

En última instancia, en "Fuencarral", el valor regenerador del mito radica en la ganancia de la voz. Mientras en "Paraíso" la caída de la gracia corresponde con la pérdida de esa facultad –siempre en correlación con una merma en la energía sexual– en "Fuencarral" se accede a un estado de virtud a través de la magia de la palabra. Es curioso que al comienzo de la trama el personaje fuera mudo; había

---

[1] A modo de comparación, sugerimos la lectura del reportaje de Romeu "El maestro Pablo Casals y su discípula Martita Montañez" (1953). El artículo ejemplifica cómo algunos sectores de la sociedad insular celebran la seducción de la joven puertorriqueña Martita Montañez por su maestro, el gran chelista español Pablo Casals, quien para ese entonces estaba radicado en Puerto Rico. Romeu llega al punto de llamarle "cuento de hadas" a una relación, que eventualmente se traduciría en matrimonio, entre una muchacha que en el momento del reportaje cuenta dieciséis años y un hombre que está al borde de cumplir ochenta.

227

enmudecido desde los ocho años y no recobraría el habla hasta el momento milagroso de su resurrección. Con la recuperación de la voz viene la emergencia del yo, la efectividad del Relato, la denuncia social, la institución del culto femenino, la codificación del mito. Con su resurrección Fuencarral se transforma en discurso: la carne se hace verbo para quedarse entre nosotros.[2]

No hay duda de que la confección del mito de Fuencarral está hecha en función de las aspiraciones del escritor negro de "Paraíso" (o de *Veinte siglos después del homicidio*). El "universo" que el cuento busca suplantar es justamente aquél donde el problema de la identidad del sujeto nacional se explica a expensas de la persona negra, un universo interracial donde la mitología y la escritura oficial estigmatizan al hombre negro transformándolo en chivo expiatorio de la historia. Desde su epígrafe, sacado de *El conde Lucanor* ("Et porque la cosa prieta non es tan apuesta como la de otro color"), el cuento identifica la narrativa contra la que va dirigido. En el relato, el magnetismo del hombre negro y el culto femenino que se desarrolla alrededor de su imagen subvierten el decir tradicional "mujer blanca perdición del hombre negro", prevaleciente en "Paraíso", para mostrar algo que históricamente

---

[2] Hasta donde sabemos, el único otro texto producido por un afropuertorriqueño que representa el drama de la ganancia de la voz negra es "Hommy", la obra musical del cantante y compositor Genaro "Henry" Álvarez. "Hommy" se estrenó como espectáculo musical en Carnegie Hall (Nueva York) y luego se presentó en el Coliseo Roberto Clemente (Puerto Rico). En 1973, fue grabada en un disco de larga duración por la Orquesta Harlow bajo el título *"Hommy": A Latin Opera*. Aunque las canciones aparecen registradas a nombre de Larry Harlow y de Álvarez, este último insiste en que todas fueron escritas por él (Torres Torres 76). La voz como centro de la escritura y de su drama se halla también en la novela de Mayra Santos-Febres *Sirena Selena vestida de pena* pero tratada de una manera muy distinta. Sirena, como su nombre sugiere, es un portento de voz que hechiza y pierde a quienes escuchan sus boleros. En su caso, entonces, ya no se trata de pugnar por la ganancia de la facultad sino de protegerla a toda costa de aquéllos que amenazan con apropiársela o malograrsela en los ambientes marginales de los clubes de *gays* y *drag queens* y en las violentas calles donde tiene lugar el tráfico de sexo y drogas. Sirena es un travestí que apenas se asoma a la adolescencia, pero en su figura también se condensa una hipersexualidad masculina con los poderes de la voz y el arte. Sirena se perdería en el compromiso: el mundo del espectáculo está lleno de trampas y empresarios ventajistas. Por eso, tanto en el amor como en el mundo empresarial, entrampa antes que ser atrapada, traiciona antes que ser traicionada, penetra antes que ser penetrada. Sirena no negocia su libertad, la del cuerpo y la de su voz, tal vez porque en ese mundo del espectáculo en el que tantos han sobresalido, la experiencia afropuertorriqueña está también repleta de pérdidas, decepciones y ruina: bien lo testificaría Álvarez con el relato de la pérdida parcial de la autoría de sus canciones, la cual paradójicamente tiende a revertir la ganancia de Hommy.

ha sido un tabú: que el proceso de mulataje también es el resultado de la atracción que siente la mujer "blanca" hacia el hombre negro.[3]

El mito de Fuencarral también parece imprimir su huella en el resto de los cuentos del volumen. En "El sapo de oro", otro tipo marginal, un jovencito negro de trece años, logra tomar la palabra para referir sus aventuras amorosas con la esposa blanca del dueño de la hacienda donde está empleado. "Yo soy natural de este pueblo", dice él al inicio, "A veces es difícil hablar, pero a usted se lo cuento porque se parece a mi padre" (57). Como en el caso de "Fuencarral", aquí la instauración del yo y la apropiación de la palabra tienen que ver con agenciarse una identidad —la de hombre negro adulto— y con atreverse a hablar de temas tabú, aunque confidencialmente y en claves, en respuesta a las narrativas oficiales. La seducción del narrador por parte de Madame, quien es una mujer madura angustiada por la soledad y el encierro del hogar y parcialmente aislada por el idioma, se produce mientras el hacendado utiliza sexualmente a una doncella negra que ha traído de su último viaje por la isla de Saint Thomas en el mismo cargamento donde trajo su fusil, sus cajas de *whisky*, su cofre y sus cerámicas. A través de esta correlación de casos, "El sapo de oro" apunta con picardía hacia ese otro escenario del mulataje mucho menos vociferado en las interpretaciones de lo nacional que la consabida violación de la esclava negra por el amo blanco.

"La única cara del espejo" y "Predela: el milagro de la estatuilla profanada" son cuentos que tampoco escapan al influjo de "Fuencarral". El primero, el más hermético de toda la colección, es un ir y venir a través de un laberinto de sueños y recuerdos que llevan al protagonista del paisaje urbano del Viejo San Juan (la Capilla del Cristo, el convento, la catedral) a otros lugares rústicos (acaso Vieques) de marcadas resonancias africanas (los negros en las tenderías, la Milla). El discurrir del cuento se da en diálogo con una identidad que no se hace reconocible fácilmente. En un

---

[3] Aunque en Puerto Rico, como en el resto de Hispanoamérica, el origen del mulataje comúnmente se atribuye a las relaciones ilícitas del amo blanco con sus esclavas —y esta tendencia, al desbalance entre los sexos dentro de la población de españoles en América— en realidad ese origen es más diverso, como bien advierte Martínez-Echazábal: "Otro factor importantísimo, del que se ha ocupado en escala mayor la literatura que la historia, es el de las relaciones ilícitas entre amas y esclavos. Sin embargo, el elemento que más influencia tuvo para la proliferación del mulato, a partir de la emancipación, fue el concubinato entre españoles de la clase baja y mujeres negras o mulatas" (26). Sobre el tema de las relaciones entre hombres negros y mujeres "blancas", es de suponer que fueran más factibles cuando el hombre estuviera en una posición de poder económico o de otra índole como lo demuestra el caso de Miguel Enríquez, quien llegó a mantener relaciones ilícitas con mujeres principales de San Juan. Véase de López Cantos "Amores y amoríos. Los hijos" en *Miguel Enríquez* 34-44.

momento dado, el protagonista se lanza al agua intentando "santificar[se] en pecados con la podredumbre de un mar mezquino" para escapar de la influencia del catolicismo hispano de índole inquisidora y castrante (74). Al final, el recuerdo del encuentro con los negros de las tenderías devuelve al protagonista al espejo donde, todavía algo confundido, se ve idéntico a su propia otredad negra (75-76).

"Predela" cierra el ciclo de los *Cinco cuentos* con un retorno triunfal al mito de Fuencarral a través de la relación de una leyenda que nace del mismo mito. Ya no se trata de un testimonio oral subjetivo sino de una crónica escrita que refleja cierto rigor investigador. Como último cuento del libro, "Predela" tiene la distinción de ser el único texto de Rodríguez Torres —de los libros que estudiamos— que está expuesto en tercera persona.[4] De la autoridad precaria del autor de "Paraíso" al cronista de "Predela" mucho se ha andado y ahora nos encontramos frente a un narrador en perfecto control del material que tiene ante sí, codificando con tinta la canonización del santo Fuencarral a partir de las versiones orales de la gente del pueblo:

> En este pueblo se escucha la historia de distintas maneras, pero todos coinciden en el punto esencial de la misma; que es, si viene al caso, la muerte de Mariadna Angélica Ucela. La tarde que ella murió —cuenta la mejor de las versiones— no se alteró una hoja [....] Pero no era cierto porque ellos recordaron, unos minutos antes, que junto a aquel árbol de acacia un tal Fuencarral, en un momento sin fecha, cambió el curso de la naturaleza. (81, 83)

Mariadna, cuyo nombre de pila era María Ana Ustáriz, es la última amante de Fuencarral que después de la muerte de éste, ha dedicado toda su vida a vestir y desvestir una estatuilla del hombre negro convirtiéndolo en una especie de santo. Marginada por su estigma, esta mujer enigmática vive aislada en los límites del pueblo y de la ciudad de los nefilim sin que se sepa mucho de ella. Se sabe, a través de los monólogos "inciertos" de una loca, que era la hija de una familia rica de la capital y que estaba marcada por el azar: el propio Fuencarral la había rescatado de un naufragio y la había llevado allí para que cumpliera su destino. El milagro de la estatuilla acontece el día que, intuyendo su muerte, Mariadna se aparece en el pueblo y les entrega el ídolo a los vecinos. Para vengarse de Fuencarral, estos proceden a ahorcarlo en el mismo árbol de acacia donde muchos años antes habían

---

[4] Nuestra tesis es que en el resto de los textos de Rodríguez Torres siempre es posible reconocer la narración en tercera persona como una maniobra de la primera persona. En "Predela", sin embargo, esto sólo es posible cuando se subordina el cuento a la historia de "Paraíso".

colgado al hombre. En la noche, cuando las turbas profanan la casa de Mariadna, se encuentran con que la estatua se ha multiplicado treinta y tres veces. Aunque ellas queman las treinta y tres efigies, el culto a Fuencarral se perpetúa cuando otra mujer cegada por el deseo rescata la estatuilla que estaba colgada y se la lleva escondida entre los senos. Rosaura, la única mujer que no fue capaz de cruzar el lindero hacia las playas del sur detrás de Fuencarral, se convierte entonces en la nueva sacerdotisa del culto para que el personaje mítico prevalezca como símbolo de una raza de hombres indestructibles. Más importante aún, por fin la santidad de Fuencarral queda certificada a través de la investigación y de la letra de un cronista que a la vez se autoriza a sí mismo en el acto escritural de la historia.[5]

Si "Fuencarral" es uno de los escasos momentos en la narrativa de Rodríguez Torres donde la voz del narrador logra encontrar un canal hacia el exterior, "Mariadna" es el único instante en que logra materializarse en escritura. En la obra del escritor vieguense la palabra está insistentemente vertida hacia adentro, más como un fluir de la conciencia que como habla (*Veinte siglos*, "Paraíso", "La única cara del espejo", *La casa*, *Este pueblo*). Esto, si lo relacionamos con los complejos de un narrador que siempre se esconde detrás de alteregos que a su vez necesitan llevar máscaras, podríamos interpretarlo como temor a hablar abiertamente de temas tabú. En los capítulos previos relacionamos el problema con la falta de una tradición de pensamiento y de escritura negra, con la carencia de una épica escrita y con la marginalidad del negro dentro de la sociedad y de la historia nacional. Hay que añadir además que los personajes de estos libros son inmigrantes negros, o descendientes de inmigrantes negros, de las Islas Vírgenes, vinculados más con la ruralía que con la zona urbana. El mismo Rodríguez Torres se ha referido a la dificultad que confronta en Vieques dicha gente al encontrarse con una lengua nueva que tienen que aprender y asimilar para poder funcionar dentro de la nueva comunidad ("Tres novelas" 39). Así mismo, hay que entender que históricamente la estigmatización del habla de la persona negra ha servido de base para su marginación. La recusación y burla efectuada contra esta voz a través de un discurso académico, de la prensa escrita, de la radio y la televisión, y de campañas publicitarias, ha representado un esfuerzo por silenciar a este sujeto designándolo como una zona defectuosa del idioma y del saber. Como hemos venido exponiendo, el negro comúnmente es aquél que no sabe decir, que no sabe qué decir o que no tiene qué –o que– decir.

---

[5] Así visto, el tortuoso proceso de rehabilitación de una subjetividad negra que se emprende en *Cinco cuentos* revertiría la "memoriosa construcción del blanquito" que tiene lugar en obra canónica del novelista afropuertorriqueño Enrique A. Laguerre, *La llamarada* (1935), y que esclarece con su análisis Aponte Ramos en "Enrique Laguerre".

En los relatos de Rodríguez Torres, el parentesco con los personajes de Fuencarral y Mackandal signa un afán por regresar a la semilla: de la urbanización de Puerto Rico a Vieques, de Vieques a Santa Cruz y de ahí a Haití para hacer que la genealogía coincida con los símbolos más esenciales –esencializados– de la africanía. Al articularse desde una subjetividad afropuertorriqueña y con un carácter profundamente existencial, este tipo de proyección –seguramente influenciado por los vanguardistas– traza un retorno figurado u ortopédico al continente africano. Tal como en los movimientos de éxodo hacia África del nacionalismo negro, el gesto del narrador puertorriqueño se inscribe a un mismo tiempo como una crítica a la modernidad y a sus manifestaciones en la periferia. En su mayor especificidad, se inscribe como denuncia de la ocupación militar de Vieques y de los efectos desplazantes de la modernización de Puerto Rico: dos instancias de la modernidad en las que se identifica la opresión contra la diáspora africana en el territorio puertorriqueño.

3. *ESTE PUEBLO NO ES UN MANTO DE SONRISAS*: UN RETORNO FRUSTRADO

Este pueblo es un libro ya prefigurado en *La casa*. Si recordamos, al final de aquella novela, el personaje de Aldo se aventuraba en una reflexión sobre su niñez y su pasado familiar en Vieques. Con ello resolvía un dilema personal: sus sobrinas negras recién llegadas de la Isla Nena se quedarían en su casa a pesar del malestar que le causaban a su familia, a los vecinos y a él mismo. Con las sobrinas, el Vieques de antaño se había colado en el mundo de escritor aburguesado de Aldo a través de los cuentos y las leyendas que las niñas rememoraban, de la idiosincrasia y el habla cándida de ellas y, por supuesto, a través del conflicto racial que se activaba en el hogar. En medio de aquel drama, Aldo llegaba a reconocer su distancia de los orígenes y su complicidad con una familia nuclear burguesa que discriminaba a su familia extendida y la condición afroviequense que sus sobrinas personificaban. Al final de la novela, la reconciliación con las raíces funcionaba como antídoto contra el racismo y contra los males de la sociedad de consumo. Con la aceptación de las sobrinas, *La casa* auguraba también la regeneración de aquella subjetividad precaria y carente de autoridad narrativa que habíamos venido encontrando desde "Paraíso" y *Veinte siglos*.[6]

---

[6] "[...] se acercó a ellas, las abrazó, las besó, estrujó su rostro lleno de lágrimas y tirando de la perilla cerró la puerta. Dijo: al carajo, ustedes se quedan. Después pasó un Mercedes, un Cadillac, un Volvo y Aldo respiró tranquilamente, ni siquiera asomó el rostro para mirar a través de la celosía" (*La casa* 153).

Este pueblo representa, entonces, un esfuerzo por revalidar el compromiso del final de *La casa*. La novela registra otro retorno al momento crucial de la historia de Vieques –ya visto en *Veinte siglos*– en un empeño por reivindicar al que escribe. El narrador y protagonista es ahora un niño, y el texto, el fluir de su conciencia. Vale advertir que dentro de la obra no existe ningún artificio que indique que ha habido una retrospección. El tiempo de la novela no se nos propone como rememoración del pasado sino como actualidad verídica. Lo que permite entender el movimiento que tiene lugar en la obra es justamente el contexto de la novela previa, pues allí sí habíamos oído someramente acerca de la mayoría de los personajes e indirectamente habíamos recibido una síntesis muy abreviada de la historia de la familia que ahora reaparece en *Este pueblo*.[7]

En un sentido histórico, la trama de *Este pueblo* tiene lugar en los primeros años de la década de los cuarenta. La novela no provee de muchas coordenadas concretas, pero la alusión a la ausencia de don Pepe es reveladora por demás. Son los años que siguen a las expropiaciones de terreno y a la quiebra de la economía azucarera.[8] Es el momento del cierre de la Central Playa Grande, la última fábrica azucarera en operar en suelo viequense. Según Pastor Ruiz, el último año de zafra de esta central fue 1943 (35). De acuerdo con este historiador, el emporio era propiedad de los Benítez, la familia más poderosa de Vieques y una de las más distinguidas de todo Puerto Rico. En ella sobresalía el acaudalado don José Benítez, quien fuera legislador de Puerto Rico y a quien Rodríguez Torres identifica como el verdadero dueño de la Central.[9] Pastor Ruiz señala además que fueron los negocios equivocados y un embargo por parte de las agencias federales los que liquidaron la central, cuyos terrenos eventualmente quedaron dentro del área restringida por la

---

[7] Veremos más adelante que de la historia que aparece al final de *La casa* a la más elaborada de *Este pueblo*, se repite un núcleo de personajes aunque con algunos detalles invertidos.

[8] *La casa*, en una rememoración del personaje del escritor, alude a estos sucesos: "[...] el telegrafista hablaba de lindes, alambradas, posibles siembras, últimos días de la Central y una escuelita para doña Lalí, antigua comenúmeros de la Central, que si mal no recuerdo había visitado Santa Cruz y algo de Saint Thomas. Nosotros reíamos mucho y pensábamos que doña Lalí ya tenía casa antes que nosotros y que las pertenencias nuestras estaban tiradas porque no habían ni clavos ni madera y que a esa hora nos venían a joder y he aquí que estuvimos pensando un rato y pensamos que mientras pensábamos él no estaría pensando sino manteniendo la cosa de lindes y alambradas y cantando loas sobre cosas y muchas cosas más" (22).

[9] Ver "Tres novelas" 22. De acuerdo con Pastor Ruiz, José Benítez había adquirido de dos daneses la central Resolución. Más adelante él y su familia le compran a Matías Yaldemar, otro empresario danés, la Central Playa Grande para consolidar el emporio azucarero (35).

base naval. En 1944, la infraestructura fue desmontada y era creencia general que la empresa trasladaría sus operaciones a la Florida.

A todas luces, es sobre la figura de don José Benítez que se crea el personaje fantasmagórico de don Pepe.[10] El argumento de *Este pueblo* es muy elemental. El joven que narra ha bajado al pueblo a comunicarle a don Pepe la negativa desairosa de su hermana mayor.[11] En un acto de coraje, ella ya había decidido que no se iba a doblegar a la voluntad del terrateniente de hacerla su concubina aunque ello implicaba perder la oportunidad de salvar a la familia de la miseria. Aprovechando su poder, don Pepe había señalado como suya a la hermana mayor desde su nacimiento. Ahora ella tomaba aquella decisión a pesar de la calamidad que azotaba a la familia: el padre estaba muerto; la madre, "enferma de enfermedad"; el abuelo, envejecido y mutilado; la hermanita menor había nacido retardada; y todos se hallaban sumidos en una miseria y escasez total.

Las expectativas del relato, sin embargo, están puestas en el muchacho, pues a él le toca confrontar al cacique para ajustarle cuentas. La novela es un aplazamiento de este momento que nunca se concretiza porque el sitio al que el niño ha llegado es un pueblo fantasma. Las puertas y las ventanas de las casas permanecen cerradas como señal inequívoca del cierre de la central y de la desaparición de los dueños del capital agrario.

Este pueblo es una obra que parece estar concebida siguiendo el modelo de Juan Rulfo. Si ponemos en cuestión la autonomía aparente de este texto, vemos que como en *Pedro Páramo* la gestión del protagonista es un imposible; y ahora no porque don Pepe haya abandonado el pueblo, sino porque el cacique está muerto, pertenece ya al mundo del pasado.[12] El mismo joven que narra la historia es un ser muerto. Murió en el escritor adulto que pugna, desde *La casa* o desde "Paraíso", por regenerarse a través de su escritura. Enmarcado en el resto de la narrativa de Rodríguez Torres, el movimiento dramático de esta novela es una vuelta del escritor

---

[10] El personaje ausente de don Pepe no aparece por primera vez en *Este pueblo*. Se perfilaba ya en el cuento "El sapo de oro" y aún antes se mencionaba en *Veinte siglos*. Volvemos a oír sobre él en uno de los relatos de las sobrinas en *La casa*. Ver también "Tres novelas" 22.

[11] Es bueno advertir que en Puerto Rico la palabra "pueblo", además de los usos comunes, designa los límites de un municipio con sus zonas urbanas y rurales. Designa también el centro urbano de cada municipalidad. Aquí, sin embargo, es posible que Rodríguez Torres lo haya usando no sólo para aludir a Isabel Segunda, capital de Vieques, sino también a la zona de residencia de José Benítez. El término "barrio", en cambio, ha sido tradicionalmente usado para referirse a las zonas rurales de los municipios.

[12] Para un análisis de este esquema en la obra de Rulfo, ver Ortega, "Pedro Páramo" 17-30.

a un lugar y un momento pretérito clave con la esperanza de poder incidir en la historia que lo oprime para, a través de alguna alteración satisfactoria, redimir el presente. En ese sentido, es significativo que el protagonista de la obra esté por entrar a una edad de transición. Su misión muy bien puede verse como un ritual de pasaje que debe garantizarle la entrada triunfal a una adultez prematura. Por eso los valores más preciados de la obra son la integridad y el heroísmo. Se valora además, por encima de todo, la cohesión de una familia que incluye a la esposa de doce años del hermano mayor, al abuelo Solimán y a la abuela Mansa, negros estos dos; pero excluye a la abuela Jodona, la cual es de piel clara y de una clase económica superior.

A fin de cuentas, en *Este pueblo* no pasa nada. Como ya dijimos, la novela es el aplazamiento de una acción que nunca tiene lugar. El carácter estático de la trama se debe al hecho de que el libro es la apertura de un álbum familiar.[13] Los capítulos llevan los nombres genéricos de los miembros de la familia ("Mi hermanita menor", "El hermano mayor", etc.) y de algunos espacios concretos ("El pueblo", "La casa") y, efectivamente, configuran un retrato de cada uno de ellos. A propósito de cada figura se suceden las reflexiones que van dando forma a la historia de la familia; pero en su tiempo real, la novela no pasa de ser una determinación.

Aunque ninguna de las secciones del libro está titulada bajo el nombre del niño, es obvio que la institución del yo es la finalidad primordial de la obra. Se trata de un yo que insiste en constituirse a partir de su diferencia de todo lo que pueda ocupar el centro. "Yo nací en Playa Grande, a Dios gracias, pero sin conocer el pueblo", señala el narrador apenas en el segundo párrafo del libro para identificarse con las márgenes de ese espacio periférico que ya de por sí es Vieques (14). Varias líneas más adelante, en una escena que parece ser una reminiscencia del mito de Narciso, se produce una imagen que, a la luz de su similitud con este mito, se puede interpretar como un reconocimiento y una validación de su identidad negra:

---

[13] Resulta alternativo al álbum familiar que instituyera la intelectualidad criolla en la década de los treinta amparándose en la vieja historia y en la genealogía de los padres fundadores del autonomismo. Sobre este gesto fundamental en la forjación de la hegemonía criollo-autonomista discurre Rodríguez Castro: "Frente a las nuevas tareas las tardes de café pierden su atractivo y los letrados cierran filas. Ha llegado la hora de sacar el álbum familiar y de unir a todos sus miembros en el reconocimiento de viejos gestos y gestas. La hora de preparar un lugar de reencuentro que borrara las desavenencias y activara los viejos lazos. Es hora de reorganizar la casa [....] En ese gesto, disasociable de un discurso que proponga una noción de identidad nacional que uniforme el 'alma' del conjunto nacional, pero que al mismo tiempo mantenga un sistema de diferencias sociales, se ha de intensificar el uso del emblema que he destacado como hilo conductor de este ensayo. Insertada en el centro de la práctica discursiva la casa familiar unifica la propuesta letrada" ("Tradición y modernidad" 60). Véase además Díaz Quiñones, "Recordando" 16-35.

> Yo no sabía que por Cofí se llegaba al pueblo, pero creí lo que ella me dijo y cuando vi el primer cantil de agua de mar bajé hasta él y enseñando mi rostro negro en el mar azul de cielo, me saqué el asco que había dejado doña Ma Jesús en mi cara. (15)

Inmediatamente después, se nos van a revelar las coordenadas en las que ese yo busca autogestarse, coordenadas que como ya advertimos, corresponden, no por casualidad, con un momento crucial de la formación de una persona autónoma y unitaria:

> Empecé a sentir alegría, se me inundaron de esperanzas los sueños de ver a un pueblo y me olvidé que yo estaba a punto de cumplir catorce años. Entonces, ¿Para qué uno quiere estar alegre? me dije, si no ha entrado en el corazón la alegría de ser un hombre como mi hermano mayor. (16)

Negritud y hombría: éstas van a ser las claves del renacer del personaje. El interés en reafirmarse en su negritud y en hacerse hombre se va a reiterar a lo largo de la obra. En las últimas páginas, otra imagen narcisista sirve para ilustrarlo:

> Es bueno mirarse en el alinde del espejo porque uno sabe quién es, porque entonces no es como si uno mirara al hermanito menor Estoico o a la hermanita menor Preferida sino como si se viera uno mismo y dijera que todos somos iguales: negros. Me gusta mirarme en el alinde del espejo de mamá para ser yo, único mío: hombre. (106)

Indudablemente, *Este pueblo* es un texto que dice mucho más en su relación con el resto de la narrativa de Rodríguez Torres que en una lectura independiente. Es interesante ver, por ejemplo, cómo para esta narración Rodríguez Torres ha barajado los personajes del final de *La casa* en un intento —creemos— por subvertir las narrativas raciales que dominaban en aquella novela, y en su afán por regenerar al personaje del escritor negro. Si en *La casa* el padre del escritor era negro y la madre, de piel clara, en *Este pueblo* el padre proviene de una familia de piel clara (por lo menos de eso presume la abuela Jodona) y quien es negra es la madre. Inversamente también, en el árbol familiar de *Este pueblo*, el padre ya está muerto y la madre ha quedado viuda. Estos detalles vienen a colación porque es muy posible que la nueva reordenación de la familia tenga que ver con la necesidad de cortar el linaje de hombres negros perdidos por el amor de mujeres blancas que tanto peso tiene en la psiquis del personaje del escritor de *La casa* y de "Paraíso". Si fuera el caso, habría que decir que *Este pueblo* lleva en sí la semilla del fracaso porque, en el nuevo cuadro, la fuente primordial de identidad es el abuelo Solimán. Este abuelo tiende a ser en muchos sentidos el reverso del Solimán de *El reino*, pero como veremos más adelante, todavía parece guardar una relación esencial con el personaje de Carpentier.

El Solimán de *Este pueblo* es un hombre llegado –o quizás traído– de las Islas Vírgenes. Todavía lleva en su cuerpo la marca de la esclavitud y de la explotación a que fuera sometido durante muchos años en el ingenio cañero de don Pepe. A través de su experiencia afrocaribeña, de sus cantos y de sus rituales, este abuelo representa un intento de vínculo con África. En sus poemas y canciones, habla "en africano". El anciano personifica también la poesía y frente a don Pepe y a los del pueblo constituye una otredad resistente e inconforme, una otredad que se mantiene en el margen porque desconfía de las promesas del poder local.

De todas estas fuentes de identidad del abuelo se nutre el yo del protagonista de *Este pueblo* para diferenciarse:

> Estas cosas yo las digo en negro, porque en este pueblo en donde vive don Pepe, las cuentan en blanco. [...] Yo, aunque digo don Pepe, hablo en negro, como aprendí del abuelo Solimán y de la casa de casa. Yo hablo en negro y no digo como dicen otros, que mi nariz es de perfil de aguja, sino de negro, yo soy negro. (51)

Pero claro, el vínculo más decisivo entre el narrador y el abuelo es el habla. Se trata de una lengua poética negra y de una unión que el mismo relato busca testimoniar. ¿Cómo llega a constituirse este habla en poesía? A través de una potencialización de las particularidades del hablar de la comunidad marginal. Si el relato es poético, ello se debe a su inocencia lingüística, la cual no sólo tiene que ver con el hecho de que el narrador sea un joven –más niño de lo que su edad indica– que todavía confunde el eje horizontal del lenguaje con el vertical, sino también con el hecho de que esta familia de inmigrantes de las Islas Vírgenes es todavía una comunidad mal integrada en términos urbanos, lingüísticos y culturales.[14]

Mas lo significativo aquí es que, si bien el anciano Solimán le provee al joven de lo más fundamental de su identidad, también parece transmitirle la semilla de

---

[14] El mismo Rodríguez Torres establece esta relación en "Tres novelas": "Entendí que el adolescente, un niño de catorce años, que es quien narra, aún no tenía muy firme el dominio pleno de la lengua y que aun en mi pueblo los negros venidos de las Islas Vírgenes (Saint Thomas, Santa Cruz, Saint John y Saint Kitts, y hasta de Nevis [sic], tenían que hacer un esfuerzo para aprender el español de Vieques. Eso fue y es así. Siempre la relación humana y comercial fue mayor con esas islas, aun más que con Puerto Rico. Desde el primer gobernador de la isla Teodoro Leguilló, que llega desde Haití, hasta Juan Luis, viequense, que gobierna las islas vírgenes norteamericanas. Lo de la poesía es obvio, nace del niño" (39).

la ruina. Al basar la relación entre nieto y abuelo en la poesía, la novela incurre en un problema potencial ya que, más allá de sus elementos excéntricos, en la poesía del abuelo lo que se divisa como fuente de inspiración es su perdición por las mujeres, particularmente por las mujeres blancas:

> Cuando llegaba la tarde y al sol se le quitaban los deseos de aluzar, entonces llegaba la noche, el abuelo Solimán cogía su instrumento musical de cuerdas y cantaba una canción para la isla, una canción para todos juntos y una de cariño roto y sin amor para don Pepe. Pero entraba en lágrimas cuando recordaba que una noche de luna rendida por el firmamento y sus deseos de poseer mujer, se le cayó el corazón frente a la hija de don Pepe y las playas del mar del sur. (107)

Las alusiones a los cantos del abuelo Solimán inspirados por "los muslos rosados de la hija de don Pepe" se repiten (92, 95). Algunas páginas después de la cita previa, la novela insinúa que en el joven poeta aparecerán las mismas debilidades del anciano:

> El abuelo Solimán, cuando me lleva al patio, al costado de la piedra redonda, me dice con palabras de su boca de negro de otra isla de negros: el mundo es grande de canciones, el mundo es la poesía. Después piensa en todos nosotros y me dice: aguarda, busca su instrumento músico de cuerdas y canta con él hasta que mamá le murmura desde su cuarto de enfermedad de enferma: papá, haga poeta a ese nene. Y él se ríe y se ríe y le contesta desde el costado de la piedra redonda del patio: deja que sea Dios quien lo decida, deja que sea el firmamento del cielo o las estrellas, deja que sean las mujeres las que lo hagan poeta. Deja que se muera de muerte de mujeres, aunque sean las mujeres las que le den muerte. (115-16)

A pesar de la lectura positiva que Rodríguez Torres propone y de la satisfacción relativa que muestra al hablar de *Este pueblo* ("Tres novelas" 39), a nuestro juicio esta novela, en cuanto a ejercicio genealógico se refiere, está más hecha de fracasos que de triunfos. A continuación, resumiremos las decepciones hacia las que nos guía el texto. El primer desengaño que acontece con el retorno figurado de *Este pueblo* tiene que ver con el hecho de que la dicotomía entre "aquí" y "allá", que ya de por sí probaba ser más compleja que el consabido antagonismo entre Puerto Rico y el poder imperial de los Estados Unidos, se torna más complicada todavía. En esta novela, el Vieques de antaño no es una topografía homogénea, ni mucho menos la comunidad integrada que parecía ser cuando se miraba desde el Puerto Rico urbano de los años setenta. Ahora, el narrador insiste en diferenciar al barrio

Playa Grande del pueblo (del centro urbano); al peonaje, de los dueños de las centrales azucareras; y, sobre todo, a los inmigrantes negros de las Antillas Menores, de los habitantes de la isla y aún de los otros vecinos pobres de Playa Grande. La segunda decepción de *Este pueblo* tiene que ver con lo elusivo que es el lugar de origen. Tiene que ver con el hecho de que la novela nunca logra hacer coincidir el "aquí" del protagonista con el espacio ideal denominado "allá". Al tomar conciencia de sus conflictos con los grupos dominantes, el narrador parece encontrar confort en la familia negra, en la intimidad de sus voces y en los objetos que le sirven para simbolizar la armonía del grupo (la piedra redonda, "la casa de casa", el yoyo y la billarda). Sin embargo, nada de esto pertenece al "aquí" de la novela. Para este sujeto que ahora está plantado en el pueblo, "allá" es un lugar escurridizo, es algo que siempre queda fuera del alcance. De ahí que la soledad vuelva a aparecer como tema principal. Las palabras "soledad" y "solo" se repiten con tanta insistencia en *Este pueblo* que nunca pasarán más de dos páginas sin que aparezcan varias veces como señal inequívoca del fracaso de la actividad regeneradora a la que aspira la novela. A veces, en el texto hay asomos de la verdadera identidad del que escribe; a ratos, parece evidente que la soledad del protagonista es una proyección de la del escritor aburguesado de *La casa*. Es en esos momentos cuando más obvio se hace lo imposible del ejercicio restituidor. "Ahora me pregunto", dice el protagonista en las primeras páginas, "por qué no me traje a todos al pueblo, por qué no me acompañaron y me dejaron venir solo como una estrella de madrugada" (18). La clave para responder a esa pregunta se halla en los momentos en que se nos insinúa la distancia real o temporal que existe entre él y su familia, entre él y don Pepe, entre él y el pueblo, entre la conciencia que escribe y el yo literario:

> Si este pueblo me lo permitiera, yo empezaría a recordar. Empezaría a recordar la casa de casa, a mamá Inmaculada enferma de enfermedad, al abuelo Solimán [....] yo me recordaría a mí mismo si este pueblo me lo permitiera y diría: yo soy yo, aunque no esté don Pepe. (94)

La tercera decepción de la novela se debe precisamente a la ausencia de don Pepe, a la imposibilidad de ajustar cuentas con este personaje que no hace acto de presencia en la encrucijada histórica a la que ha sido convocado. Esto impide que el narrador pueda reivindicarse como héroe. En última instancia, la ausencia de don Pepe es lo que entorpece la subversión de la historia en beneficio de una perspectiva afropuertorriqueña y afrocaribeña. En ese sentido, *Este pueblo* no sería tan distinta de los textos de Rodríguez Torres discutidos en el cuarto y quinto capítulo. Como aquéllos, la novela "de la pobreza y la isla de Vieques" resulta ser un relato frustrado a nivel estratégico.

La cuarta y última decepción del relato se encuentra en el hecho de que el narrador no logra evitar del todo los peligros de las narrativas sobre la raza que dominan los textos que discutimos en el cuarto y quinto capítulo. El narrador busca escapar al influjo de la mitología prevaleciente en aquellos textos a través de la validación de un árbol genealógico que se proyecta hacia el Caribe negro y hacia África, pero en el tronco de ese árbol aparece la figura del abuelo Solimán quien no acaba de liberarse de los influjos del mito esencialista, "mujer blanca perdición del hombre negro".[15]

4. El "fracaso" de un proyecto escritural afrocéntrico: conclusión

Hablar y escribir son las operaciones más urgentes en Rodríguez Torres pero también las de más difícil realización. En una narrativa donde la palabra está insistentemente vertida hacia adentro, más como fluir de conciencia que como habla (*Veinte siglos*, "Paraíso", "La única cara", *La casa*, *Este pueblo*), *Cinco cuentos* parecería ser un libro excepcional por contener los únicos relatos en los que la voz del narrador logra encontrar un canal hacia el exterior y materializarse en escritura. Pero es precisamente en el contexto mayor donde las dificultades del ejercicio escritural de los cuentos resultan más significativas que los logros mismos. En un balance general de sus libros, no sería exagerado caracterizar la obra de Rodríguez Torres como la dramatización del fracaso de un proyecto escritural afrocéntrico, teniendo en cuenta que justamente en el fracaso está la mejor demostración del problema que se quiere exponer. Sólo en el caso de tres de los cuentos –"Fuencarral", "El sapo de oro" y "Predela"– habría que hacer matizaciones para indicar la consecución de ciertos fines sin que por ello pierda validez el planteamiento. En efecto, la imposibilidad o dificultad de articular versiones positivas de la africanía y la urgencia que conduce al artista a reconstituirse –a menudo sin éxito– a través de genealogías alternativas que, siguiendo rutas caribeñas ancestrales, lo vinculen ortopédicamente a África, son signos que necesariamente remiten a la preeminencia

---

[15] Después de *Este pueblo*, en Rodríguez Torres parece incrementarse el interés en hacer las paces con este abuelo maldito –en usarlo para remitir al lector al mundo mestizo de las Antillas menores– pero aparentemente la maldición nunca desaparece. En su adelanto de *Reflexiones matinales del abuelo senil*, una novela que debía seguir a *Este pueblo*, el autor señala: "El Abuelo Solimán llega a Vieques después de haber recorrido todas esas islitas y se encuentra con uno de los personajes que le rompe la memoria momentánea: una Mujer Blanca que ha conocido en una de las islas" (Gómez Cuevas 29).

de las narrativas oficiales sobre la cuestión racial en Puerto Rico y a la carencia de voces negras que las desestimen asumiendo una perspectiva diferencial.

Más allá del *performance* que escenifican sus libros –asumiendo que exista este más allá– las mayores limitaciones que exhiben los trabajos del narrador viequense se las imponen los esquemas esencialistas dentro de los que opera. En sus respuestas a los discursos racistas de la oficialidad, Rodríguez Torres logra invertir diversas ecuaciones, pero no llega a salir del cerco biologista que le tiende una presencia como la de Pedreira. En Carpentier, él halla las bases para su contestación pero, tanto en el fracaso del ejercicio escritural de "Paraíso" como en los logros de "Fuencarral", la influencia de éste también es perjudicial porque a tal efecto el novelista cubano es la otra cara del esencialismo de Pedreira. Sólo hay que recordar que en *El reino* lo que agudiza las plagas que aquejan a Haití, y al final provoca la degeneración de la joven nación en el reino de los mulatos, es la violación de un código racial por parte de los esclavos negros (Ti Noel y los primeros en levantarse, Christophe, Solimán). De modo que también para Carpentier el entrecruce racial tiene un resultado negativo, con la diferencia de que en su ecuación el componente europeo es el substraendo. Por eso, no es de extrañar que en los relatos de Rodríguez Torres tampoco se vislumbre una solución para el conflicto racial, ni para la crisis existencial que éste causa. Se podría decir inclusive que tanto en el tranque del matrimonio "birracial" como en el *impasse* de la escritura se reproduce el esquema esencialista de Pedreira sobre la confusión del mulato o su incapacidad de tomar decisiones.

El discurso biologista que permea la narrativa de Rodríguez Torres es también el principal obstáculo para el desarrollo de una genealogía afrocéntrica. Pese a las versiones afirmativas (no necesariamente positivas) de la negritud que articulan tres de los *Cinco cuentos*, las aspiraciones de las próximas dos novelas en algún lugar estarán amenazadas por el mismo relato que obstruye el ejercicio escritural de "Paraíso". En *Este Pueblo*, novela que se abre como álbum familiar alternativo, la promesa de la genealogía afrocéntrica está empañada por la maldición que transmite el abuelo Solimán al joven protagonista.

Pero al final de todo el recorrido, no deberíamos olvidar que la narrativa de Rodríguez Torres está armada como un *performance* que se niega a especificar los límites de la actuación. La mejor prueba de esto se halla en el artificio a través del cual se ficcionaliza la figura del autor, en esa cadena de alteregos que diluye su rastro a la vez que nos remite a él. Así que sus libros habría que leerlos, siguiendo a Michel de Certeau, como literatura que actúa más a nivel táctico que estratégico, o como ha leído Josefina Ludmer la *Respuesta a Sor Filotea de la Cruz* de Sor Juana Inés de la Cruz, atendiendo las tretas del "débil". En Rodríguez Torres, la mejor respuesta al poder no está en decir a viva voz la historia de la discriminación racial ni en subvertir artificiosamente la realidad; está en su demostración, en su puesta en escena. Es así como se articula la contestación a la narrativa de la democracia racial y la nación unitaria (Blanco y el liderato criollo del PPD), y es así también como se codifica la presencia de la mirada del amo o del padre (Nebrija, el paternalismo criollo representado por Pedreira, don Pepe) como dispositivo represivo en la conciencia propia. Llevando esta lectura a sus extremos, aún las limitaciones impuestas por sus narrativas esencialistas podrían formar parte del *performance* para que la obra del viequense amplifique su demostración de la manera en que funciona la cuestión racial en Puerto Rico.

Sobre la pregunta ¿afrocentrismo o *double consciousness?* nos queda un comentario final. El afrocentrismo mantiene una relación muy peculiar con la tradición y con la historia. Contrario al *double consciousness*, cuyo referente primordial es la dialéctica entre el amo y el esclavo que ocupara a los modernistas negros, el afrocentrismo, al menos en su expresión general actual, al retrotraerse en el tiempo histórico evade la experiencia traumática de la esclavitud. Afrocentricidad, tal y como la define Asante, es el descubrimiento y promoción del genio africano y sus valores en beneficio de la comunidad afroamericana, es el reconocimiento del centro esencial del ser propio, es un lente claro a través del cual los negros tienen que mirar el mundo para poder avanzar (180-83). En el afrocentrismo hay, pues, un interés regenerador que el trauma del terror moderno entorpece. En la vuelta genealógica de sus proyectos, la esclavitud viene a ser un referente problemático en el que el sujeto se degrada y que por lo tanto se tiende a omitir en favor de los relatos positivos de los reinos y las culturas africanas antiguas. El afrocentrismo descartaría la fragmentación de Solimán en favor de la unidad africana que promueve Mackandal: precisamente la operación que no se acaba de concretizar en Rodríguez Torres. Por eso, ante la obra del narrador viequense, lo más justo sería decir que allí donde el proyecto escritural afrocéntrico se frustra, el *double consciousness* emerge como paradigma representacional del sujeto.

En resumidas cuentas: la obra de Rodríguez Torres configura una gran elipsis. Con sobrada confianza, podemos ya afirmar que sus significados más relevantes se develan cuando se les interpreta atendiendo al signo de la represión que entraña. Si este signo encuentra sus marcas más elocuentes en el silencio, la voz vertida hacia el interior, la escisión del sujeto y la frustración de la iniciativa escritural afrocéntrica, su referente más perdurable se hallaría en la historia de la represión de la voz negra en las letras nacionales e hispanoamericanas instituida a través de la ley de la gramática que formulara Antonio Nebrija en 1492. En ese sentido, la narrativa de Rodríguez Torres es el *performance* de un silencio, es una especie de mímica que inevitablemente remite a los procesos en los que se suprimen las voces africanas, se pierden los idiomas y *se instituye* la dificultad de forjar una tradición escritural afrohispana que exprese las particularidades de la experiencia negra en el Caribe hispano. Por esa represión fundamental que entraña y por su capacidad de significar a través de ella, por el reverso, la obra del escritor afroviequense instaura la carencia como signo definitorio de la tradición literaria afropuertorriqueña.

Conclusión

La narrativa de Carmelo Rodríguez Torres en el contexto puertorriqueño y latinoamericano

Con una honda marca psicoanalítica, la obra de Carmelo Rodríguez Torres nace bajo el signo de la represión. El fracaso escritural en el viequense devela ante todo la primacía del orden simbólico. Como es sabido, en la teoría psicoanalítica de Jacques Lacan, la entrada en dicho orden está signada por la fractura edípica. Lo simbólico imposibilita la restitución del yo coherente y unitario. Para Lacan, la frase "Yo soy" significa "Yo soy lo que no soy", o como afirma Toril Moi, "Yo soy el (o la) que ha perdido algo" (109). Inversamente, entonces, en Rodríguez Torres el fracaso de la reconstitución subjetiva significaría no poder restituir el orden imaginario. De ahí la recurrencia de escenas especulares (*Este pueblo*) en ese afán de retorno y regeneración. Si recordamos, la fase del espejo se encuentra dentro del dominio de lo imaginario porque en ella el sujeto todavía funciona a través de relaciones duales, todavía no ha entrado en juego la ley represiva del padre para imponer la carencia.

Significativamente, las reminiscencias y alusiones al mito de Narciso se repiten en las letras afropuertorriqueñas. En este tipo de proyección, junto a Rodríguez Torres se encuentran además José Luis González, Zenón Cruz y posiblemente Sánchez. La recurrencia es elocuente porque nos hace ver la inadaptación y el rechazo del escritor afropuertorriqueño a la sociedad en que vive. En ese sentido, la exégesis que realiza Luis Felipe Díaz del cuento de González "En el fondo del caño hay un negrito", por contraste, podría ayudar a iluminar lo que sucede en la narrativa de Rodríguez Torres. En su lectura del cuento de González, Díaz relaciona el acto definitivo del infante Melodía con el acto estético del escritor después de exponer el rechazo de ambos al discrimen racial, el desarrollismo colonial a la autoridad del padre, así como la consecuente instauración en el relato del Orden Simbólico y el ideal narcisista (141-43).

Por esa misma ruta puesta de relieve por Díaz, se podría decir, transita Rodríguez Torres con sus procedimientos; pero a diferencia de González en él, el gesto estético definitivo no se llega a materializar. Todo lo contrario, en la narrativa del autor viequense los esfuerzos por restituir el orden imaginario acentúan aún más la preeminencia de lo simbólico. Dicho en los términos de la teoría de Walter Benjamin, si el gesto de González es fundamentalmente simbólico, el de Rodríguez Torres se tiene que conformar con ser alegórico –y elíptico.[1]

---

[1] Esta divergencia entre el cuento de González y la obra de Rodríguez Torres es sintomática de los cambios estéticos que representa en la literatura puertorriqueña el trabajo narrativo del viequense. En breve volveremos a este tema.

¿Qué, concretamente, sería la preeminencia de lo simbólico sobre lo imaginario en el narrador viequense?[2] Sería la inevitabilidad del "aquí" y la inaccesibilidad del "allá". Sería la imposibilidad del eterno retorno, especialmente porque el retorno no es meramente volver a Vieques, sino volver a Vieques en un tiempo y un lugar inaccesible e irreversible. Significa tener que vivir bajo la ley: la ley del padre, la ley de la gramática, la ley de la historia, en fin, la ley que impone el principio de realidad.

Este enfoque, que bien vale la pena profundizar pero que queda para alguien con más predisposición para el psicoanálisis, nos lleva a la mención de otra discusión que también convendría desarrollar en el futuro: la del lugar que ocupa Rodríguez Torres dentro de la literatura nacional y latinoamericana del posboom. ¿Cómo precisar el lugar de su obra en dicho mapa? Un buen punto de referencia lo ofrecería el trabajo de Idelber Avelar *Alegorías de la derrota: la ficción posdictatorial y el trabajo del duelo*. Ya señalamos en la Introducción que algunas de las primeras aserciones en torno a Rodríguez Torres lo ligan al boom latinoamericano. Se lo relaciona con escritores como Cortázar y Carpentier. Nuestra propia lectura prueba algunas de esas influencias, al igual que la de Rulfo. Rivera Avilés apunta su relación con Borges y más allá del ámbito latinoamericano, lo vincula a una literatura universal selecta tanto antigua como contemporánea ("*Veinte siglos*" 15-16). En gran medida, *La casa* declara directamente todas esas influencias. No en poca medida, esta novela —y los otros libros— escenifica una búsqueda de nuevas posibilidades para la literatura, una forma de arte declarada en crisis. Como es de esperar, esta concepción de la crisis de la literatura donde más clara se hace es en la reflexión del escritor sobre la propia novela:

> Moravia ha expuesto brillantemente la siguiente tesis: la novela sólo tendría dos grandes círculos tangenciales: el de las costumbres y el de la sicología. Y la novela de "mores" habría sido clausurada por Flaubert; la de "psyche", por Proust y Joyce. El novelista, desnudo en medio de la decadencia de su arte –pareja a la decadencia de su mundo burgués que lo nutrió– sólo podría ser el testigo de esa decadencia, expresada en su forma final: la "noia", el tedio, la indiferencia. Al hacerlo el novelista sería el último héroe del mundo burgués. No debo escribir más. ¿Qué es sino un relato de camino, una conversación sin sentido, lo que estoy endilgando? Quisiera contar la gesta de mi pueblo como

---

[2] La pregunta supone lo que afirma Hall en su discusión del psicoanálisis como uno de los tres discursos principales que registran el descentramiento de las identidades modernas: "We can't read the psychic directly into the social and the cultural. Nevertheless, social, cultural, and political life cannot be understood except in relationship to the formations of unconscious life" ("Ethnicity" 10-11).

una gran Ilíada, pero no puedo, soy un impotente. Después de las grandes novelas, ¿qué puedo agregar? Moravia tiene razón, la novela ha muerto. (101)

En efecto, a la luz del examen que hemos realizado en la segunda parte de este libro, pasajes como éste nos llevan a concluir que si es cierto que Rodríguez Torres inaugura en la isla las tendencias del boom, lo hace para declarar su muerte. Notable en el narrador viequense es la falta de fe en la práctica literaria como compensación, una actitud que definitivamente lo opone al grupo de figuras consagradas que buscó compensar el subdesarrollo de América Latina dotando a su literatura de un aura y elevándola a un sitial universal. Contrario a la sustitución y a la restauración del aura de la literatura expuesta por Avelar mediante ejemplos como el de García Márquez y *Cien años de soledad* (Melquíades como figuración privilegiada del escritor latinoamericano), la obra de Rodríguez Torres siempre revela el artificio de su factura superponiendo la temporalidad de la conciencia sobre la intemporalidad de la anécdota. Como alguna de la ficción posdictatorial del Cono Sur examinada por el crítico brasileño, se trata de una obra en la que lo novelesco colinda con el testimonio; en la que la ley de la historia siempre tiende a derrotar al principio literario.

En gran medida, la narrativa de Rodríguez Torres es una alegoría del fracaso. En nuestra lectura de este gesto, le hemos dado prioridad a lo concerniente al proyecto escritural afrocéntrico, pero en el autor viequense el fracaso tiene también una dimensión que toca a la crisis de la literatura y al problema de la izquierda. En realidad, estos no son asuntos que estén desligados. Si el momento de lo mágico –lo fantástico y lo maravilloso– es clave en la restitución del aura a la literatura, vale recordar que desde los inicios del boom lo negro representó una vía primordial de acceso a lo mágico y, de algún modo, a la esfera de la impermeabilidad. De hecho, el recurrir a la negritud como fuente regeneradora del arte no comienza con el boom. En Hispanoamérica al menos se remonta a las vanguardias influidas por la obra de Oswald Spengler *La decadencia de Occidente*, divulgada en la traducción de Manuel García Morente por Ortega y Gasset a través de la *Revista de Occidente* (González Pérez 61-62). Como quiera que sea, resulta significativo que Rodríguez Torres codifique la disolución de lo aurático mediante una dramatización del agotamiento –acaso parcial– de la negritud esencializada como fuente de regeneración.

En cuanto a la crisis de la izquierda como tema literario, quedaría por ver hasta qué punto se puede tender un puente entre la experiencia de Vieques y Puerto Rico y la de los países del Cono Sur que hacia el último tercio del siglo XX atraviesan por períodos dictatoriales. ¿Hasta qué punto el marco de Avelar puede hacerse extensivo a un caso como el de Rodríguez Torres? A primera vista, dos problemas principales se presentarían. Primero, en Puerto Rico no existe una etapa de dictadura militar similar a las de Argentina, Chile y Brasil, aunque, coincidiendo con los años de las dictaduras sudamericanas, el mandato de la administración del gobernador Carlos Romero Barceló se caracterizara por un incremento en la actividad policíaca y la represión de la izquierda. En segundo lugar, Rodríguez Torres parece haber delineado los temas definitivos de su obra narrativa –discutida en estas páginas– a principios de los setenta, antes del golpe que derroca al gobierno de la Unidad Popular de Allende (1973), acontecimiento que consensualmente se usa para demarcar la crisis que afecta a la izquierda latinoamericana durante el último cuarto del siglo XX. Además, escribe durante un período de relativo auge revolucionario: entre otras cosas, en los años de la escritura de *Veinte siglos* se libran en Puerto Rico las luchas por sacar a la marina estadounidense de las islas de Culebra y Vieques.

Aún así, la situación de Vieques y Rodríguez Torres no deja de ser liminar. Aunque de naturaleza distinta a la del Cono Sur, el militarismo en Vieques deja un saldo de pérdida humana y material sumamente significativo comenzando por la inaccesibilidad al 76% del territorio de la isla e incluyendo la zona donde había estado localizado el barrio natal del escritor. Más aún, a pesar de la antes citada relativa efectividad de la izquierda, lo cierto es que en los años setenta la lucha por rescatar los terrenos de Vieques tampoco presentaba un cuadro muy alentador. A diferencia del caso de Culebra, donde el consenso entre los distintos sectores de la población viabilizaba el rescate, en Vieques la opinión se dividía para hacer más difícil la tarea. En definitiva, habría que ver cómo se va perfilando la crisis de la izquierda en Puerto Rico y cómo la perciben sus distintos sectores. Si el neoliberalismo y la lógica del mercado son catalizadores de la crisis latinoamericana de fines del siglo XX, valdría la pena examinar en qué medida en Puerto Rico una versión temprana de dicho modelo y dicha lógica (impulsados por una política desarrollista dependiente de la manufactura para la exportación y la apertura al capital industrial norteamericano) empieza desde más temprano a cerrarle la salida a una izquierda que además tiene en su agenda la independencia como imperativo de primer orden.[3] Si esto es así, por su situación límite, la obra de Rodríguez

---

[3] La primera ley de incentivos industriales para atraer el capital norteamericano fue aprobada por el gobierno de Puerto Rico en 1947, cuando ya el énfasis retórico y político del liderato del PPD había dejado atrás el populismo nacionalista para promover el pragmatismo y la eficiencia de la tecnoburocracia dirigente del proyecto desarrollista (Dietz 213-221). En más de una perspectiva histórica –la de Corretjer, por ejemplo– la represión armada contra el Partido Nacionalista y el independentismo durante los años cincuenta coincide con el impulso del desarrollo industrial y la expansión de los mercados de consumo capitalista.

Torres debe haber sido una de las primeras de América Latina en hacer coincidir en un mismo trazo la crisis de la izquierda con la de la literatura.

Independientemente de lo consciente que fuera al momento de escribir, nos parece que Rodríguez Torres representa una estética más a tono con el posboom que con el boom. Puerto Rico nunca inscribió figuras de envergadura dentro de las corrientes del boom. Sánchez y Rodríguez Juliá, que en los setenta y los ochenta emergen como los escritores de más renombre, ya asumen con su trabajo una postura crítica ante la novela y la literatura, aunque por su éxito todavía gocen de cierto aura. Se ha dicho que los escritores puertorriqueños aspiran a fundar la nación independiente a través de su literatura y de un canon nacional (Ruiz, "Las novelas" 1; Gelpí, *Literatura* 50); paradójicamente otro de los rasgos definitivos de esa literatura ha sido su permeabilidad o apego casi obsesivo a las ciencias sociales y a una historia cuyo dato más constante es el colonialismo (Ortega, *Luis Rafael Sánchez* 21). Sin embargo, a partir de los setenta tales discursos científicos pasarán a formar parte del drama de una escritura articulada más como práctica crítica de retóricas que como Relato o fabulación. Este énfasis literario, asociado con las corrientes teóricas posestructuralistas, no sólo signa el descrédito de la literatura, del concepto aurático instituido por los escritores románticos del XIX, sino que también pone en entredicho los modelos de interpretación de lo social. A nuestro parecer, en Puerto Rico esta suerte de conciencia literaria encuentra algunas de sus primeras inscripciones en las páginas de Rodríguez Torres.

Siempre es difícil saber con precisión cómo se leen los escritores de una misma generación y establecer la clase de diálogo que se da entre ellos, pero sospechamos que Rodríguez Torres ha sido un autor más atendido por sus compañeros de generación que por la crítica. Sánchez y Rodríguez Juliá, por ejemplo, parecen haberlo tomado en cuenta. Hay temas, problemas y procedimientos tratados por el viequense que luego se reflejan con otra originalidad en estos –y otros– escritores; aunque en el caso de Sánchez haya que decir que se trata de un escritor tutelar, mayor –también– en edad que el viequense. La imposición del mercado y el consumismo como nuevos signos del colonialismo, tan recurrentes en el cuadro de la sociedad moderna del viequense, han de figurar prominentemente en la bien conocida novela de Sánchez *La guaracha del Macho Camacho* (1976). Asimismo, es muy posible que el autor de *La noche oscura del Niño Avilés* (1985) haya estado influido por el tratamiento de la conflictividad racial de Rodríguez Torres, especialmente por su proyección genealógica de una narrativa esencialista y por su afán de figurar los orígenes a través del mito apocalíptico. Es bueno recordar además que el emblema de Jonás que aparece en *Veinte siglos* posteriormente se encuentra en la bien conocida crónica de Rodríguez Juliá *Las tribulaciones de Jonás* (1981). Aun cuando leemos un cuento tan marginal como "De este lado del 98" nos parece estar viendo un experimento que técnicamente se adelanta al destacado relato de Luis López Nieves, *Seva: historia de la primera invasión norteamericana a la isla de Puerto Rico ocurrida en mayo de 1898* (1983). Desde luego, todas éstas son afirmaciones que requerirían de una comprobación más detallada. Y aún si pasaran ese examen riguroso, en ninguna medida le restaría mérito al trabajo de los autores mencionados.

Sí creemos haber presentado suficiente evidencia –aunque no fuera el propósito principal de este libro– para confirmar a Rodríguez Torres como un escritor puertorriqueño que marca el paso hacia las tendencias literarias del último cuarto del siglo XX. En ese sentido, un área de la autocrítica de este autor a la que valdría la pena dar credibilidad es a la declaración de la influencia de la obra de Borges (Melendes, "Escribir" 24). Por su conciencia y perspectiva literaria, Rodríguez Torres ciertamente se halla más cerca del escritor argentino que de los narradores del boom. Piénsese ahora en la preeminencia en Borges de la primera persona y en la imposibilidad de sus ejercicios cognoscitivos y ontológicos.

Claro, lo que sucede es que en el caso del narrador afropuertorriqueño el gesto escritural es fundamentalmente fronterizo y, al menos en su drama, ambivalente. Quizás la metáfora que mejor defina su lugar en el panorama contemporáneo de las letras sea esa misma, la de la frontera. Fundada en un modelo geográfico e histórico-cultural en el que Vieques viene a ser una zona a la vez limítrofe y de continuidad entre Puerto Rico y el Caribe de las Antillas menores, y fundada en un paradigma en el que la identidad de su gente viene a ser una fluctuación y un tránsito entre dichos espacios, la narrativa de Rodríguez Torres en casi todas sus instancias representa el drama de lo intermedio: del tránsito, del disloque, de la tensión, de la inestabilidad, de lo Uno y lo Otro. Con la excepción de lo que toca a la cuestión de género, la configuración de la identidad, tanto en lo étnico-social como en lo artístico, se resiste a conformarse a una definición fija. En esta microzona del *black Atlantic* configurada por el Caribe oriental, la embarcación (en ir y venir) todavía seguiría siendo la figura cronotópica de mejor acceso a las dinámicas culturales. Cuatro siglos atrás los cimarrones de Puerto Rico y las Islas Vírgenes que cruzaron el mar de los caribes en pequeños botes reencontraron las viejas rutas y restituyeron un flujo humano y cultural establecido en tiempos precolombinos por aquellos antiguos habitantes de las Antillas; hoy Vieques, con su lancha, sería el símbolo de una zona intermedia que evoca un *middle passage* en miniatura: la obra de Rodríguez Torres lo testimonia vívidamente. Después de todo, la frontera es un paradigma cultural por excelencia de nuestro tiempo que evidencia las limitaciones de las demarcaciones exclusivistas de lo nacional y signa un horizonte de escrituras nuevas.

Bibliografía

Abbad y Lasierra, Iñigo. *Historia geográfica, civil y natural de la isla de San Juan Bautista de Puerto Rico*. Madrid: Bailly-Baillière, 1866.

"Abogada afirma institucionalizado el racismo en Puerto Rico". *El Vocero* (San Juan, 24 de marzo 1997): 5.

Abreu, Rafael. "La extraña presencia de un negro en la novela *Veinte siglos después del homicidio*". *La Gotera* 3/4 (1973): 11-12.

Acevedo, Federico. "Introducción". *El reino de este mundo*. Por Alejo Carpentier. San Juan: Editorial de la UPR, 1998. ix-xlix.

Acevedo, Rafael. "Escritura afroecoposmopostponka de hoy". *Claridad* (San Juan, 28 de junio al 4 de julio 1996): 16-17.

____ "Isabelo descubre a Palés". *Claridad* (San Juan, 20-26 de marzo 1996): 21.

Acosta, Ivonne. "Esclavas rebeldes". *Claridad* (San Juan, 20-26 de marzo 1996): 19.

Alcoff, Linda. "The Problem of Speaking for Others". *Cultural Critique* 20 (1991): 5-32.

Álvarez Curbelo, Silvia, y María Elena Rodríguez Castro, eds. *Del nacionalismo al populismo: cultura y política en Puerto Rico*. Río Piedras: Ediciones Huracán, 1993.

Álvarez Nazario, Manuel. *El elemento afronegroide en el español de Puerto Rico*. 2da. ed. San Juan: Instituto de Cultura Puertorriqueña, 1974.

Anderson, Benedict. *Imagined Communities: Reflections on the Origin and Spread of Nationalism*. London: Verso, 1983.

Appiah, Anthony. "The Uncompleted Argument: Du Bois and the Illusion of Race". *"Race" Writing and Difference*. Henry Louis Gates, Jr., ed. Chicago: University of Chicago Press, 1985. 21-37.

Aponte Ramos, Lola. "Enrique Laguerre y la memoriosa construcción del blanquito en *La llamarada*". *Revista Iberoamericana* LXIX/205 (2003): 895-908.

_____ "Schomburg o la suma de identidades: entrevista a Winston James". *Claridad* (San Juan, 14-20 de abril 1988): 22-23.

Arrillaga, María. Reseña de *La casa y la llama fiera*. *El Reportero* (San Juan, 14 de julio 1988): 20.

Arriví, Francisco. *Vejigantes: comedia en tres actos*. San Juan: Tinglado Puertorriqueño, 1968.

Asante, Molefi K. *Afrocentricity*. Trenton, NJ: Africa World Press, 1988.

Austin, J. L. *How to Do Things With Words*. Cambridge: Harvard University Press, 1962.

Avelar, Idelber. *Alegorías de la derrota: la ficción postdictatorial y el trabajo del duelo*. Santiago de Chile: Cuarto Propio, 2000.

Bajtín, M. M. *Estética de la creación verbal*. México: Siglo XXI, 1989.
_____ *Rabelais and his World*. Hélène Iswolsky, trad. Bloomington: Indiana University Press, 1984.
_____ *Teoría y estética de la novela*. Helena S. Kriukova y Vicente Cazcarra, trads. Madrid: Taurus, 1975.
Baralt, Guillermo. *Esclavos rebeldes: conspiraciones y sublevaciones de esclavos en Puerto Rico (1895-1873)*. Río Piedras: Ediciones Huracán, 1982.
Baralt, Guillermo, et al. *El machete de Ogún: las luchas de los esclavos en Puerto Rico (Siglo 19)*. Río Piedras: CEREP, 1990.
Barbosa, José Celso. *Problema de razas*. Pilar Barbosa, ed. San Juan: Imprenta Venezuela, 1937.
Barradas, Efraín. Reseña de *Cinco cuentos negros*. *Sin Nombre* 9/2 (1978): 96-97.
_____ "El otro apellido: negritud, lengua y modernidad". *Claridad* (San Juan, 27 de nov. al 3 de dic. 1998): 22-23.
Barreto, Zoraida. "Carmelo Rodríguez Torres o la realeza mítica de los orígenes". *Cinco cuentos negros*. Por Carmelo Rodríguez Torres. San Juan: Instituto de Cultura Puertorriqueña, 1976. 7-10.
Barthes, Roland. *El grado cero de la escritura seguido de nuevos ensayos críticos*. Nicolás Rosa, trad. México: Siglo XXI, 1987. 35-46.
Bayrón Toro, Fernando. *Elecciones y partidos políticos en Puerto Rico, 1809-1976*. Mayagüez: Isla, 1976.
Benítez Rojo, Antonio. *La isla que se repite: el Caribe y la perspectiva posmoderna*. Hanover, NH: Ediciones del Norte, 1983.
Benjamin, Walter. *The Origin of German Tragic Drama*. John Osborne, trad. London: NLB, 1977.
Beverley, John. *Against Literature*. Minneapolis: University of Minnesota Press, 1993.
Blanco, Tomás. *El prejuicio racial en Puerto Rico*. Río Piedras: Ediciones Huracán, 1985.
_____ *Prontuario histórico de Puerto Rico*. Río Piedras: Ediciones Huracán, 1981.
Booth, Wayne C. *The Rhetoric of Fiction*. 2da ed. Chicago: University of Chicago Press, 1983.
Brantlinger, Patrick. *Bread and Circuses: Theories of Mass Culture As Social Decay*. Ithaca: Cornell University Press, 1983.
Brathwaite, Edward. *The Development of Creole Society in Jamaica, 1770-1820*. Oxford: Clarendon, 1971.
Bunn, Ted. "Black Holes FAQ". Internet. Sept. 1995. Véase: http://physics7.berkeley.edu/Education/BHfaq.html#top.

Cabrera, Lydia. *Cuentos negros de Cuba*. Miami: Ediciones Universal, 1993.
_____ *Por qué... cuentos negros de Cuba*. Madrid: Ramos, 1972.
Carpentier, Alejo. *El reino de este mundo*. Río Piedras: Editorial de la UPR, 1994.
Castellanos, Rosario. *Balún-Canán*. 2da ed. Mexico: Fondo de Cultura Económica, 1984.
Cepeda, Modesto. *Legado de bomba y plena*. M.C. Bomba Disco, 1997.
Cepeda, William. *AfroRican Jazz*. Blue Jackel, 1998.
Cepeda, William y Grupo Afroboricua. *Bombazo*. Blue Jackel, 1998.
Certeau, Michel de. *The Practice of Everyday Life*. Berkeley: University of California Press, 1984.
Christian, Barbara. *Black Feminist Criticism: Perspectives on Black Writers*. New York: Pergamon Press, 1985.
Colombán Rosario, José, y Justina Carrión. *El negro: Haití, Estados Unidos y Puerto Rico*. San Juan: Negociado de Materiales, Imprenta y Transportes, 1940.
Conniff, Michael, y Thomas J. Davis. *Africans in the Americas: A History of the Black Diaspora*. New York: St. Martin's, 1994.
Cooper, Ken. "The Whiteness of the Bomb". *Postmodern Apocalypse: Theory and Cultural Practice at the End*. Richard Dellamora, ed. Philadelphia: University of Pennsylvania Press, 1995. 79-106.
Corominas, Joan. *Diccionario crítico etimológico de la lengua castellana*. Berna: Editorial Francke, 1954.
Cue Fernández, Daisy. "Paulina Bonaparte: un personaje y dos mundos en la perspectiva de Alejo Carpentier". *Del Caribe* 26 (1997): 30-36.
D'León, Oscar. "Mira pa' ahí". *Oscar de León: ayer, hoy y siempre... II*. T.H. Records, 1995.
Darío, Rubén. *Antología poética*. Madrid: Edaf, 1981.
Dávila, Arlene. *Sponsored Identities*. Philadelphia: Temple University Press, 1997.
Dávila, Jesús. *Foxardo 1824 ... y el bombardeo ritual de Vieques*. San Juan: Lea, 2000.
Davis, Angela. *Women, Culture and Politics*. New York: Random House, 1989.
Dates, Jannette L., y William Barlow. *Split Image: African Americans in the Mass Media*. Washington: Howard University Press, 1990.
Delany, Martin R. *The Condition, Elevation, Emigration and Destiny of the Colored People of the United States Politically Considered*. Philadelphia: publicado por el autor, 1852.
Derkes, Eleuterio. *Tío Fele: comedia en un acto*. Ponce: Imprenta de Morel, 1883.
Derrida, Jacques. *Dissemination*. Barbara Johnson, ed. Chicago: University of Chicago Press, 1982.

_____ "Letter to a Japanese Friend". *A Derrida Reader: Between the Blinds*. Peggy Kamuf, ed. New York: Columbia University Press, 1991. 269-76.

_____ "No Apocalypse, Not Now (Full Speed Ahead Seven Missiles, Seven Missives)". *Diacritics* 14 (Summer 1984): 21-39.

Díaz, Luis Felipe. "'En el fondo del caño hay un negrito' de José Luis González: estructura y discurso narcisistas". *Revista Iberoamericana* LIX/162-163 (1993): 127-43.

Díaz Quiñones, Arcadio. "1898: hispanismo y guerra". *1898: su significado para Centroamérica y el Caribe: ¿censura, cambio, continuidad?* Walther L. Bernecker, ed. Frankfurt: Vervuert; Madrid: Iberoamericana, 1998. 17-36.

_____ "Recordando el futuro imaginario: la escritura histórica en la década del treinta". *Sin Nombre* 14/3 (1984): 16-35.

_____ "Tomás Blanco: la reinvención de la tradición". *Op. Cit.* 4 (1988-1989): 147-83.

_____ "Tomás Blanco: racismo, historia y esclavitud". *El prejuicio racial en Puerto Rico*. Por Tomás Blanco. Río Piedras: Ediciones Huracán, 1985. 13-92.

Díaz Soler, Luis M. *Historia de la esclavitud negra en Puerto Rico*. Río Piedras: Editorial Universitaria, 1974.

Diderot, Denis, y Jean D'Alembert. *La enciclopedia*. J. Lough, ed. y Jesús Torbado, trad. Madrid: Ediciones Guadarrama, 1974.

Diego Padró, José I. de. "Antillanismo, criollismo, negroidismo". *El Mundo* (San Juan, 19 de nov. 1932): n.p.

Dietz, James L. *Economic History of Puerto Rico*. Princeton: Princeton University Press, 1996.

Du Bois, W. E. B. *The Souls of Black Folk*. Chicago: A.C. McClurg & Company, 1953. Millwood, NY: Kraus-Thomson, 1973.

Dufrasne González, Emanuel. "Afrofobia". *Claridad* (San Juan, 23-29 de agosto 1996): 24-25.

Duharte Jiménez, Rafael. "Los prejuicios raciales heredados de la esclavitud". *Claridad* (San Juan, 19-25 de marzo 1999): 20-21.

Eagleton, Terry. *The Illusions of Postmodernism*. Oxford: Blackwell, 1996.

Ellison, Ralph. *Invisible Man*. New York: Modern Library, 1994.

_____ *Living with Music*. New York: Modern Library, 2001.

Falcón, Rafael. "El tema del negro en el cuento puertorriqueño". *Cuadernos Hispanoamericanos* 451-452 (1988): 97-109.

"Falú Zarzuela pide Villaronga y Moscoso le muestren 'hechos': líder de Liga de la Raza de Color alega grados master de grupo son preferidos en supervisión". *El Mundo* (San Juan, 25 de julio 1951): 12.

Fanon, Frantz. *Black Skin, White Masks*. Charles Lam Markmann, trad. New York: Grove Press, 1967.

Fernández, Ruth. *Yo soy la que soy*. Grabado en 1966. Tico Records, 1999.

_____ "Recuerdos del pasado". *Yo soy la que soy*. Grabado en 1966. Tico Records, 1999.

Flores, Juan. *Divided Borders: Essays on Puerto Rican Identity*. Houston: Arte Público Press, 1993.

_____ *Insularismo e ideología burguesa en Antonio Pedreira*. La Habana: Casa de las Américas, 1979.

Foucault, Michel. *Discipline and Punish: The Birth of the Prison*. Alan Sheridan, trad. New York: Pantheon, 1977.

_____ *Madness and Civilization: A History of Insanity in the Age of Reason*. Richard Howard, trad. New York: Pantheon, 1965.

_____ "What is Enlightenment?" *The Foucault Reader*. Paul Rabinow, ed. New York: Pantheon Books, 1984. 32-50.

Fredrickson, George. *The Black Image in the White Mind*. Hanover, NH: Wesleyan University Press, 1987.

García Muñiz, Humberto. "U.S. Military Installations in Puerto Rico: Controlling the Caribbean". *Colonial Dilemma: Critical Perspectives on Contemporary Puerto Rico*. Edwin Meléndez y Edgardo Meléndez, eds. Boston: South End, 1993. 53-65.

García Ramis, Magali. Reseña de *Veinte siglos después del homicidio*. *Avance* (San Juan, 19 feb. 1973): 51-52.

Gates, Henry Louis Jr. "Editor's Introduction: Writing 'Race' and the Difference it Makes". Introduction. *"Race," Writing, and Difference*. Chicago: University of Chicago Press, 1985. 1-20.

_____ *The Signifying Monkey: A Theory of African-American Literary Criticism*. New York: Oxford University Press, 1988.

Géigel Polanco, Vicente. *El despertar de un pueblo*. San Juan: Biblioteca de Autores Puertorriqueños, 1942.

Gelpí, Juan G. "Desorden frente a purismo: la nueva narrativa frente a René Marqués". *Literatures in Transition: The Many Voices of the Caribbean Area*. Rose Minc, ed. Maryland: Hispamerica, 1982. 177-87.

_____ *Literatura y paternalismo en Puerto Rico*. Río Piedras: Editorial de la UPR, 1993.

Gilroy, Paul. *The Black Atlantic: Modernity and Double Consciousness*. Cambridge: Harvard University Press, 1993.

_____ *There Ain't No Black in the Union Jack: The Cultural Politics of Race and Nation*. London: Routledge, 1992.

Girard, René. *El chivo expiatorio*. Barcelona: Anagrama, 1982.

_____ "The Plague in Literature and Myth". *To Double Business Bound*. Baltimore: Johns Hopkins University Press, 1978. 136-54.

_____ *Violence and the Sacred*. Patrick Gregory, trad. Baltimore: Johns Hopkins University Press, 1979.

Giusti Cordero, Juan A. "AfroPuerto Rican Cultural Studies: Beyond *Cultura Negroide* and *Antillanismo*". *Centro de Estudios Puertorriqueños* 8/1 (1996): 56-77.

_____ "Arturo Schomburg: ¿bibliógrafo o historiador? (primera parte)". *Claridad* (San Juan, 24-30 de abril 1998): 24-25.

_____ "Arturo Schomburg: ¿bibliógrafo o historiador? (última parte)". *Claridad* (San Juan, 1-7 de mayo 1998): 19.

Gómez cuevas, Ramonita. "Entrevista a Carmelo Rodríguez Torres". *A proposito* (San Juan, 1997): 28-32.

González, José. "Bomba te traigo". *Banda Criolla-Fiesta en San Juan*. Karas Records, 1994.

González, José Luis. *En este lado*. México: Los Presentes, 1954.

_____ *Nueva visita al cuarto piso*. 2da ed. n.p.: Libros del Flamboyán, n.d.

_____ *El país de cuatro pisos y otros ensayos*. Río Piedras: Ediciones Huracán, 1980.

González Pérez, Aníbal. "La (sín)tesis de una poesía antillana: Palés y Spengler". *Cuadernos Hispanoamericanos* 451-452 (1988): 59-72.

Graham, Richard, ed. *The Idea of Race in Latin America, 1870-1940*. Austin: University of Texas Press, 1990.

Gramsci, Antonio. *Antonio Gramsci: Antología*. Selección, trad. y notas de Manuel Sacristán. Mexico: Siglo XXI, 1988.

La Gran Enciclopedia de Puerto Rico. Vicente Báez, ed. San Juan: PR en la Mano, 1981.

Habermas, Jurgen. "Modernity: An Incomplete Project". *Postmodern Culture*. Hal Foster, ed. London: Pluto, 1983. 44-67.

_____ *The Philosophical Discourse of Modernity*. Cambridge: Polity, 1987.

Hall, Stuart. "Ethnicity: Identity and Difference". *Radical America* 23/4 (1989): 9-22.

_____ "Negotiating Caribbean Identities". *New Left Review* 209 (1995): 3-14.

Helg, Aline. *Our Rightful Share: The Afro-Cuban Struggle for Equality 1886-1912*. Chapel Hill: University of North Carolina Press, 1995.

_____ "Race in Argentina and Cuba, 1880-1930: Theory, Policies, and Popular Reaction". *The Idea of Race in Latin America*. Richard Graham, ed. Austin: University of Texas Press, 1990. 37-70.

Hernández Cruz, Juan E. *Corrientes migratorias en Puerto Rico/Migratory Trends in Puerto Rico*. San Germán: Universidad Interamericana de Puerto Rico, 1994.

Hicks, D. Emily. *Border Writing: The Multidimensional Text*. Minneapolis: University of Minnesota Press, 1991.

hooks, bell. *Ain't I a Woman*. Boston: South End Press, 1981.

_____ *Yearning: Race, Gender, and Cultural Politics*. Boston: South End Press, 1990.

Howe, Linda S. "Nancy Morejón's 'Mujer negra': Rereading Afrocentric Hermeneutics, Rewriting Gender". *The Journal of Afro-Latin American Studies and Literatures* 1/1 (1993-94): 95-107.

Htun, Mala. "From 'Racial Democracy' to Affirmative Action: Changing State Policy on Race in Brazil". *Latin America Research Review* 39/1 (2004): 60-89.

Jackson, Richard. *The Black Image in Latin American Literature*. Albuquerque: University of New Mexico Press, 1988.

_____ *Black Literature and Humanism in Latin America*. Athens: University of Georgia Press, 1988.

James, Winston. "Afro-Puerto Rican Radicalism in the United States: Reflections on the Political Trajectories of Arturo Schomburg and Jesús Colón". *Centro de Estudios Puertorriqueños* 8/1-2 (1996): 92-127.

Jiménez Román, Miriam. "*Un hombre (negro) del pueblo*: José Celso Barbosa and the Puerto Rican 'Race' Toward Whiteness". *Centro de Estudios Puertorriqueños* 8/1-2 (1996): 8-29.

Kermode, Frank. *The Sense of an Ending: Studies in the Theory of Fiction*. New York: Oxford University Press, 1967.

King, Deborah K. "Multiple Jeopardy, Multiple Consciousness: The Context of a Black Feminist Ideology". *Signs* 14/1 (1988): 42-72.

King, Willie & The Liberators. *Freedom Creek*. Rooster Blues Records, 2000.

_____ *Living in a New World*. Rooster Blues Records, 2002.

Kinsbruner, Jay. *Not of Pure Blood: The Free People of Color and Racial Prejudice in Nineteenth Century Puerto Rico*. Durham: Duke University Press, 1996.

Kuyabanda, Josaphat. "Minority Discourse and the African Collective: Some Examples From Latin American and Caribbean Literature". *Cultural Critique* 6 (1987): 113-30.

Lacan, Jacques. *Ecrits: A Selection*. Alan Sheridan, trad. New York: Norton, 1977.

López Cantos, Angel. *Miguel Enríquez: corsario boricua del siglo XVIII*. San Juan: Ediciones Puerto, 1994.

López Nieves, Luis. *Seva: historia de la primera invasión norteamericana a la isla de Puerto Rico ocurrida en mayo de 1898*. San Juan: Cordillera, 1983.

Ludmer, Josefina. "Las tretas del débil". *La sartén por el mango: encuentro de escritoras latinoamericanas*. Patricia Elena González y Eliana Ortega, eds. San Juan: Ediciones Huracán, 1985. 47-54.

Lugo-Ortiz, Agnes. "Community and Its Limits: Orality, Law, Silence, and the Homosexual Body in Luis Rafael Sánchez's '¡Jum!'". *¿Entiendes? Queer Readings, Hispanic Writings*. Emilie L. Bergmann y Paul Julian Smith, eds. Durham: Duke University Press, 1995. 115-136.

Malary, Claude-Rhéal. "La plaga como metáfora de la crisis hispanoamericana". Diss. Brown University, 1998.

Marey, Juan. "Un diamant noir". *Vingt siècles après l'homicide*. Por Carmelo Rodríguez Torres. Paris: Francais Réunis, 1978. xii-xvi.

Maríñez, Pablo A. "¿Es lo cultural la única gran aportación de África en el Caribe?" *Homines* 9/1 (1985): 176-81.

Marqués, René. *El puertorriqueño dócil y otros ensayos, 1953-1971*. San Juan: Editorial Cultural, 1993.

Martínez Acosta, Carmelo. "Reseña literaria". *Dinga y mandinga*. Pro Fortunato Vizcarrondo. 3ra ed. San Juan: Instituto de Cultura Puertorriqueña, 1976. xvii-xxv.

Martínez-Echazábal, Lourdes. *Para una semiótica de la mulatez*. Madrid: Porrúa Turanzas, 1990.

Melendes, Joserramón. "Escribir Vieques". *Claridad* (San Juan, 20-26 de oct. 2000): 21-24.

_____ "Narciso descubre la renunsia del éroe en el trasero del reino de este mundo". *Claridad* (San Juan, 25-31 de dic. 1998): 26-27.

Meléndez López, Arturo. *La batalla de Vieques*. 3ra ed. Río Piedras: EDIL, 2000.

Memmi, Albert. *Retrato del colonizado*. J. Davis, trad. Buenos Aires: Ediciones de la Flor, 1980.

Méndez, José Luis. *Para una sociología de la literatura puertorriqueña*. La Habana: Casa de las Américas, 1982.

Merino Falú, Aixa. "Género y raza: la perspectiva sociológica en la década de 1940". *Claridad* (San Juan, 18-24 de julio 1997): 17.

_____ "Género y raza: resistencia de la mujer esclava en el Caribe". *Claridad* (San Juan, 28 de nov. al 4 de dic. 1997): 19.

Merrim, Stephanie. "Spectacular Cityscapes of Baroque Spanish America". *Literary Cultures of Latin America: A Comparative History*. Mario J. Valdés y Djelal Kadir, eds. Vol. 3. Oxford: Oxford University Press, 2004. 31-57.

Minority Rights Group, eds. *No Longer Invisible: Afro-Latin Americans Today*. London: Minority Rights Publications, 1995.

Moi, Toril. *Teoría literaria feminista*. Amaia Bárcena, trad. Madrid: Cátedra, 1988.

Moliner, María. *Diccionario de uso del español*. Madrid: Gredos, 1998.

Montero, Oscar. "La identidad americana del 'sujeto disfrutante' de Lezama Lima". *Lexis* 9/2 (1985): 229-37.

Morales, Jorge Luis. *Poesía afroantillana y negrista: Puerto Rico, República Dominicana, Cuba*. 2da ed. Río Piedras: Editorial Universitaria, 1981.

Morales Carrión, Arturo. *El proceso abolicionista en Puerto Rico: documentos para su estudio*. 2 vols. Río Piedras: Centro de Investigaciones Históricas de la UPR, 1974.

Morejón, Nancy. *Cuerda veloz: antología poética, 1962-1992*. La Habana: Editorial Letras Cubanas, 2002.

Morrison, Toni. *Playing in the Dark: Whiteness and the Literary Imagination*. Cambridge: Harvard University Press, 1992.

Nebrija, Antonio de. *Gramática de la lengua castellana*. Antonio Quilis, ed. Madrid: Nacional, 1980.

Nieves Méndez, Antonio. "Personajes claves en *La casa y la llama fiera*". *El Cuervo* 3 (1990): 45-63.

Nina, Daniel. *En tránsito y otros relatos*. San Juan: Isla Negra Editores, 2002.

Nistal, Benjamín. *El cimarrón, 1845*. San Juan: Instituto de Cultura Puertorriqueña, 1979.

_____ *Esclavos prófugos y cimarrones*. Río Piedras: Editorial Universitaria, 1984.

Olivencia, Tommy. "Adivinanza". *Tommy Olivencia*. Serie Millenium 21. Universal Music Latino, 1999.

Omi, Michael, y Howard Winant. *Racial Formation in the United States*. New York: Routledge, 1994.

O'Neal, Jim. "Nota introductoria". *Freedom Creek*. Por Willie King. Rooster Blues Records, 2000.

Orquesta Harlow. *"Hommy": A Latin Opera*. Fania Records, 1973.

Ortega, Julio. *Luis Rafael Sánchez: teoría y práctica del discurso popular*. London: Centre for Latin American Cultural Studies, 1989.

_____ "Pedro Páramo". *La contemplación y la fiesta*. Caracas: Monte Ávila, 1969. 17-30.

Ortiz, Fernando. "Prólogo". *Cuentos negros de Cuba*. Por Lydia Cabrera. Miami: Ediciones Universal, 1993. 7-10.

Ortiz Quiñones, Hermenegildo. "Discriminación racial en Puerto Rico". *Claridad* (San Juan, 20-26 de junio 1997): 14, 31.

Otero-Krauthammer, Elizabeth. "Búsqueda y encuentro de la identidad puertorriqueña en *La casa y la llama fiera*". *Discurso Literario* 5/1 (1987): 171-81.

_____ Reseña de *La casa y la llama fiera*. *Revista Iberoamericana* LI/130-131 (1985): 385-89.

Palés Matos, Luis. *Tuntún de pasa y grifería*. Mercedes López Baralt, ed. San Juan: Instituto de Cultura Puertorriqueña, 1993.

Palmié, Stephan. *Wizards and Scientists: Explorations in Afro-Cuban Modernity and Tradition*. Durham: Duke University Press, 2002.

Pantojas García, Emilio. *Development Strategies as Ideology*. Boulder: Lynne Rienner, 1992.

Parry, Benita. "Problems in Current Theories of Colonial Discourse". *Oxford Literary Review* 9/1 (1987): 27-58.

Partido Popular Democrático. *Compilación de Programas 1940-64*. San Juan: PPD, 1964.

Pastor Ruiz, J. *Vieques antiguo y moderno*. Yauco: Rodríguez Lugo, 1947.

Paz, Octavio. *Los hijos del limo: del romanticismo a la vanguardia*. Barcelona: Seix Barral, 1974.

Pedreira, Antonio S. *Insularismo*. Río Piedras: Editorial Edil, 1960.

Pérez, J. J. "La raza: reflejo de lo que se quiere ser y no se es". *El Nuevo Día* (San Juan, Edición en la Internet. 21 de dic. 2001).

Phaf, Ineke. "Perspectiva caribeña y percepción nacional en la literatura urbana del Caribe hispanoparlante: Cuba, Puerto Rico y República Dominicana". *Homines* 13/1 (1989): 59-71.

Picó, Fernando. "De esclavos a jornaleros: historia de dos familias utuadeñas 1790-1850". *Contra la corriente: microbiografías de los tiempos de España*. Río Piedras: Ediciones Huracán, 1995. 31-49.

Picó de Hernández, Isabel, et al. *Estudio para determinar el alcance y ramificaciones de la discriminación por razones de color, sexo y origen nacional en la empresa privada en Puerto Rico*. Río Piedras: Centro de Investigaciones Sociales de la UPR, 1974.

Piedra, José. "Literary Whiteness and the Afro-Hispanic Difference". *New Literary History: A Journal of Theory and Interpretation* 18/2 (1987): 303-32.

Plena is Work, Plena is Song/ Plena, canto y trabajo. Dir. Pedro A. Rivera y Susan Zeig. New York: Cinema Guild, 1989.

Puerto Rico. Comisión de Asuntos de la Mujer. *La mujer en Puerto Rico: su situación actual*. San Juan: Comisión de Asuntos de la Mujer, 1994.

Quijano, Aníbal. "Modernity, Identity, and Utopia in Latin America". *boundary 2* 20/3 (1993): 140-55.

Quintero Rivera, Ángel G. *Conflictos de clase y política en Puerto Rico*. Río Piedras: Ediciones Huracán, 1976.

_____ "La ideología populista y la institucionalización universitaria de las ciencias sociales". *Del nacionalismo al populismo: cultura y política en Puerto Rico*. Silvia Álvarez Curbelo y María Elena Rodríguez Castro, eds. Río Piedras: Huracán, 1993. 107-45.

_____ *Music, Social Classes, and the National Question of Puerto Rico*. Washington, DC: Wilson Center, 1989.

Quiñones Calderón, Antonio. *50 décadas de historia puertorriqueña*. San Juan: Edil, 1992.

Radano, Ronald. "Hot Fantasies: American Modernism and the Idea of Black Rhythm". *Music and the Racial Imagination*. Ronald Radano y Philip V. Bohlman, eds. Chicago: University of Chicago Press, 2000. 459-79.

Ramírez, Rafael L. "El cambio, la modernización y la cuestión cultural". *Del cañaveral a la fábrica: cambio social en Puerto Rico*. Río Piedras: Huracán, 1994. 9-55.

Ramos, Julio. *Desencuentros de la modernidad: literatura y política en el siglo XIX*. México: Fondo de Cultura Económica, 1989.

Ramos Mattei, ed. *Azúcar y esclavitud*. San Juan: Editorial de la UPR, 1982.

Ramos Nadal, Consuelo. "Presencia y significado de los personajes femeninos en la novela *Veinte siglos después del homicidio* de Carmelo Rodríguez Torres". *Revista del Instituto de Cultura Puertorriqueña* 25 (1986): 77-80.

Ramos Rosado, Marie. *La mujer negra en la literatura puertorriqueña: cuentística de los setenta*. 2da ed. San Juan: Editorial de la Universidad de Puerto Rico, 2003.

Ríos Ávila, Rubén. *La raza cómica del sujeto en Puerto Rico*. San Juan: Callejón, 2002.

Rivera Álvarez, Josefina. *Literatura puertorriqueña: su proceso en el tiempo*. Madrid: Partenón, 1983.

Rivera Avilés, Sotero. *La generación del '60: aproximación a tres autores*. San Juan: Instituto de Cultura Puertorriqueña, 1976.

_____ "*Veinte siglos después del homicidio*". *Penélope* 1 (1972): 3-18.

Rivera Martínez, Antonio. *Así empezó Vieques*. Río Piedras: Centro de Investigaciones Históricas de la Universidad de Puerto Rico, 2000.

Rivera Sosa, Aida Luisa. "Técnicas narrativas experimentales en la nueva novela puertorriqueña, 1971-1981". Diss. University of Miami, 1986.

Rivero, Yeidy M. *Tuning Out Blackness: Race and Nation in the History of Puerto Rican Television*. Durham: Duke University Press, 2005.

Robeson, Paul. *Here I Stand*. Boston: Beacon, 1988.

Robson, David. "Frye, Derrida, Pynchon, and the Apocaliptic Space of Postmodern Fiction". *Postmodern Apocalypse: Theory and Cultural Practice at the End*. Richard Dellamora, ed. Philadelphia: University of Pennsylvania Press, 1995. 61-78.

Rodríguez, Ilia. "Journalism, Development, and the Reworking of Modernity: News Reporting and the Construction of Local Narratives of Modernization in Puerto Rico during Operation Bootstrap (1947-1963)". Diss. University of Minnesota, 1999.

Rodríguez Beruff, Jorge. "Antonio S. Pedreira, la Universidad y el proyecto populista". *Revista de Administración Pública* [Universidad de Puerto Rico] 18/2 (1986): 5-33.

Rodríguez Castro, María Elena. "La escritura de lo nacional y los intelectuales puertorriqueños". Diss. Princeton University, 1983.

_____ "Foro de 1940: las pasiones y los intereses se dan la mano". *Del nacionalismo al populismo: cultura y política en Puerto Rico*. Silvia Álvarez Curbelo y María Elena Rodríguez Castro, eds. Río Piedras: Ediciones Huracán, 1993. 61-106.

_____ "Tradición y modernidad: el intelectual puertorriqueño ante la década del treinta". *Boletín del Centro de Investigaciones Históricas* 3 (1987-1988): 45-65.

Rodríguez Juliá, Edgardo. *La noche oscura del Niño Avilés*. Río Piedras: Ediciones Huracán, 1984.

Rodríguez Torres, Carmelo. *Vieques es más dulce que la sangre*. Río Piedras: Editorial Cultural, 2000.

_____ *Este pueblo no es un manto de sonrisas*. 2da ed. Río Piedras: Editorial Cultural, 1992.

_____ *La casa y la llama fiera*. Madrid: Partenón, 1982.

_____ *Cinco cuentos negros*. San Juan: Instituto de Cultura Puertorriqueña, 1976.

_____ *Veinte siglos después del homicidio*. 2da ed. Río Piedras: Ediciones Puerto, 1973.

_____ "Tres novelas y un libro de cuentos: una ceremonia de autolectura". *Diálogo* (marzo 1995): 22, 39.

_____ "Del lado de allá del '98". *Cuentos modernos: antología*. Río Piedras: Edil, 1975. 67-70.

_____ "Regolfo". *Cuentos modernos: antología*. Río Piedras: Edil, 1975. 71-74.

Rogler, Charles C. *Comerío: A Study of a Puerto Rican Town*. Diss. University of Kansas, 1940.

Roig Fequiere, Magali. "Negar lo negro sería gazmoñería: Luis Palés Matos, Margot Arce and the Black Poetry Debate". *Centro de Estudios Puertorriqueños* 8/1-2 (1996): 82-91.

_____ "Race, Gender, and the Generación del Treinta: Toward a Deciphering of Puerto Rican National Identity Discourse". Diss. Stanford University, 1993.

Romeu, José A. "El maestro Pablo Casals y su discípula Martita Montañez." *Semana* (San Juan, 10 de septiembre 1953): 2.

Rother, Larry. "Multiracial Brazil Planning Quotas for Blacks". *New York Times* (2 de oct. 2001): A3.

Ruiz Cumba, Israel. *Encuentros de memoria*. San Juan: Isla Negra, 1996.

_____ "Las novelas y crónicas de Edgardo Rodríguez Juliá: narrar la nación (en)frente a la postmodernidad". Diss. Brown University, 1995.

_____ "La patria bien podría". *Casa de las Américas* 178 (1990): 64.
Sánchez, Luis Rafael. *En cuerpo de camisa*. Río Piedras: Editorial Cultural, 1984.
_____ *La guagua aérea*. Río Piedras: Editorial Cultural, 1994.
_____ *La guaracha del Macho Camacho*. 10ª ed. Buenos Aires: Ediciones de la Flor, 1983.
Sánchez Tarniella, Andrés. *Obra completa*. 2 vols. San Juan: Ogún de los Hierros, 1984.
Santa Biblia. Buenos Aires: sociedades Bíblicas Unidas, 1948.
Santiago-Díaz, Eleuterio. "In Search of an Afro-Puerto Rican Chronicle: Contesting Race, Nation, and Modernity". *Marvels of the African World: Cultural Patrimony, New World Connections, and Identities*. Omoniyi Afolabi, ed. Trenton, NJ: Africa World Press, 2003. 485-515.
Santiago-Valles, Kelvin. *"Subject People" and Colonial Discourses: Economic Transformation and Social Disorder in Puerto Rico, 1898-1947*. Albany: State University of New York Press, 1991.
Santos-Febres, Mayra. *Sirena Selena vestida de pena*. Barcelona: Mondadori, 2000.
Sarduy, Severo. *Barroco*. Buenos Aires: Sudamericana, 1974.
_____ "Barroco y neobarroco". *América Latina en su literatura*. César Fernández Moreno, ed. México: Siglo XXI, 1972. 167-81.
Sassoon, Anne Showstack. "Civil society". *A Dictionary of Marxist Thought*. Tom Bottomore, et al., eds. Cambridge: Harvard University Press, 1983. 72-74.
Seda Bonilla, Eduardo. "Y tu aguela a'onde etá". *Claridad* (San Juan, 23-29 de agosto 1996): 37.
Seda Bonilla, Edwin. "El prejuicio racial en Puerto Rico". *Los derechos civiles en la cultura puertorriqueña*. Río Piedras: Editorial Universitaria, 1963. 66-87.
Sereno, Renzo. "Cryptomelanism: A Study of Color Relations and Personal Insecurity in Puerto Rico". *Psychiatry* 10 (1947): 261-69.
Simpson, David. *The Academic Postmodern and the Rule of Literature: A Report on Half-Knowledge*. Chicago: University of Chicago Press, 1995.
Skidmore, Thomas E. "Racial Ideas and Social Policy in Brazil, 1870-1940". *The Idea of Race in Latin America*. Richard Graham, ed. Austin: University of Texas Press, 1990. 7-36.
Sloan Altieri, Karen. "Modelos de su clase: cuestión de piel". *El Nuevo Día* (San Juan, Edición en la Internet. 10 de oct. 2000).
Smith, Barbara. "Notes for Yet Another Paper on Black Feminism, or Will the Real Enemy Please Stand Up". *Conditions: Five* 3 (1978): 123-32.
Smith, Valerie. *Not Just Race, Not Just Gender*. New York: Routledge, 1998.

Sommer, Doris. *Foundational Fiction: the National Romance of Latin America*. Berkeley: University of California Press, 1991.

Soyinka, Wole. *Myth, Literature and African World*. Cambridge: Cambridge University Press, 1976.

Spengler, Oswald. *The Decline of the West*. Charles Francis Atkinson, trad. New York: Knopf, 1937.

Spivak, Gayatri Chakravorty. "Can the Subaltern Speak?" *Marxism and the Interpretation of Culture*. Cary Nelson y Lawrence Grossberg, eds. Urbana: University of Illinois Press, 1988. 271-313.

Sterling, Dorothy. *The Making of an Afro-American: Martin Robison Delany, 1812-1885*. New York: Doubleday, 1971.

Sued Badillo, Jalil, y Angel López Cantos. *Puerto Rico negro*. Río Piedras: Editorial Cultural, 1986.

Sullivan, Lawrence E. "Circumscribing Knowledge: Encyclopedias in Historical Perspective". *Journal of Religion* 70 (1990): 315-39.

Torres, Alejandro. "El militarismo en Puerto Rico: de condicionante histórico a problema latente". *Claridad* (San Juan, 10-16 de octubre 1997): 14, 31.

Torres Alonso, Juan. "Carta abierta a Carmelo Rodríguez Torres, primer novelista de la Generación del '60". *Claridad* (San Juan, 11 de junio 1971): n.p.

Torres Torres, Jaime. "Memorias de un rumbero 'de pueblo'". *El Nuevo Día* (San Juan, 1 de noviembre 1996): 76.

Tumin, Melvin. *Social Class and Social Change in Puerto Rico*. Indianapolis: Irvington, 1971.

Tynan, Kenneth. "Nota introductoria". *Tallest Trees*. Por Miles Davis. LP. Prestige, n.d.

"Vacía Talega". *Reservas Naturales-Vacía Talega*. Departamento de Recursos Naturales, Estado Libre Asociado de Puerto Rico. Sept. 2004. <http://www.prfrogui.com/geocities/vaciatalega.htm.>

Vázquez, Carmen. "El reino de este mundo y la función de la historia en la concepción de lo real maravilloso americano". *Cuadernos Americanos* 28 (1991): 90-114.

Vega, Ana Lydia. *Encancaranublado y otros cuentos de naufragio*. 4ta ed. San Juan: Editorial Antillana, 1990.

_____ "Puerto Príncipe abajo". *Vírgenes y mártires*. Por Carmen Lugo Filippi y Ana Lydia Vega. 2da ed. Río Piedras: Editorial Antillana, 1983. 89-98.

Villaizán Montalvo, Marta. "Y tu agüela, ¿a'ónde ejtá?: notas para la historia de una élite parda puertorriqueña en el siglo 18". *Claridad* (San Juan, 21-27 de marzo 1997): 22-23.

Wade, Peter. *Race and Ethnicity in Latin America.* Chicago: Pluto, 1997.
West, Cornel. *Prophesy Deliverance!: An Afro-American Revolutionary Christianity.* Philadelphia: Westminster, 1982.
_____ *Sketches of My Culture.* Artemis Records, 2001.
Where Do We Go From Here?: Community or Chaos? Black America's Vision for Healing, Harmony and Higher Ground. Prod. Smiley Group. C-SPAN. 23 Feb. 2002.
White, Clement. *Decoding the Word: Nicolás Guillén as Maker and Debunker of Myth.* Miami: Ediciones Universal, 1993.
Williams, Claudette M. *Charcoal and Cinnamon: The Politics of Color in Spanish Caribbean Literature.* Gainsville: University Press of Florida, 2000.
Williams, Eric. *Capitalism and Slavery.* New York: Russell, 1944.
_____ "Race Relations in Puerto Rico and the Virgin Islands". *Foreign Affairs* 23 (1945): 308-17.
Williams, Raymond. *The Country and the City.* New York: Oxford University Press, 1973.
_____ *Marxismo y literatura.* Pablo Di Masso, trad. Barcelona: Península, 1980.
Wilson, Mary Carpenter. "Representing Apocalypse". *Postmodern Apocalypse.* Richard Dellamora, ed. Philadelphia: University of Pennsylvania Press, 1995. 116-28.
Wright, Richard. *The Man Who Lived Underground/ L'homme qui vivat sous terre.* Michel Fabre, ed. y Claude-Edmonde Magny, trad. Paris: Aubier-Flammarion, 1971.
Yúdice, George. "Postmodernism in the Periphery". *South Atlantic Quarterly* 92 (1993): 543-56.
_____ "Postmodernity and Transnational Capitalism in Latin America". *On Edge: The Crisis of Contemporary Latin American Culture.* George Yúdice, Jean Franco y Juan Flores, eds. Minneapolis: University of Minnesota Press, 1992. 1-28.
Zapata Olivella, Manuel. *Changó el gran putas.* 1ra ed. crítica. Bogotá: Rei, 1992.
Zenón Cruz, Isabelo. *Narciso descubre su trasero: el negro en la cultura puertorriqueña.* Humacao: Editorial Furidi, 1974.
Zielina, María. *La africanía en el cuento cubano y puertorriqueño.* Miami: Ediciones Universal, 1992.
Zimmerman, Marc. "The Unity of the Caribbean and Its Literatures". *Process of Unity in the Caribbean: Ideologies and Literatures.* Ileana Rodriguez y Marc Zimmerman, eds. Minneapolis: Institute for the Study of Ideologies and Literatures, 1983. 28-56.

9781930744301